なぜ神々は人間をつくったのか

IN THE BEGINNING THERE WAS NO ONE HOW THE FIRST PEOPLE CAME INTO BEING

創造神話1500が語る
人間の誕生

ミネケ・シッパー
Mineke Schipper
松村一男＝監訳
大山 晶＝訳

原書房

なぜ神々は人間をつくったのか

アラン・ダンデスを偲んで

目次

序章

始まりのときには、滑らかで黄金のように輝くふたつの巨大な卵しかなかった。卵はくるくるとまわり、とうとうぶつかってぱっくりと割れた。片方の卵から妻である大地が、もう片方からは夫である天が生まれた。

大地はあまりに大きかったため、天は妻を両腕で抱くことができなかった。「おまえは私の妻だが、私よりも大きい。これではおまえと交わることができない。もっと小さくなりなさい」と天は言った。大地はそれに従い、体のあちこちを調節した結果、山や谷ができた。大地は小さくなり、天は彼女と愛し合うことができた。彼らの交わりからあらゆる木や草や生き物が生まれた。（インド、フルソ族[1]）

先日カイロに行った際、人類の起源についてタクシー運転手と話していたら、彼は自信たっぷりにこう言った。「アダムとエバはサウジアラビアに住んでいたんだよ」。私は慎重に異議を唱えてみた。研究者が言うには、最初の人類はアフリカ出身だそうよ、と。彼は面食らった様子でちょっと沈黙した。それからこう言ったのだ。「俺が思うにさ、サウジアラビアがあんまり暑くなったから、南に移ることにしたんじゃないかね」

すべてはどのように始まったのだろう。人の生命とはどのようなもので、どこで生まれたのだろう。

最初の祖先は誰だったのだろう。なぜ男女がいて、さまざまな人種がいるのか。そしてどのようにしてそうなったのだろう。なぜ神は遠く離れた場所にいるのか。なぜわれわれは日々の糧を得るために精を出して働かねばならないのか。そしてなぜ死なねばならないのか。

本書はそのような疑問に対する無名の語り手たちの答えから生まれた。何年も前のことだが、私は創世神話を調査するために、人類最古の足跡が発見されているアフリカ大陸にまず出かけた。コンゴで生活しながら仕事をしていたとき、学生たちが家族に聞いた神話を話してくれた。また以前、コンゴの州都のルブンバシで隣人だったルバ族出身のクレメンタイン・ンズジは、彼らに伝わる起源神話を語ってくれた。それによれば、最初の人間はひとりしかいなかったが、反抗的だったためまっぷたつにされ、片方が男に、片方が女になった。それで分かれた半身が今も互いを探し続けているのだという。ナイジェリア、ケニア、ブルキナファソ、タンザニアの友人たちも、すばらしい物語を教えてくれた。

その後、私は世界の他の地域の物語も探しにいった。ライデンの有名な図書館からもっと多くのアジアやオセアニアの物語を掘り出し、カリフォルニアではアメリカ先住民の物語を大量に見つけた。どこで出会った人々も、彼ら自身の、あるいは他の文化の神話に私の目を向けさせてくれた。ロンドンで会ったイエメン人アブドゥラ・アル゠ウダリは、古くから口承されてきた典拠のはっきりしないアラブの創世神話について話してくれた。これは今も彼の一族に語り継がれているのだという。また、北京にある中国社会科学院の神話学者たちは、中国少数民族の間で口承されてきた未発表の起源神話について快く教えてくれた。その中に、大洋の底で眠っていた巨大な原初の黄金の竜が騒ぎによって目覚め、その腹から最初の祖先たちが生まれた、という話がある。

> 激怒した竜は熱い太陽を飲み込んだが、腹が焼けひどく痛んだので、慌てて肉団子のようになった太陽を吐き出した。団子は無数のかけらになって弾け飛んだ。空高く飛んで雲になったものもあれば、あまり遠くまで飛ばず鳥や花や草木になったものもあった。山に落ちたものは動物になり、陸に落ちたものは虫に、海底に落ちたものは魚や亀に、海面に落ちたものは海草になった。肉団子の中心部は壊れずに山を中腹まで転がり落ちて洞窟に入り込み、中でふたつに割れた。先に落ちた左半分が女になり、右半分が男になった。（中国、バイ族[2]）

「なぜ、この中心部は洞窟を通らねばならなかったのか。とくにバイ族だけに見られる話なのか」というのが、北京で私が話を聞かせた際、学生から出た質問だった。しかし答えはノーだ。洞窟や洞穴が大地の子宮からの出口を象徴していて、そこから最初の祖先が地上へと這い出してくる、という話は世界の至るところにある。前述したアフリカのルバ族の物語と同様に、ここでも元はひとつだったものが二等分されて男と女になっている。

細かい部分を見ればさまざまな違いはあるものの、起源神話のテーマやパターンはしばしば驚くほどよく似ている。われわれ人間は体形も機能も同じ、生きていくのに必要なものも同じである。古くからの物語において最初の人々が感じた孤独や不安は、始まりについて彼らが抱いた疑問と同じくらい、われわれにはなじみ深い。

ギリシャの詩人ヘシオドスが前八世紀に書いているように、「暗い夜《ニュクス》」と幽冥《エレボス》は虚空《カオス》から生まれたのだろうか。そして夜は幽冥と愛し合ったあと、澄明《アイテル》と昼日《ヘメレ》という子供たちを身ごもったのだろうか。古い中国の物語にあるように、稲妻がカオスを貫いたのだろうか。最初に地面を作り、くたくたに疲れてしまったのは、シベリアのチュクチ族の口承伝承に登場する自ら創造を行ったカラスだったのだろうか。インドの『リグ・ヴェーダ』が述べているように、唯一神が目と口と腕と足をあらゆる方向に働かせて天と大地を作り、「それらを両腕であおいでいる」のだろうか。あるいは、それまで何も動いていなかったのは、天と地がふたつに分かれる前にしっかりと抱き合っていたからなのか。あるいはポリネシア、中国、西アフリカ、フィンランド、古代ギリシャといった世界のあちこちで考えられたように、万物は巨大な卵やヒョウタンやココナツ、あるいは石から生まれたのだろうか。

混沌から秩序へ

地は混沌であって、闇が深淵の面にあり、神の霊が水の面を動いていた。（旧約聖書「創世記」一章二節）

自らの頭上に大地を作ったのは族長だった。それは小さかったので、彼は非常に大きくなるまで広げていった。族長は大地を白い塵で覆い、それが土となった。（アメリカ、サリシュ族、サハプティン族[3]）

秩序を最初にもたらすのは神の息かもしれないし、小動物が水中からかき集めた一握の魔法の土かもしれない。ほんのわずかなこの泥が水面に置かれると、奇跡のごとく広がって現在の世界になる。こういったモチーフはさまざまな地域に見られるが、アメリカ先住民の起源神話にはとくに多い。ホピ族の出現神話が語っているように、無限なものが有限なものを心に描いて作り出すようになる。とはいうものの、存在しないものを描写するにも存在するものの言葉を使うほかない。なじみのないものを描写するにもなじみの言葉を使うほかない。創造神話はしばしば「まだそこになかった」という手段をとる。北欧神話の始まりのときには、砂も海も冷たい波もなかった。天も地もなく草一本生えていなかった……。また、ヒカリヤ・アパッチ族の物語は次のように始まる。「始まりのとき、暗闇と水とつむじ風のほかには何もなかった。大地もなく人々も動物もおらず、水の中には魚もいなかった」[4]。もうひとつの例は、有名なバビロニアの創世叙事詩『エヌマ・エリシュ』の冒頭部分に見られる。

上に天が存在せず、
下に地は存在していなかったとき（中略）
草地はまだ形をとっておらず、
葦原もまだ存在せず、
神々はひとりも形作られていない、すなわち存在していなかったときのことあるいは中国雲南省のラフ族の神話は次のように伝えている。

遠くはるかな昔、
大地も天もなかった。
風も雨もなく、
太陽も月も星もなかった（中略）
その頃、地上に人間はいなかった。

そしてヴェーダのテキストは「始まり」以前の宇宙を「無もなく有もなかった」「空界はなく、その上に天もなかった」「死も不死もなかった」「夜と昼を区別する際立ったしるしもなかった」と形容している。[5]

創造のシナリオはわれわれを無から有へ、混沌たる虚空から生きていける世界へといざなう。始まり以前のカオスの真中に、創造者が「秩序をもたらす者」として出現する。彼（彼女である場合はほとんどない）はしばしば全能の並外れた人間であると考えられ、ときには文字通り特大の体の持ち主と描写される。

始まりのときには水と暗闇しかなかった。どこもかしこも水と暗闇だけだった。暗闇が押し寄せては分かれ、押し寄せては分かれて、とうとう暗闇が濃密に集まった場所のひとつからひとりの男が現れた。

男は押し寄せる暗闇の中をさまよい、考え始めた。彼は自分が男で、目的もなくそこにいるのではないということを知っていた。彼は自分の胸から大きな棒を引き出した。棒は暗闇の中を進むのに役立ったし、疲れたらいつでもその上で休むことができた。彼は自分の体から小さな蟻を取り出し、棒にとまらせた。蟻は油分を含んだ棒の樹液を使って、棒の上で丸い玉をこしらえた。男は棒から玉を取り、暗闇の中に置いた。そして足の下で玉を転がし、次のように歌った。「世界はそこにある。こうやって私は世界を作る。ごらん、世界はここにある。世界は仕上がった」（北アメリカ、チュフウフト族）[6]

この物語の創造者は神だろうか。チュフウフト族は彼を「男」と呼んでいるが、そのような不思議な力を持つからには、もちろんただの男ではない。神と最初の人間との違いは必ずしも明確ではない。創造者は普通人間の姿をしているが、巨人のような姿をしていることも多い。コンゴのクバ族は、彼らの神ブンバを巨大な白い男だとしている。[7] 人間に似た巨人の創造者はほかにもいる。中国の原初の存在、盤古だ。彼は何千年もの間、卵の中で眠っていた。ここでもまた、人々は知っている言葉を使って未知なるものを描写し、人間の創作力についてのすばらしい洞察を与えている。

盤古が目を開けたとき、周囲には息の詰まるような暗闇のほか何もなかった。彼がそれに激怒していると、突然大きな斧が出現した。どこから現れたかって？ 本当のところは誰にもわからない。彼が斧をつかみ、それを四方八方に何度もめちゃくちゃに振りまわすと、とうとう雷鳴のようなすさまじい音を宇宙全体に響き渡らせて卵が割れた。軽い部分が上昇して天になり、重い部分が下降して大地になると、盤古は自分の頭で天を支え、足で大地を押し下げた。天と地は毎日どんどん大きくなり、それにつれて盤古も大きくなっていった。最終的に天地は落ち着いた。すると盤古は最後にひとつ息をついて死んだ。彼の体は創造の土台となった。左目は太陽に、右目は月になった。胴体と四肢は山脈と谷になった。血は川を形成し、筋肉は大地に沈み込んで肥沃な土となった。髪は宝石になり、骨は金属になった。盤古の体のおかげで、元のカオスは生き物が住むのに最適な環境に変わった。そしてとうとう彼が死ぬ前に、最後のふた息が融合して最初の人間、すなわち若い男と女が生まれた。このふたりの子孫が世界中に広がった。（中国、漢民族）[8]

かなり多くの神々が、人間のような弱さと神にふさわしい力とを併せ持っている。彼らは人間であるかのように見て、考え、判断し、行動し、反応する。そこには人間と同じように気まぐれや感情がからむ。寛大で愛情あふれる存在もいれば、要求が多く復讐心に燃えた者もいるかもしれない。恐怖や嫉妬、憎悪、嫌悪、欲望にあふれているかもしれない。空腹や乾きを募らせ、汗をかき、酔っ払い、嘔吐し、放屁する。性交し、出産し、ときには死ぬ者もいる。人間と同じように寂しがり、賞賛されたがり、奉仕されたがり、特別なもの、すなわち自分たちの姿に似せた人間をつくりたがる。

しかし語り手の中には、あまりにも人間くさい描写は不適切だと考え、神を全知全能の限りなき「至高の存在」で、名状しがたい、深遠な、人間よりもはるかな高みにいる存在として語りたがる者もいる。

ほとんどの創造神は、自らの外見についてとくに満足だとか不満だなどとは考えていないように思われる。彼らはそこにいて、自分たちの外見を問題にしたりはしない。しかしアホム族の神は、その生まれつき恐ろしい姿、もっと厳密にいえばさまざまな部分が欠如した姿について、いささか気にしている。

始まりのとき、神も人間もいなかった。大洋の水が虚空を取り巻いていた。天地はまだ存在しておらず、空気もまだなかった。動物も支配者も国も生き物もまだ存在しなかった。太陽も月も星もなかった。天も地もなかった。

ただ全能の存在である「偉大な神」のみがいて、彼は巣の中のミツバチの群れのように空を浮遊していた。この神には頭も、話すための口も、歩くための脚もなかった。彼は空に吊り下げられた肉の塊のようだった。神は自分が今のような姿でいる限り、誰もその名を賛美する気にはなれないのではないかと考えた。彼は自分の姿を変えようかと思い始めた。アホム族の創造者は自分の外見を改め、もっと親しみやすく、もっと人間に近い姿に見えるようにしていった。その一方で彼は宇宙に秩序をもたらし、大地を住める場所に変えた。

長い時間が経過し、突然、神は目を見開いて周囲を眺めた。興味をそそるものや魅力的なものはなかった。神は自分の胸からクン・ティウ・カムという神を作り出した。彼はつつましく創造神の前にひざまずき、両手を合わせて命令を待っていた。寄りかかったり座ったりしようにも、何も見つからなかった。まだ何もなく、昇る太陽も輝く日光もなかった。

神はそれから大地を作り、大地を支えるための亀を作り、亀に巻きつく大蛇を作った。蛇には八つの頭があり、彼はそのフードを八つの方向に向けて広げた。それから神は自分の妻となる女神を作り交

わったところ、女神は卵を四つ産んだ。卵がはじけると、四人の息子が生まれた。[9]（南アジア、アホム族）

「動かない静寂と夜の暗闇の中には何も存在しなかった」と、古いマヤの創造神話は語っている。ここでも最初の神が秩序のようなものをもたらし、それから最初の人間が作られる。ちなみに、神秘的だが人間にも似た神の外見についても、もっと多くのことが語られる。

大きな天球と穏やかな海はすでに存在していたが、地表はまだ現れていなかった。そして「天の心」も現れていなかった。これは神の名である。ほかに何も存在せず、動くものも震えるものもなく、空で物音を立てるものもなかった。ただ穏やかな水があるのみで、光に包まれた水の中には創造者で製作者であるテペウとグクマッツだけがいた。ふたりの祖先は緑と青の羽毛の下に隠れていた。彼らは本質的に偉大な賢者であるとともに思想家だった。

それから言葉が生まれた。創造者で製作者で先祖であるテペウとグクマッツは、夜の闇の中で会い、互いに話しかけあい、議論しながら言葉と思考を結びつけた。

彼らは瞑想し、夜明けとともに人間が出現しなければならないということをはっきりと悟った。彼らは創造し、木や低木を成長させ、命を誕生させ、人間をつくる計画を立てた。これが始まりで、「天の心」により夜の暗闇の中で準備された。[10]（中央アメリカ、マヤ）

創造神は光と秩序をもたらし、最初の人間をつくった。神々にとって人間の創造は植物や動物を作るよりもずっと複雑だということを、多くの物語が強調している。最初の創造が失敗に終わることも多々ある。明らかに、最初の人間は特別なものでなければならない。彼らが神の姿に似せて作られたと主張する物語もある。

物語としての神話

神話はすべて物語だが、物語がすべて神話というわけではない。本書は起源神話について論じている。そのような物語は、集団が関心を抱く問題、つまり社会全体に影響を与える問題、そして世界や人間がどのように始まり大地とその住人がなぜ現在のような外見になり職務を果たすようになったかという疑問をテーマにしている。[11] 神話に述べられているのは、根本的な問題、すなわち生死の問題、階級や人種の違い（しばしば定着したヒエラルキーにつながる）、あるいは男女の違いなどだ。ひとりもしくは複数の神々あるいは力の介入により、人間は現在のようになった、すなわち死を逃れることのできない、性別のある、文化的な人間になったのだと物語は主張している。[12] 神話上の物語をいまだに文字通り受け取っている人々もいるが、こういった物語はむしろ行動指針となることを意図されている。始まりの物語は、人間がどういった関係にあるかを示したり、あるいはむしろ人間が互いにどうかかわるべきかを確認したりするためにある。

人間は階級の違う者たちと自分たちについて語ったり考えたりするのが好きである。人間社会における格差は、しばしば相対するものという観点から考えられる。善対悪、信頼対不信、不死対死といった具合に。

起源神話は、人間と自然や超自然との関係をも反映している。明確な現実の向こうに別の現実がぼんやりと存在していることを神話は示唆している。神話の世界に登場する太陽、月、高山、目立った木、場合によっては石までもが、われわれ脆弱な人間に比べて強力な、あるいは不滅とも言えるほどの印象を抱かせる。目に見える世界の陰に隠れている神秘的な力が、ときには虹や日食、地震、津波、雷、稲妻となって現れる。[13]

また、頭上に広がる広大な大空についてはどう考えたらよいのだろう。世界のさまざまな地域の神話が、始まりのときには天と地がごく近くにあった、と述べている。その続きはいろいろだ。最初の人間は天地に挟まれて窒息しそうになっていた（ポリネシア）というものもあれば、人間がまっすぐ立って歩けないほどだった（沖縄）、あるいは太陽があまりに地面に近過ぎて耐え切れないほどの熱で人々が死んだ（台湾のさまざまな部族）というものもある。結局は、手助けしてくれる神、あるいは盤古のような巨人が天を現在の高さにまで押し上げることに成功し、人々は普通の生活を送れるようになった。

創造の終了後、最初は自分の作った生き物たちと暮らしていた創造者が、やがて地上での仕事から引退する、という神話も多い。アフリカのヨルバ族の至高神オロルンは非常に離れたところに住んでいるので、人々は下級の神々を彼との仲介者と呼んでいる。カトリック教徒が助けを求めて聖人や殉教者に祈りを捧げるようなものだ。[14] 創造者がきわめて遠くにいるなら、人事に干渉することはなさそうだし、人々が賛美してくれるかどうかなど、気にもしないだろう。

神と人間の絆は脆いように思われる。神々は人事に積極的に関与していないと、華々しい地位を得ることができないのだろうか。人間からあまりに遠ざかっている神は、存在意義を失うリスクを負うかもしれない。以前、ナイジェリアの作家ウォーレ・ショインカに聞いたのだが、ヨルバ族は非常に自信家なので、ご利益のない神がいると警告するのだそうだ。「いいですか、仕事をもっときちんとやらないなら、見限りますよ」と。神々は人々が祈りを捧げ、彼らについての物語を語り継いでくれなければ、生き続けることはできないのだ。

始まりの物語は、必ずしもその発祥地だけのものとは限らない。ギリシャの神々の多くはローマ神話にも登場するが、相互に影響を与え合った痕跡は中東、アフリカ、アメリカ先住民その他の民族にもよく見られる。中国の漢民族の神話はこの国の少数民族の物語を数多く採用しており、その逆もある。ヒンドゥー神話では始まりについてのさまざまな考えがあり、相反する話やつじつまの合わない話もある。

神話は信仰を必要とし、信仰は人間が自分以外の何かもしくは何者かに依存するという考えの上に成り立っている。正統派の信者は、自らの信仰の教義を疑ってはならない。彼らが起源神話を語るのは、始まりのときに起こった「事実」が文字通りの真実にほかならないということを確認するためである。その一方で、物語は常に流動的だ。年月を経て人々は変わり、世界の始まりについての見方も、それにつれて変化してきている。

何世紀にもわたり、ユダヤ人とキリスト教徒は聖書の「創世記」が文字通り神の言葉で、これは「事実」なのだから、存在する他のいかなる物語やテキストからの借り物であるはずがないと主張してきた。だがヘブライの「創世記」の物語よりも古い、粘土板に記されたバビロニアのテキストが発見されたので、原理主義者ではないユダヤ人やキリスト教の学者は以前の見解は支持できないと、主張を取り下げた。聖書の「創世記」は、もっと古いバビロニアの物語の影響をある程度受けており、細かい部分には周囲の文化の物語と同じ箇所も見受けられる。

何世紀にもわたり、聖書は批判的な研究や論評や比較に耐えて生き延びてきた。イスラム教では、外典との関係やコーランの逸脱したバージョンはまだ研究対象に入れられていない。ユダヤ教、キリスト教、イスラム教の外典は、中東から東欧、アフリカ、世界の他地域へと広がっている。既存のものに代わるそういった物語の多くは今日も語り続けられ、なかには詩の形に書き直され出版されたものもある。たとえば中国の新疆ウイグル地区には、神がまだ作り終えないうちにアダムが起き上がったために頭蓋骨がはじけたという、イスラム教徒の物語が伝わっている。インドに伝わる楽園の物語では、アダムとエバが林檎を食べるのを阻止しなかったからといって、神が動物たちを責めている。なぜもっと注意しておかなかったのか、と。あるアフリカの物語では、いもしない別の女とアダムが親しくしたといって、エバが彼を責めている。

世界の豊かな遺産とも言える創造神話や起源神話は、さまざまな目的を考えて記録されたり書き写されたりしてきた。遠い昔には聖職者や専門の書記によって、のちには哲学者や歴史学者、もっとあとには官僚や宣教師、役人、軍当局者、旅行者、研究者、主婦によって。一九世紀には、物語を収集した宣教師がいかにも清教徒といった文体でそれらを記録する傾向があったが、宣教師を慄《おのの》かせた内容は人類学者を魅了した。

今日、文化はその生まれ故郷を出て、後戻りできないほど拡散している。私はアムステルダムでインドネシアの物語を、ニューヨークでアフリカの物語を、北京でギリシャの物語を、カイロで中国の物語を聞いたことがある。私の経験から言わせてもらえば、神話が待合室や空港、タクシーや列車、食卓や今日の新たなメディアで国際的にやりとりされることもあるのだ。

さらに世界中で、聖職者や詩人や愛好家が世界の創造と人間の起源について話したり歌ったりし続けている。次にあげる中国の口承詩のように。この詩は特別な祭りで最初の祖先（人祖）に捧げるために吟唱される。

世界が混沌としていた始まりの頃を思い出してみよ、
天も地もなく、人間もいなかった頃を。
それから天の神が太陽と月と星を作り、
地の神が穀物と草を作った。
天と地ができて混沌は分かれ、
人祖、すなわち兄弟と姉妹が現れた（中略）
彼らは数百人の子を産んだ
それが百家姓（人類）の起こりである。
富や名声を求めて奮闘するのは大きな間違いだ、
それはそういったものを墓に持っていくことができないからだ。

願わくは善良な人間にならんことを、
善良な人間はこの世で人祖に祝福されるからだ。

（中国、漢民族[15]）

このような歌や物語は、人間がどのように出現したかを述べるにとどまらず、調和を損なう危険がどうしたらなくなるかを聞き手に気づかせる役割も果たす。

始まりのとき、巨大な一滴の乳以外には何もなかった。それからドゥーンダリがやってきて、石を作り出した。石は鉄を作り、鉄は火を作った。火は水を作り水は空気を作った。ドゥーンダリは再び地上に降りてきて五つの元素から人間をつくり出した。しかし人間は傲慢になったので、ドゥーンダリは人間を負かすために盲目を作った。しかしその後盲目も傲慢になった。そこでドゥーンダリは盲目を負かす眠りを作った。こんどは眠りが傲慢になり、ドゥーンダリは眠りを負かす不安を作り出した。しかし不安も傲慢になったので、ドゥーンダリは死を克服する永遠の存在グエノとなって降りてきた。（西アフリカ、フラニ族[16]）

フラニ族は家畜を飼って生計を立てているので、彼らの世界が一滴の乳から始まるのも当然だ。私はかつてダカールで、この詩のテキストを演者が朗読するのを聞いたことがある。年老いた語り手が亡くなるのは書庫が焼け落ちて灰になるようなものだ、とはアフリカの古いことわざだが、これは世界の他の地域にもあてはまる。

われわれは今、人間の始まりを扱った物語についてのガイドつき世界旅行に出かけようとしている。私はこの比類なき素材を過去五年以上にわたり収集し研究してきた。世界中から集めた物語の数は一五〇〇以上に及ぶ。物語は短くて単純なものから（わずか五～六文というものもある）一〇〇〇行以上のテキストまで、非常に明白なものから非常に曖昧なものまで、哲学的なものから歴史的なものまでさまざまで、それぞれが敬虔であったり懐疑的であったり、厳粛であったり愉快であったりする。

ではそろそろ「始まりのとき」に戻ろう。

第一部　人間

第一章　人間はどうやってここに来たのか

人間はすでにどこかにいた

始まりのとき、人間はいなかった。いたのは神ムルングと動物だけで、その頃の動物たちは穏やかで礼儀正しかった。ある日、カメレオンが漁に行き、自分で編んだ罠を川に仕掛けた。翌朝、彼が罠を引き上げると、中に小さな男と小さな女がかかっていた。彼はそのような生き物を見たことがなかった。「これはなんだ？」彼は不思議に思い、罠を拾い上げ、この生き物をムルングに見せに行った。

「神様、私が持ってきたものを見てください」とカメレオンは言った。

ムルングはそれを見て言った。「罠から放して地面に置いてやりなさい。そうすればこの生き物は大きくなるだろう」

カメレオンは言われたとおりにした。男と女は成長し始め、とうとう現在の人間と同じ大きさになった。

（モザンビーク、ヤオ族[17]）

神と最初の人間との関係は一目瞭然だ。彼らは互いに連絡を取り合い、訪問し合い、地上や天界の村で一緒に暮らしていることさえある。最初の人間がむしろ神々に近い神話もあれば、最初の生き物が人間のように振舞うしゃべる動物、といった場合もある。二匹の蛙が交わった結果、最初の人間が生まれたり（インド、フルソ族）、鹿から最初の女が生まれたり（シベリア、ヤクート族）する。最初の人間の双子は一羽の鷲と最初の人間の女から生まれたのだろうか（アメリカ、スー族）。それとも最初の女は、最初の男と雌狼から生まれたのだろうか（カナダ、ユーコン）。あるいは最初の人間はひょっとして、特別な石や木片や花や豆のさやや二枚貝や竹の節から現れたのだろうか。

しかし、ここで焦点を当てるのは神々や精霊の世界や動物たちではなく、普通の最初の人間だ。彼らの肉体と魂、彼らの必需品、危険な生活における彼らの奮闘である。彼らは創造されたのち、地上でどんなことが自分たちを待ち受けているかを謙虚に見守るしかない。地上に到着して、幸運な者たちは楽園を見つけるが、不運な者たちには不毛の地しか見つからない。

最初の人間がどうやってここに来たのかという疑問に対し、神話はあらゆる答えを用意している。しかし人間の起源は説明の必要などない場合が多いように思われる。彼らはここにいた。そういうことだ。

始まりのときには、老人とその孫息子しかいなかった。彼らは家を建て、そこに住んでいた。（パプアニューギニア、トク・ピシン語）

あるいは、

昔、ひと組の夫婦がいた。地上にいるのは、このふたりだけだった。男は働きに行き、女は家にいて米をすりつぶしていた。（フィリピン、ルソン島、イスネグ族）[18]

多くの物語は、語り手が重要だと考えている問題へと急ぐ。最初の祖先がこの星にやってきてどうなったか、ということだ。かなりの神話が推測しているところによれば、それ以前、最初の人間はどこかほかの場所、たとえば空の上や地中や水底に住んでいた。

空から降りてくる、あるいは落ちてくる

人々はイマナと仲よく空に住み、それまでに創造されていた植物や動物に囲まれ、楽しい生活を送っていた。誰も働く必要はなかった。飢え、苦しみ、病気は未知のものだった。ところがある日、ひとりの女がしでかした何らかの過失にイマナは立腹し、罰として彼女の子供たちを天界から下界に送ることにした。（ルワンダ、ツチ族[19]）

人間が最初は神とともに天界で暮らしていたり、あるいは神が自分のこしらえた人間たちとともに地上に住んでいたりする物語は多い。神が天界に戻ったあとも、彼らはまだ互いに行き来できた。なぜ人間は天界の神に近づくことができなくなったのか、そしてなぜ神が人間の前から姿を消したのかを神話は説明している。それは実のところ、人間がその後ずっと切望し続けた、失われた楽園の物語なのだ。

最初の人間は、当然のことながら空のかなたに住んでいた。まだ下界に大地がなかったからだ。ある日、ひとりの少女がうっかりして空の穴から落ちてしまった。下界には広大な海しかなく、二羽の白鳥が少女を見つけて救い出した。動物たちは土を求めて水底へと潜ったが、ヒキガエルだけが成功し、彼の持ち帰った土が大地の始まりとなった。少女は誰の手も借りず子供を身ごもったのだろうか。それとも海に落ちることによって妊娠したのだろうか。はっきりしたことは誰にもわからないが、この少女がすべての母となったことはわかっている。（カナダ、アメリカ、ヒューロン族、イロコイ族[20]）

この物語では、少女がうっかり天界から落下する。多くの神話において、天界に住む人々が地上にやってくるのは、程度の差こそあれ大地の準備が整ったときだ。創造者がいつ人間をつくるにしても、大地がまだ存在していないのであれば、神は人間たちをどこに住まわせるかという問題を解決しなければならない。

始まりのとき、大地はなく、どこもかしこも水しかなかった。最初の人間の男女を自分に似せて作ったのはアブカエンドゥリだった。彼はふたりを石の甕に入れ、水に浮かべておいた。この最初のカップルからすべての人間の子孫が生まれる。浮かんでいる甕は人間の数が増えるにつれ大きくなった。やがて甕があまりに込み合ってきたので、アブカエンドゥリは人間のために別の住みかを作ることにした。彼は土で巨大な陸地を作り、それを三匹の大きな魚の背に載せた。魚に餌をやる仕事はある下級神に割り当てられた。この神が怠けたり餌をやるのを忘れたりすると、三匹の腹を空かせた魚は体をくねらせ、それ

に応じて大地も揺れ始めるのだった。(中国、満州族)[21]

空に住む人間は、程度の差こそあれ大地の準備が整うと、降下したり、うっかり落下したり、あるいは天界から投げ出されたりする。しかし、なぜそんなことになったのだろう。カリブ人であるガイアナのヤノマミ族は、空の人間が仲間同士で争いを始めたとしている。その結果穴が開いて、人間も含めた何もかもが大地に落下したのだという。[22] タンザニアのクルウェ族の物語では、「天国」に住む人間があまりに増え過ぎたので、ングルウェが一部の人間を地上で生活させるために投げ落とす。しかし別の物語では、神が幾人かの悪名高いトラブルメーカーだけを選んで蹴落としている。こういった神話は明らかに聞き手にあるメッセージを伝えている。争ってはならない、人間が増え過ぎてはいけない、さもないと資源を使い果たしてしまう、と。

人間は空でアコンゴと幸福に暮らしていた。しかしムボコムという女が皆を困らせていた。ある日、アコンゴはこの女とその息子と娘を籠に入れ、地上に降ろした。彼女が空で悪いことばかりしていたにもかかわらず、親切なアコンゴは女に必要な食材を与えた。この食材で、ンゴンベ族はその後ずっと食いつないでいくことができた。彼女の息子と娘は地上のすべての人間の祖先になった。(コンゴ民主共和国、ンゴンベ族)[23]

自分から進んで天界を去る者たちもいた。人間が自ら主導権をとって降下した物語は、あまり警告的ではない。たとえば、天界に住む狩人たちが、天界での単調な生活と肉だけの食事に飽きた、という話がある。

天の土に刺さった矢を彼が抜いていると、仲間のひとりは矢が天の床の隙間をすり抜けていったことに気づいた。彼と仲間たちがその穴を覗きこむと、たいそう魅力的な緑の大地と、下界の輝く水が見えたので、彼らはそこに引っ越そうと決心した。男たちは鳥の羽をより合わせて長いロープを作り、狩人がうっかり作ってしまった穴からそれを垂らし、地上に降ろした。（フィリピン、ミンダナオ島）

ガイアナではワラウ族その他の民族が、鳥しか獲物のいない天界で最初の人間が暮らしていた様子を語っている。ある狩人が美しい鳥を撃ったところ、鳥は雲に開いた穴からまっすぐ落ちていった。穴から下を覗くと、下界にあらゆる動物がいるのが見え、彼は他の人間にそれを伝えた。彼らは降りていけるように綿で縄ばしごを作ることにした。彼らは皆下界に降りることを望み、そのとおりにした。最後にやってきたひとりの女だけが空の穴につかえてしまい、祖先たちは彼女を残していかざるをえなかった。女は今もそこにつかえたままなので、人々が天界の様子を窺うことができないのだ。[24]

多くの物語は、始まりのときに神々と人々が自由に移動し、空と大地の間を簡単に行き来していたと証言している。移動にはさまざまな方法が利用された。アフリカのヨルバ族の神オバタラは、わざわざそのために作った黄金の鎖を使って水ばかりの下界に降り、大地を作ろうとした。それに対し、東アフリカのチャガ族の最初の祖先は、天界から蜘蛛の糸を伝って降りてきた。[25] こういった連絡ルートはどれもはるか昔に消滅した。

人々が天界の住居を去った理由だけでなく、天の神々と地上の人間とが別れた理由もさまざまに伝えられている。平凡な理由に見えて、それが明らかに警告になっている場合もある。たとえば、天界から地上に降りたある男は、地上を放浪しているうちに米を食べ過ぎて、天に戻れないほど重くなってしまった（ベトナム、ワ族）。あるいは湖で水浴びするために地上に降りてきた天女は、特別なイチジクを地上で食べて妊娠し、そのせいで重くなり過ぎて戻ることができなくなった（中国、満州族）。[26]

古い神話は天と神とを直接関連づけ、人々は聖と俗を区別しなかったが、天が地上の仕事から引退して人間の目には見えない天の神になると、しだいに、完全に不在というわけではないものの、少なくとも容易には近づけない、他の神々（あるいは聖人や精霊）よりもずっと遠い存在になっていった。そしてしだいに神話はますます人間に注意を向けるようになった。

さらに最古の神話（前二万年から前八万年の旧石器時代にさかのぼると考えられている）によれば、人間は神と密接にかかわりあいながら暮らしていたので、神々が遠い存在とは思っていなかった。[27] 天界の永遠のアーチは、そこに住む永遠の神と単純に一体化していた。天が驚異と畏敬の対象であるのは、そこからもたらされるあらゆる事象や、降雨、晴天、雷鳴、暗くなる、寒くなるといった自然現象のメカニズムが当時はまだ謎だったことを考えれば、納得できる。

息が詰まるほど天が接近していたために人々が我慢できなくなった、という神話もある。おそらくは大地と天の結婚を説明する神話から来ているのだろう。ある物語は、昔、天があまりに低かったので人々が蛙のように四つん這いになって動きまわらねばならなかったとしている（日本、沖縄）。さらに別の話もある。その頃非常に暑かったのは、天だけでなく焼けつく太陽も近くにあったからで、人々はたいそう不快に感じていた。そのため男女の交わりも困難で、人類は絶滅するかと思われた。そこでとうとう神（もしくは巨人）が人間に同情し、天を現在の高さまで持ち上げてくれたのだという（台湾、ツォウ族）。

東アジアと同様にアフリカにも、天が近いためにキビやヤムイモや米を搗《つ》く女たちの仕事に深刻な支障が出るという物語が数多くある。

> 始まりのとき、地上にはふたりの人間しか住んでいなかったという。天があまりにも低かったので、女は米を搗く際にすりこぎが天にぶつからないよう注意しなければならなかった。そのため、非常にゆっくりとしか作業できなかった。男が腹を空かせて仕事から戻っても、女はまだ米を搗き終えていなかった。彼女は鍋を火にかけたが、空腹のあまり非常にいらだっていた男は怒ってすりこぎをとりあげ、米を搗き始めた。ところが非常に乱暴に行ったため、すりこぎが天に触れてしまった。そういうわけで、今、天はとても遠いところにあるのだ。（フィリピン、ルソン島、イスネグ族）[28]

さまざまなアフリカの物語が、神もしくは天が大地から遠ざかり、それとともに人間からも離れたと伝えている。ある物語では、すりこぎを使っていた女がうっかり神の目を直撃してしまったため、神が怒って去り、人間から離れた安全な天国に移る。別の物語では、神が炊事の火から出た煙にまかれている。あるいはあまりにも近過ぎて、人間が神で手を拭いてしまった、という話もある。しかしなかには西アフリカの物語のように、神との密接な関係がとてもありがたいことだったという、心安らぐ教訓を広めているものもある。

はるか昔、魚が欲しいと思う者は長い棒でニャンコポンを叩けば、魚が雨粒のように（ただし雨粒よりはずっと大きいが）降ってきた。誰であれそうやって頼めば、あとは魚を拾うだけでよかった。しかしある女がすり鉢でヤムイモを搗いていたところ、ニャンコポンがあまり近くにいるため、長いすりこぎをじゅうぶん上げることができないことに気づいた。女がニャンコポンにもう少し高いところに行ってほしいと頼むと、彼は地上のはるか上にまで行ってしまったので、彼を呼ぶ人々の声がもはやほとんど聞こえなくなってしまった。そしてもちろん、そのときから魚はめったに降ってこなくなった。そんな要求をした女のせいだ。

（アシャンティ族）[29]

天（神）を訪ねたりともに暮らしたりするばかりか、文字通り神に触れることのできた最初の人間にとって、天の神が近くにいる恵みが失われることは、楽園の喪失を意味した。神が近くにいれば、食べ物には困らない。残念ながら、この恩恵は以後永遠に失われた。ほとんどの場合、神が去るのは人間のせいで、責任はたいてい女にある。

始まりのとき、人間は天に触れることができ、まったく働く必要がなかった。空腹になるといつでも天を切り取って食べていた。あまり多く切り取り過ぎないよう注意せよという警告を、人間は何度となく受けた。天はごみの山に捨てられるのがいやだったからだ。しばらくの間、人間は気をつけているようだったが、ある日、欲張りな女が巨大なかけらを切り取った。彼女は食べに食べたが、食べきることができなかった。女は恐ろしくなって残りを夫にやったが、彼も食べきれなかった。ふたりは村人を全員呼び寄せ、誰もが飽き飽きするほど食べた。そして結局、残りはごみの山に捨てられた。天は非常に立腹し、地上からはるか上へと昇った。以来、天は人間には手の届かぬ遠い場所になった。そしてそのときからずっと、人間は生きていくためにこつこつ働かねばならなくなった。（ナイジェリア、ビニ族[30]）

大地から現れる

ずっと昔のこと、ある朝最初の男が目覚めた。男は太陽のほうを向いて、土から現れた。まず、彼の頭だけが見えた。柔らかなうごめく泥のほかに何もなく、まだ山も川も森もなかった。男は自由になろうと上に向かってもがいた末、どろどろした土から抜け出し、とうとう大地の上に立った。（アメリカ、スー族[31]）

アメリカ先住民のみならず、東アフリカや南アフリカのさまざまな民族に、人間が穴から出現する物語が伝わっている。穴は最初から開いている場合もあれば、そうでない場合もある。また、こういった物語は地域や言語を問わない。キクーユ族には次のような物語が伝わっている。昔、水を満々とたたえた大きな穴があり、そこにひとりの男とひとりの女が住んでいた。ある日彼らは水から出て乾いた陸地に上がり、森ばかりのキクーユ族の国までやってきた。彼らはそこで多くの子供を作ったのだという。[32] 南アフリカのトンガ族の場合、最初の人間は一本の巨大な葦から、もしくは葦の沼地から現れた。まず、ひとりの男とひとりの女が突然一本の葦から出てきた。葦がはじけたところに、彼らがいたのだ。次に、葦の沼地からさまざまな人々が、各々すでにその特有の衣装や道具や習慣を身につけて現れたという。近くに住むニャイ族は、すべての男は大地に開いたひとつの大きな穴から現れたと信じている。そして東アフリカのタンザニアに住むチャガ族の物語では、至高神ルワが不思議な箱から最初の祖先たちを解放した。彼はその箱を押し破らねばならなかった。[33] 人間が暗い場所から光と自由に満ちた楽しい世界に出てきたという話や、地上での生活を贈り物として経験するという話もある。

こうしてわれわれは世界に現れた。われわれはひとりずつ丸太のうろから出てきた。人間は大勢いたが、全員が出てこられたわけではない。ある女は丸太の中で身動きがとれなくなった。妊娠していてお腹が大きかったからだ。彼女が通路を塞いでしまったため、もう誰も出てくることができなかった。そういうわけで、われわれは数が非常に少ない。出てきた者たちは世界を目にし、周囲を見まわした。彼らは非常に多くのものを見ることができて幸せだった。（カナダ、セネカ族[34]）

非常に珍しい例では、最初の人間が木に咲いた花から現れる（インド北東部、カンプティ族）、あるいは高山のショウガの花から現れる（ニューギニア、パプア族）という話がある。[35] 北米のマンダン族は、何もない世界を「孤独な男」が水を渡って歩いていると想像した。彼は自分がどこから来たのか、どうやって生まれたか知らなかった。彼は水を渡って自分の来た道を戻ることにし、最後に血で縞模様のできた赤い花を見つける。「私はあなたを生み出した者だ」と花は言う。[36] 花は明らかに命を生み出すヴァギナを連想させる。

南アメリカ先住民の神話において、「出現」は人間の出発点として広く知られている。たとえばコロンビア南東部のクベオ族は、自分たちが誰に作られたのでもない最初の人間だと述べている。彼らが言うには、創造者はいない。ではひとりの人間にどうやって川や森や太陽や月を作ることができたのだろうか？　最初の祖先は、バウパス川沿いの特別な場所の轟々たる早瀬にある岩から生まれた大蛇アナコンダで、それが脱皮して人間になったのだという。

ブラジル近辺に暮らすムンドゥルク族は、神カルサカイボが世界を作ったが人間は作らなかったと信じている。人間は神さえ知らぬうちに存在していた。カルサカイボの助手ダイイルが、偶然彼らの存在を発見したのだった。ある日、この助手は主人の機嫌を損ね、神の怒りから逃れるために地面の穴に隠れた。カルサカイボが穴に息を吹き込んだため、ダイイルは穴から出ざるをえなかった。地中に隠れている間に、彼は地下に人間がいるのを発見していた。ダイイルはそれをカルサカイボに知らせ、ふたりは穴に降ろす長い綿のロープを作ることにした。半数の人間が世界に出てきたところでロープが切れ、残った者たちは地下にとどまらねばならなかった。彼らは今もまだそこにいる。[37]

古代ギリシャでは、アルカディアの緑深い丘の上にある黒い土が最初の男ペラスゴスを産み、その結果、この世に男というものができた。彼は神のような存在で、ゼウスと大地の女神ニオベの息子とも言われる。大地と大地の神（女神）は、しばしば天空と天空神のように一体として同一視される。[38]神自身ですら、天の高い場所に住むよりも地下で暮らすほうを好むことがある。

> 神レザは明るい光の差し込むきらびやかな町に住んでいた。アリクイのムトゥンビは地下深くの穴に蟻を捕りにいき、思いがけず神の都市を発見した。彼はそこでレザを訪ね、地上の暮らしがどれほど惨めかを話した。完全な暗闇しかなく、人間はいない。レザは状況を改善することを約束した。彼はムトゥンビが帰る際に一組の男女を同行させ、頭に載せて運ぶ大きな籠を女に与えた。彼らはアリクイについていき、暗くて寒い洞窟の中をはるばる旅して地表に到着した。男は乾いた木を切ると、それをこすって火をおこした。ムトゥンビは一目散に逃げ、二度と戻ってこなかった。男と女は火で体をあたためた。それから籠を開けると、なんと太陽が空へと飛んでいき、世界を照らした。夜になり再び籠を開くと、今度は月と星が飛び出した。それらは所定の位置におさまると、暗い天球で輝き始めた。最初の人間は幸せに暮らした。（コンゴ民主共和国、マルング族[39]）

洞窟その他、子宮に似た形の入れ物は、人間の源としてよく使われるイメージだ。神話では大地そのものがしばしば巨大な器と考えられ、そこから人間が出現する。人間の出産を大がかりに模倣しているわけだ。最初の先祖が現れる場所は、人々がそこで暮らす権利を正当化するのに役立つ。つまり自分たちの土着の（「土そのものから」という意味）ルーツがここにあるということを、神話で「証明」しているのだ。

最初の人間が出てくる穴にとって、大地はあらゆる者たちが眠る宇宙の貯蔵所、すなわちすべての命の豊かな源である。多くの起源神話において、水分は繁殖するための大切な要素だ。出現する前の人間は、洞窟や沼や丸太のうろや蟻塚や池といった暗く湿った場所に閉じ込められている。ナイジェリアのヨルバ族の地母神イェマヤもしくはイェモハは母親の守護神で、泥や湿地や土と関連づけられ「すべての湿り気の母」と呼ばれる。彼女の神聖な乳房から川と小川が生まれた。[40]

すべての子宮の母

彼らは大地、すなわち母なるイアティクから、北部のシパプ（蜘蛛の穴）という穴を通って出てきた。バッタのように暗闇の中に這い出した小さな人間たちの体は裸で柔らかかった。彼らの目は閉じられていた。彼らはまだ目を開けたことがなかった。イアティクは人々を東に向けて一列に並ばせた。彼女が太陽を昇らせると、その光を浴びた赤ん坊たちは目を開け、這いまわり始めた。イアティクは人間たちが身のまわりの世話を自分でできるくらい大きくなると、彼らを置いて去った。（ニューメキシコ、アコマ・プエブロ族）[41]

大地はあらゆる存在を生み出し、養い、命が終わると連れ戻す者として、世界中で広く崇拝されてきた。古代ギリシャではホメロスが大地に賛歌を捧げている。「人間たちを生かすかどうかはあなたの御心しだい。(中略)人間があなたの好意を得られるのはなんとめでたいことか! 命の土は人間に豊かな実りをもたらしてくれる」[42]

神話において、大地が神話的な母体もしくは子宮と考えられていることに疑問の余地はない。彼女は豊かな命であり誕生させるものであり、どちらかといえば受身の性格と考えられ、辛抱強く最初の人間が出現するにまかせている。しかしいくつかの物語(おもにアメリカ先住民の神話)では、地母がもっと能動的な役割を果たす。アコマ族の地母イアティクは人間の創造(繁殖)の過程を、父神あるいは天の神の目に見える形での協力を一切得ず、適切に自主的にすべて独力で行った。次に挙げるコロンビアの祈りの歌では、彼女は世界の創造者としてはっきりと認知されているが、このように明言しているのはむしろ珍しい。

> われわれの歌の母、種の母は、始まりのときにわれわれを生み出した。彼女はあらゆる種類の人間の母であり、すべての国の母である。雷の母であり、小川の母であり、木々やあらゆるものの母である。世界の母であり、兄たち、すなわち石の人々の母である。大地の果実やすべての母である。われわれのもっとも若い弟たち、つまりフランス人や新来の人々の母である。彼女はわれわれの唯一の母である。(コロンビア、カガバ族[43])

われわれは皆、母に頼るがごとく大地に頼る。だが単独で創造者となる女神はまれで、宇宙の創造であれ人間の創造であれ、起源神話において女神は二番手に甘んじるのが普通だ。[44] 他のさまざまな物語では、創造神が現れ、大地の肉から最初の人間をつくる。大地が地母と呼ばれるかどうかは問題ではない。次に挙げるオカナガン族の物語の「古き者」は、もはや地母神として登場してはいない。

> 遠い昔、大地はひとりの人間だった。彼女は今も生きているが、姿が変わってしまって、もはや彼女を人として見ることはできない。たとえ彼女に脚と腕、頭、心臓、肉、骨、血があっても。今では彼女の肉は土、髪は草木、骨は岩、息は風になった。彼女は体を広げて横たわっているので、われわれは彼女の上で生活していることになる。彼女が動くと地震が起こる。彼女の姿を変えたのは「古き者」だ。彼は彼女の肉をとって丸めて玉にした。人々が泥や粘土でやるように。「古き者」はそれぞれの玉を少しずつ変えて形作り、それに命を与えた。彼が最後のほうに作った玉は皆よく似ていたが、それまでに作ったものとは違っていた。彼が人間と呼ぶ彼らは、インディアンにそっくりだった。「古き者」が彼らに息を吹きかけると、命が宿った。彼は繁殖できるように男と女を作っていた。こうしてあらゆる生き物が大地から生まれた。われわれが見まわすと、あらゆるところに母の一部が見える。（カナダ、オカナガン族[45]）

同様の信仰は他の女神たちに対してもある。たとえば、オーストラリア、アーネムランドのクナピピや、インドの前アーリア人のインダス川流域の女神だ。そのヒンドゥーの子孫であるデーヴィーやカーリーといった女神は、さらに強大な力を持つ。また、ヨルバ族の女神オヤといったアフリカの女神もおり、彼女は「戦いに行くためにパンツをはく者」あるいは「戦いに行くためにひげを伸ばしている者」と呼ばれている。竜巻や稲妻や地震など、あらゆるものを破壊する突然の急激な変化は、彼女の別の姿である。

「母なる大地」の起源神話は、いくつかの孤立した地域に今もなお存在する。そういった地域では、アメリカ南西部に見られるような小さな（しばしば母系の）集団が、いまだに「母」をもっとも重要な創造の権力者として認めている。オクラホマのチェロキー・ショーニー族は「母なる大地」を「われらの祖母にして至高神である創造者」と呼んでいる。[46]

創造はもともと物作りではなく物生みとして理解されており、その中心にいるのは女性だと思われる。そして大地が生きた「母」だと、あるいはわれわれが地母から出現したもしくは生まれたと信じる人々の神話は、父なる神の神話よりも前に存在したように思われる。多産を象徴する女性の姿をした像は、ヨーロッパ、地中海地域、西アジア、その他の場所で発見されてきた。今のところ最古の像はドイツから出土している。最近発見されたホーレ・フェルスのヴィーナスは約三万五〇〇〇年前のものだ。

神話において創造者が男神か女神かは必ずしも明確ではない。しかししだいに新たな概念が宗教的思想に加わり、そういった流れの中で、創造する能力は地母神から離れていったように思われる。[47]

中国において「神」という言葉は、もともと子供を産むという、命を与える能力を意味していた。歴史の流れの中で、「神」という神聖な符号に込められていた女性の意味合いは取り除かれ、その結果、神という言葉にもともとあった再生や繁殖といった意味は薄らいでいった。古くから続いてきた中国の女神信仰の伝統はしだいに忘れ去られ、女神に関する神話の多くが最終的に失われた。[48]

他の場所でも、生命を与える力がやはりある神から別の神へと移り、神の性転換が起こったようだ。その際、女神は元来の特徴や機能を失って男神に変換されたり、男神の配偶者、あるいは最初の男の祖先の妻に変換された。[49]

ナイジェリアのエコイ族の場合、「母なる大地」（オバッシ・ンシ）は「父なる大地」になった。別の原初の神で天の神オバッシ・オソーも男である。エコイ族は、オバッシ・オソーとオバッシ・ンシが最初に一緒に暮らし、ふたりですべてを作ったと信じている。その後彼らはそれぞれ別の領域を所有することに決めた。オバッシ・オソーは天を自分の住みかに選び、オバッシ・ンシは降下して大地に住んだ。別れたあと、ンシはさらに強大になった。大地からすべてのものが生まれるからだ。大地であるンシは穀物を実らせる者だ。そして「人間は生まれると大地を糧とし、死ぬと大地に帰る」。オバッシ・ンシがたとえ今は「王」や「支配者」と呼ばれていても、地母という昔ながらの考え方がいまだに存在していることは、次に挙げる会話からも明らかだ。

「オバッシ・ンシとオバッシ・オソーではどちらが強い神だと思う？」

「どちらも強いが、オソーは残酷、ンシは親切で善良だ……」

「オバッシ・ンシが善良だってどうしてわかるの？」

「ンシはオソーのように雷や稲妻といった恐ろしいものを決して見せないし、僕たちを脅しているのかと思えるほどぎらぎら燃え盛る太陽も、もう二度と晴れないんじゃないかと思えるほど激しく降る雨も見せない。ンシは僕たちが地面に植えたヤムイモやココナツやバナナなんかを実らせてくれる。僕たちは死んだら地面に埋められ、地下の国、われらの父なるオバッシ・ンシのもとに行くのさ」

「オバッシ・ンシはそもそもあなたを殺したいのかしら？」

「いや、彼は僕たちにずっと生きていてほしいと思っているよ。でもオソーが僕たちを殺すと、ンシが地下にある彼の国に連れて行ってくれるんだ」

「オソーに命を取られないために、彼に供え物をするよう言われているのよね。では、あなたに死んでほしくないンシは、どうしてそのお相伴に預れるのかしら」

（ためらい、ちょっと笑って）「ふたりは友人だと言っただろう。彼らはともにしゃべり、ともに食べる。オバッシ・ンシは本当は僕たちの母で、オソーが父なんだと思う。だって、供え物をするときに必ず、ンタ・オバッシ（神オバッシ）とマ・オバッシ（レディー・オバッシ）と言うよう教わるからね。ンシは女で僕たちの母に違いない。だって、女性が一番優しい心の持ち主だというのは誰もが知っていることだから」（ナイジェリア、エコイ族[51]）

かくて、宗教的な思想において、創造の能力はしだいに地母神とは切り離されていった。実を結ぶ大きな能力を持つ地母はしだいに他の神々に取って代わられたが、尽きることのない創造力を持つ母親の根本的な活動は残った。

卵から孵る

万物の女神エウリュノメはカオスから裸体で起き上がり、足を置く硬い場所がまったくないことに気づいた。彼女は海と天を分け、波の上で踊った。彼女は寂しくなった。そこで北風を捕まえて両手でこすり合わせると、大蛇オピオンになった。エウリュノメはあたたまるためにますます激しく踊り、とうとうオピオンはみだらに彼女の神々しい四肢にからみつき、彼女と交わった。エウリュノメは妊娠し、鳩に姿を変えた。彼女は波の上で卵を抱き、時が満ちて世界卵を産んだ。オピオンが卵に七重にとぐろを巻いてあたためると、やがて卵は孵った。卵はふたつに割れ、彼女の子供たちすべてと存在するすべてのものが転がり出た。太陽と月、恒星と惑星。そして山、谷、川、木、植物、生き物が揃った大地。しかし最初の男でペラスゴイ人の最初の祖先であるペラスゴスは、アルカディアの土から生まれた。（ギリシャ）[51]

ここでは最初の男を除くあらゆるものが卵から生まれている。最初の男は従来の出現ルートをたどっている。出現神話と同様に、卵の神話は人間が子宮に永遠にこもっていることはできないという事実を表している。最初の人間はすべて、最終的に這い出たり孵ったりして、彼らのために特別に作られた地上での暮らしを始める。

ふたつの卵を抱いた一羽の鳥と、ひとりの老女がいた。女の名前は——いや、その名を述べることはできない。その名は私だけのものだ。彼女の名を知っていることが私の力であり、私はそこからあらゆるものを作る力を得ている。

この老女はユリノキの葉を集めに出かけた。木まで歩いていった彼女は、樹上の鳥の巣に卵が二個あることに気づいた。鳥は葉の中に巣を作り卵を抱いていたが、老女に驚いて体を起こすと飛び立った。「よし、卵を持ち帰ってサゴ［デンプン］を作り、食事にしよう」と彼女は言った。

老女はふたつの卵を家に持ち帰り、土鍋に入れた。それから卵をゆでるための水を汲みにいった。水を満たしていると、一匹の生き物が地面の下から這い出してきた。マンスカナルという生き物だ。マンスカナルに嚙みつかれると痛い。小さな黄色い生き物で脚がたくさん生えている。この生き物たちが鍋に穴を開けたので、水が漏れた。彼女が叱りつけると彼らはいなくなったが、水はすでに漏れてしまっていたので卵をゆでることができず、鍋の中に入れたままにした。彼女は座り込み、残った少しの水でサゴかバナナを料理し、ちびちび食べて眠った。

何ヶ月も経ったある日、老女はふたつの卵のことを思い出し、鍋を持ち上げてみた。驚いたことに、そこにはふたりのかわいらしい男の赤ん坊がいた。「なんてすてきなんだろう。私はずっとひとりぼっちで暮らしてきたのに、今はふたりのかわいい子供ができたのだから。すごい！」と彼女は言った。彼女は子供たちのおかげでたいそう幸せになり、本当の子供のように面倒をよく見て、少年たちは成長した。（パプアニューギニア、トク・ピシン語[52]）

中東からインドや東アジア（中国、チベット、日本、インドネシアなど）にかけて、そしてポリネシアから西アフリカ、ヨーロッパ（フィンランドとエストニア）にかけて、全世界が、ときには創造者自身も含めて、宇宙卵、あるいは卵のようなものから生まれるという神話が存在する。[53]『ウパニシャッド』と呼ばれるサンスクリット語のテキストには世界の創造に関する記述があり、それによれば、宇宙卵が割れて、そこからプラジャーパティ、すなわち「生き物の王」という名の人間が現れた。[54]

この宇宙の始まりを思い描いてみよ。水ばかり。水をたたえた海のほかには何もない。命を生み出したい欲求にかられた水は、どうすれば繁殖できるかを考えた。こつこつと働きかけ、熱烈に祈りを捧げ、彼らがあたたまると、黄金の卵が現れた。この黄金の卵は一年ほどあたりを漂っていた。その後、プラジャーパティという名の男が現れた。（インド、サンスクリット[55]）

さまざまな物語において、マクロレベルで驚くべき類似が見られる。宇宙、神々、天地が卵から生まれるのだ。ミクロレベルでは最初の人間が卵、ヒョウタン、カボチャ、籠、貝、穴のあいた石、ココナツ、パンノキ、もしくは別の閉ざされたものから生まれる。一部のヒエラルキーが、最初から卵もしくは卵のような生き物の間で作られる場合も多い。ときには最初の祖先たちが出口を見つける前に、卵や貝、あるいは他の閉ざされた入れ物を壊したり外から割ったりしなければならないこともある。

世界が始まったとき、陸地はなく海と天だけがあった。海と天の間にトビという鳥がいた。陸風と海風は結婚し、竹の姿をした子供をもうけた。ある日、この竹は水の中を漂っている間に、波打ち際でトビの脚を打ってしまった。怒った鳥が竹をつつくと、突然ある部分から男が、別の部分から女が現れた。地震が起こって鳥と魚にこの新しい生き物をどうすべきか考えるよう求め、男女が結婚すべきだということに決まった。彼らは多くの子供を作り、そこからすべての人種が生まれた。(フィリピン、タガログ族)[56]

ワタリガラスは北シベリアのチュクチ族の間では「自分で自分を創造したもの」と呼ばれている。ワタリガラスが登場する多くの物語のひとつに、人間が二枚貝から現れるという話がある。この物語では、カラスには最初の人間を生み出すための妻はいない。彼はひとりで水辺を歩きまわり、ある音を聞きつけた。足元を見下ろすと、湿った砂から二枚貝が突き出ている。その狭い隙間から小さな声が聞こえたのだ。ワタリガラスは人間の顔を見つけてささやく。「出ておいで」。その言葉を何度も繰り返すと、とうとう幾人かの人間が貝からおずおずと現れた。[57]

別伝ではカラスが卵に似たさやをつけた植物を見つける。よく見てみようと近づいたとき、さやのひとつがはじけて、じゅうぶんに成長した体格のよい人間が飛び出してくる。

ワタリガラスは尋ねた。「おまえたちは何者だ? どこから来たのだ?」

「私はそこのさやから出てきました」と男は言った。「さやの中で寝ているのに飽き飽きしたので、自分で蹴飛ばして穴を開け、飛び出してきたのです」。さらに三つのさやがはじけ、こうして最初の四人の人間が、丸まって寝ていた湿ってあたたかいさやから世界に飛び出し、世界のもっとも強大な一族の祖先になった。（アラスカ、イヌイット）[58]

人々は卵から生き物が孵るのを、自分たちの周囲で当たり前に見ていただろうが、科学的な理由など何もわかっていない時代に、この現象が彼らにとってどれほど不可解なものに思われたかは想像に難くない。

天界に性の異なるふたつの存在がいた。水と土である。創造者はこのふたつが人間の立派な両親になるだろうと考えた。両者の結婚から、虎の脚と虎の耳を持つ女の子が生まれた。たまたま地上に男がひとりだけいた。天界から降りてきたのだが、あまりに重くなり過ぎて戻れなくなっていたのだ。彼はその少女と出会い、恋に落ちた。彼女の両親は、彼がふたつの巨大な瓜を割ることができなければ結婚させないと言った。男は自分がまさにブッダ自身になる運命にあると感じた。彼は熱心に天に祈り、偉大なる天の剣を授けてほしいと願い、とうとうそれを手に入れた。彼は両刃の剣を取り上げ、中にいる動物に警告を叫び、最初の瓜を叩き割った。すべての動物たちが、ピーピーさえずったり、シューシューいったり、ゲロゲロ鳴いたり、うめいたり、うなったりしながら無事に現れた。それから彼は両刃の剣を再び振り上げ、警告を叫びながらふたつ目の瓜を割った。そこからあらゆる人種の人間が現れた。（ベトナム、ワ族）[59]

ふたつ目の瓜を割ることによって、この天から来た男はすべての人類の父親になることに成功した。彼の花嫁である虎の脚と虎の耳を持つ少女は、ふたつの瓜を産んですらいないし、人間の母親になることもできなかった。彼女について二度と語られることがなかったのは言うまでもない。

多くの物語で最初の祖先が瓜から生まれているのはさほど驚くことではない。じゅうぶんに熟した瓜は大きな腹に似ているし、たくさんの種は多産を示唆しているからだ。南太平洋の神話では、始まりの入れ物にココナツの殻が選ばれている。殻の底部はすべての存在の根を象徴しており、その役割は宇宙を絶え間なく支えることだ。

> 側面がほとんどくっついた貝の中に、ヴァリ・マ・テ・タケレという名の女が住んでいた。これは「まさに始まり」という意味である。彼女は狭い子宮の形をした貝の中で暮らしながら、子供が欲しいと願っていた。彼女が自分の右脇を少し引きちぎると、それが人間になった。最初の男である。最初の息子はこのように「作られた」のであって、生まれたわけではない。彼は大洋の支配者になった。彼は実際には本物の人間ではなく、半人半魚だった。この「偉大なる母」はすべての神々の源であり、間接的に人間の源であった。（ポリネシア、クック諸島）[60]

瓜は子宮に似ているが、物語ではほとんど成長しないし、女性の体の中にあるわけでもない。興味深いことに、ここに挙げた南太平洋の神話では入れ物の中にいるのは女性で、そこからすべてが始まる。そこで彼女は単独の創造者の役を務め、自分の体を少しずつちぎって、次々と両方の脇腹から子供たちを作る。

分割

始まりのとき、クジュン・チャントゥ、すなわち大地は人間に似ていて、髪が生え、両腕があり、巨大な腹をしていた。最初の人間たちは彼女の腹の上で暮らしていた。クジュン・チャントゥはひそかに考えた。仮に私が起きて歩きまわったとしたら、間違いなく人間たちはすべて落ちて死んでしまうだろう、と。そこで彼女は自発的に死に、彼女の体のさまざまな部分は雪に覆われた山々や小さな丘、谷、肥沃な土になった。彼女の目は太陽と月になった。（北東インド、アパタニ族）[61]

宇宙の創造は、ここでは複雑な分割もしくは崩壊の過程として想像されている。その中で分解と腐敗という人間の経験が、人間の姿をした原初の体へと移し替えられている。巨大な人間のように見える神々は、体の一部もしくはすべてを犠牲にして、人間のための準備をしたり、最初の人間をつくったりする。その両方という場合もある。クジュン・チャントゥは彼女の子供たちが生きていけるように自ら分解する覚悟を決めている。

中国の宇宙論の体系において、ある神話では老子の体が、別の神話では盤古の体が、そういった原初の存在もしくは体であると想像されている。物語によって、最初の人間が盤古にたかっていた蝿から生まれたとするものもあれば、彼の息のふた吹きが融合して生まれたとするものもある。老子の場合は少々異なる。

老子は自分の体を変容させた。彼の左目は太陽になり、右目は月になった。頭は崑崙山脈になり、ひげは惑星と星座になった。骨は竜に、肉は四足の生き物になった。腸は蛇に、胃は海になった。手の指は五台山に、髪は草木に、心臓は蓮台になった。ふたつの腎臓は融合してひとつになり、「真実の父と母」になった。（中国、漢民族）[62]

インドの『リグ・ヴェーダ』の創造賛歌に登場する原初の存在はプルシャという名で、これは人間、もしくは男性を意味する。

彼らがプルシャを分けたとき、いくつのかけらに分けたのだろうか？
彼の口は何になったのか？　彼の両腕、太腿、足は何と呼ばれるのか？
神官は彼の口から、武人は彼の両腕から生まれた。
太腿からは平民、足からは奴隷が生まれた。
月は心から、太陽は目から生まれた。
口からはインドラと火が、息からは風が生まれた。
臍からは大気が、
頭から天が転現し、

足からは大地、耳からは方向が生まれた。[63]

ヴェーダの「原人の歌（プルシャ・スークタ）」は創造神話であり、原初のいけにえが宇宙の物的要素のほかに、神官から奴隷に至る階層的な社会秩序ももたらしたとしている。[64]プルシャは「至高の存在」であるだけでなく、宇宙でもある。プルシャの分割、すなわち彼が原初のいけにえとなったのは、まさに創造の行為であり、社会と社会階級という組織立った集団を裏づけるメタファーでもあるのだ。[65]

宇宙を創造するために原初の存在が分割されるという物語は、他の文化、たとえば一〇世紀末のアイスランドのテキストに保存されている北欧の創造神話にも見られる。

氷の層は虚空の中に霧の世界を形成した。霧の世界の南には、光に満ちたあたたかい世界があった。あたたかいそよ風が氷のような寒さと出会って、エネルギーの熱が溶けていく霜のしずくを活気づかせた結果、強大な霜の巨人ユミルとその牝牛アウズフムラが生まれた。牝牛の乳房からあふれた四本の乳の川がユミルに栄養を与えた。彼は眠ると汗をかき始めた。彼の左腕の下から男と女がひとりずつ現れ、彼の左足は右足とともに子供を生み出した。邪悪な霜の巨人である。のちにユミルはボル神の三人の息子によって殺された。ボルの父親ブーリは、アウズフムラがなめた氷から現れた。その三人の息子が創造神のオーディン、ヴィリ、ヴェーである。彼らはユミルを殺し、彼の肉から大地を、汗から海を、骨から山を、歯から砂利と石を作った。彼の頭蓋骨は天になり、三人の神々は彼の脳をばら撒いて雲にした。

彼の髪からは草木が生えた。そのなかにトネリコのアスクとニレのエムブラがあった。ユミルの肉が腐敗していくとき、神々は這いまわる蛆虫を、人間の外見と機知を持つ生き物に変えた。彼らはドワーフとなって石の中や地下に住んだ。ドワーフはすべて男だった。最初の人間たちは間接的ではあるがユミルから生まれた。のちに三人の神々が、ユミルの髪から最初に生まれた二本の木で人間をつくったからだ。[66]

少し前に紹介したパプアの物語では、原初の老女が森でふたつの卵を見つけ、そこからふたりの少年が孵った。同じ物語の後半で、老母はふたりの少年に驚くような要求を突きつける。

> ある日、母はもう成長した若者たちに言った。「行って、庭と同じくらい大きくて広い場所の木を切り倒しなさい。出たごみは火をおこして燃やすのだ。それからふたりで私を殺しにきなさい」。彼らはともに拒否した。そう、ふたりは自分たちの母親を殺したくなかったのだ。しかし彼女は主張を曲げなかった。「私を殺しなさい！ 私を殺せば、現れるものを見ることができるから！」
>
> ふたりの少年は森に行って、庭と同じくらいの広さになるよう木を切り倒した。ごみを燃やしてその場所をきれいにし、倒した木の切り株だけを残した。それから兄が弟に言った。「おまえが母さんを殺せ！」弟は答えた。「いやだ。兄さんが殺せ！」兄弟はふたりとも悩み、どちらが母を殺すべきかについて口論した。とうとう弟が言った。「気にするな。僕がやろう」。そして彼は母親を殺した。弟が母親を殺したあと、ふたりは彼女の肉と骨を分けた。彼らは母親を小さく切り分け、それぞれの切り株にひとつずつ肉片を置いていった。あらかじめ母親から言われていたとおりにしたのである。ふたりは

母親の指示に正確に従った。肉と骨を切り株に置いたのち、兄弟のうちのひとりが頭を取り上げて籠にいれ、それを彼のスリーピングバスケット［蚊帳のような籠］の開口部に置いた。そしてもうひとりが腹部を取り上げてそれを自分のスリーピングバスケットの開口部に置いた。それからふたりは眠った。

夜が明けた。人間、おんどり、犬、豚など、村のあらゆるものが出現した。子供たちが叫び、男と女がおしゃべりをし、その場所は多くのものたちであふれかえっていた。

ふたりの若者は寝袋から抜け出し、スリーピングバスケットから出ようとすると、女がひとりずつ、兄弟それぞれのスリーピングバスケットの開口部に控え、彼らのために食べ物を調理していた。兄弟は納得した。「これが母さんの言っていたことなのだ。僕たちふたりしかいないことを、母さんは気の毒に思っていたのだ。それでこの場所に人や動物を住み着かせる方法を教えてくれたのだ。ああ、なんという立派な母親だろう！　母さんの言いつけに従ったから、この場所が大きな村になったのだ」（パプアニューギニア、トク・ピシン語[67]）

善良な老女の肉片と骨片が、男と女と赤ん坊が大勢いる活気ある村を作り上げた。創造と腐敗のサイクルにおいて、老母は喜んで自ら犠牲になり、その結果、秩序ある社会が誕生できたのだ。

ほかにも、いけにえとなった原初の体が腐敗もしくは分解して、人間に物事の秩序をもたらす神話がある。


長い間、タアロアは貝の中に住んでいた。それは卵のように丸く、どこまでも続く暗闇の中で回転していた。太陽も月も陸地も山もなく、すべてが融合した状態にあった。人間も獣も家禽も犬も生き物も海も真水もなかった。タアロアはぴったり閉じ込められていたので、とうとう貝を割ってこじ開けた。

彼は貝をひっくり返し、それを上に掲げて天の円蓋を作り、それに「さかさま」という意味のルミアと名づけた。

しばらくののち、彼は自分を覆っていたもう一方の殻から抜け出し、それを使って岩と砂を作った。しかし彼はまだ満たされなかった。彼自身の背骨が山脈になり、あばら骨が山の斜面になった。内臓が浮雲になり、肉が大地の肥沃さに、四肢が大地の力となった。彼は手足の爪を使って魚の鱗と殻を作った。彼の衣類は大地に木、低木、蔓植物をまとわせた。腸はロブスター、エビ、ウナギになって川や海に満ちた。タアロアの血は熱くなって漂っていき、空と虹の赤になった。頭は聖なるものとして自分に残しておいた。彼は今も生きている。不滅の体に載ったまさにその頭として。世界は発展し成長し、タアロアは万物の主となった。

彼は神々を出現させ、かなり経ってからようやく人間を出現させた。タアロアが貝殻を持っていたように、あらゆるものに殻がある。大地は石や水やそこに生える植物にとっての殻だ。男の殻は女である。男が世界に生まれることができるのは女のおかげだからだ。そして女の殻は女である。女も女から生まれるからだ。(フランス領ポリネシア、タヒチ島民)[68]

タアロアの場合、神は自分の体を創造に使うが、それが彼の肉体的存在の終わりを意味するわけではない。タアロアは分割されるが、生き続けた。そして最初の人間は彼の不滅の体のどこかが変化して生まれたのではない。彼は「ずっとあとになって」人間を出現させた。

原初の存在は男なのか、それとも女なのか。変容する際に崩壊した存在は、その分割によって宇宙に秩序をもたらすが、彼らは普通男性として提示される。一方、大地が人間を出現させる体としての役割を果たす際は、大地は普通滋養を与える女性、すなわち地母（前述したエコイ族の例のように、場合によってはのちに「父なる大地」に変換される）の姿をとる。原初の存在の神話的な分割は追悼され、動物（ときには人間）のいけにえを捧げる儀式で再現される。こういった儀式は、インド＝ヨーロッパ語族の主要な宗教の一部となっている[69]。

出現神話と同様に、こういった原初の分割神話では、創造の行為に異性のパートナーは関与しない。次のセクションの創造者にとっても同じことが言える。

自分だけでやり遂げる男性創造者

万物の主は現れたあとにこう言った。

ケプリ（「姿」）として現れたのは私だ。

私が現れたとき、「存在」が現れたのだ。

そしてすべての存在は私のあとに現れた。

無数の存在が私の口から現れた。

空が存在する前に。

大地が存在する前に、
地面と爬虫類がここに作られる前に。

私はひとりでに現れた偉大なるものだった。

独力で私はすべての望みをかなえた。

私は心で考え、頭で計画を立てた。

無数の姿をかたどり作り上げる方法を。

そう、シュウに唾を吐きかけ、テフヌトを投げ上げたのは私だ。

まだ私ひとりしかいなかったときの出来事だ。

私は他の生き物、無数の姿をしたケプリ、彼らの子供たち、そして子孫をどのように作るか、心の中で計画を立てた。

だからシュウに唾を吐きかけ、テフヌトを投げ上げたのは私だ。

私は手を使って射精した。

私はひとりで口から唾を吐いた。

私はくしゃみをしてシュウを出現させ、テフヌトを吐き出した。

その結果、ひとりだった神が三人になった。

私と男と女だ。

（中略）

私は実のところアトゥムが作ったシュウだ。
私は子宮の中で作られたのではない。
私は卵の中で結びつけられたのでもないし、誰かが私を身ごもったわけでもない。
しかしアトゥムは私を唾として彼の口から吐き出した。
私の姉妹テフヌトとともに。（古代エジプト人）[70]

男神アトゥムもしくはラー（ケプリとも呼ばれる）はカオスの水から最初に現れ、創造を思いついた。創造できる者がまだほかに誰もいなかったので、彼がやらざるをえなかった。彼は自分自身を全能と宣言し、彼の体液から多数の生き物を生み出した。[71] この奇跡的な出来事の経過を説明するために、古代エジプトの神学者たちは、アトゥムが精子を出すのに使ったこぶしもしくは手が、女性、すなわち「手」と呼ばれる女神なのだと主張している。創造の行為をひとりで行った結果、アトゥムには仲間ができた。彼は三人になったことを喜んだ。「私はふたりの若者たちとともに生きていこう。私は彼らとともにいよう。ひとりは私の背中に、ひとりは私の腹側に、ふたりに挟まれて。シュウはテフヌトとともに休息するだろう。ひとりは私の中で、もうひとりは私のまわりで。そして私は私にまわされた彼らの腕によって運ばれるだろう」

別のエジプト神話によると、太陽神で万物の王であるアトゥム・ラーは、子供たちが彼から漂いながら離れていったあと、再び寂しくなった。彼らを見つけるために、彼は片目をはずし、それを力で満たした。彼はその目を自分の娘と呼び、彼女は女神ハトホルになった。最終的に「目」がシュウとテフヌトを連れ戻すと、父は純粋に喜びのために泣いた。涙は地面に落ち、そこから人間が作り出された。すなわち人間は、アトゥムが子供たちであるシュウとテフヌトを作るために使ったものとは別の体液で作られたことになる。[72]

コンゴのクバ族の物語では、白い大男の姿をしたブンバというケンベ（神）が、地上の暗くて水だらけのカオスをひとりで支配していた。

> ある日ブンバはひどい腹痛に襲われ、まもなく太陽を吐き出し、それから月、最後に星を吐き出した。こうして地上は明るくなった。太陽の熱は水と砂州を干上がらせ、岩礁が現れ始めた。しかしまだ地上に生命はなかった。ブンバは再び吐き、今度は生き物が現れた。コイ・ブンバという名のヒョウと、とさかのある鷺ポンゴ・ブンバだ。ワニのガンダ・ブンバと、小さな魚のヨ・ブンバも現れた。次に亀のコノ・ブンバと、ヒョウのように敏速で恐ろしい稲妻のツェツェ・ブンバ、それから白い鷺のニュアニュイ・ブンバ、続いて一匹の名前のない甲虫とヤギのブディ・ブンバが現れた。一番最後に男たちが大勢現れたが、ひとりだけブンバ自身のように白い男がいた。（コンゴ民主共和国、クバ族）[73]

ブンバは独力で完全に創造をやってのけた。その過程は出産によく似ており、腹痛という形での産みの苦しみもともなった。ブンバは世界と人間を、妻の助けを借りずに作り出した。前述した何人かの女性の創造者が、夫なしでなんとか出産をやりおおせたように。興味深いことに、ブンバがもうけた生き物たちにはすべて彼の姓がついていて、彼らが紛れもなくブンバのものだということを示している。

ギリシャの女神アテナは神々の王ゼウス（彼の名は古代ギリシャ語で「明るい天」を意味する）の頭から、完全に成熟し、武装した姿で生まれた。ゼウスの場合、産みの苦しみはひどい頭痛だったわけだ。

偉大なるアランダ（アルンタ）族の祖先カローラは、決して神とは呼ばれないが、彼は意のままに操ることができる並外れた生命力を持ち、女性からのいかなる貢献や介入も受けずに男の子供たちを生み出した。


時間が始まったとき、全世界は憂鬱な暗闇に覆われていた。祖先のカローラは、果てしない夜を眠って過ごしていた。彼は赤い花と草が一面に生えた土に覆われていた。その中央に装飾された柱が現れて彼の上で揺れ、天を指した。柱（住民の儀式に使われる）の根元には、最初からカローラの頭があった。カローラの望みと欲求が、横たわって考えている彼の頭をよぎり続けた。彼の上にあった芝土を突き抜けて、彼の臍と腋の下からバンディクートが生まれた。

夜が明け、光があらゆる方向からゆっくりと流れ込んだ。太陽が昇り始め、あらゆるものに陽光を注いだ。太陽が高くなるやいなや、祖先は立ち上がり始めた。魔力が体から抜け出し、彼は空腹を感じた。いったん空腹が満たされると、彼は協力者について考え始めた。太陽が沈むと、カローラは再び両腕を伸ばして眠った。夜の間に彼の腋の下からうなり板[74]が現れて人間の形となり、どんどん成長して若者になった。彼の最初の息子である。カローラは腕を圧迫する重みを感じて目を覚まし、最初の息子が頭を父親の肩に乗せて隣に寝ているのに気づいた。
再び夜が明けてカローラは起きた。彼は騒々しく鳴り響くライアンキンチャの呼び声と踊りによって、息子に命を吹き込んだ。息子は起き上がると、儀式の飾りをつけた父親のまわりで儀式の踊りを踊った。夜が来るとふたりは再び眠り、さらにふたりの息子が父親の腋の下から生まれ、同じライアンキンチャの呼び声のおかげで翌朝命を授かった。この繁殖の過程は、何昼夜もの間続いた。最終的にカローラは再び大地の下で眠りについた。永遠に。（オーストラリア、アランダ（アルンタ）族）[75]

物語から窺えるのは、いかなる女性の存在も影響もない世界だ。腋の下は原初の誕生にとってうってつけの場所とされている。男性の多産の源として、水分を分泌する体のこの場所は、ヴァギナやその分泌物をなんとなく連想させる。[76] 腋の下は北欧の巨人ユミルの子供たちが生まれた場所でもある。彼の左腕の下から一組の男女が生まれ、左足は右足とともに息子を生み出した。[77]
それからブラフマーがいる。ヒンドゥー最古の聖典によれば、彼は次々とさまざまな姿をとりながら、さまざまな生き物を生み出した。その姿は根元的な物質からなっていた。

ブラフマーの姿は暗闇でできており、最初に悪魔が彼の太腿から生まれた。彼がこの暗闇の体を捨て去ると、捨てられた体は夜になった。彼はそれから新たな姿をとった。おもに善と光でできた体である。すると彼の口からは輝く神々が現れた。彼がこの体を捨て去ると、それは昼になり、すべてが善である別の姿をとった。ブラフマーが自分は父親だと考えると、彼から祖先たちが生まれ、捨て去った体は昼と夜の間の夕暮れになった。

それから彼は別の姿をとった。この姿の本質は熱《タパス》だった。こうして人間が生まれた。（インド、サンスクリット語）[78]

ひとりでやり遂げる創造者は、信じられないほどの力を必要とする。この生命力をブラフマーは自らの中に抑えこんでいた。他の神話では、この力はしばしば生命力もしくは活力と呼ばれる。それは神の体を使った創造（繁殖）の根底にあり、女性であれ男性であれ、涙や唾液や精液や血の形をとって、神の内部からもたらされる。

神の性交

始まりの前には、「万物の父」アウォナウィロナしか存在しなかった。時代の空間のどこを見ても、深い闇と寂しい虚空のほかに、まったく何もなかった。アウォナウィロナは心の中で思い描いたものを空間へと放出した。生まれながらの知識のおかげで、この「万物を含む者」は直接彼自身を作り、われわれの父、太陽の姿になった。空間は光で明るくなり、霧のような湿り気が雲になり、雲から水が落ちて大きな海を形成した。

創造者は自分の体からむしりとった肉で海を豊かにした。すると彼の明るい光の熱で緑色の藻が育ち、それが大地と天を作り出した。大地と天が結婚し、世界の水の上で同衾したことにより、彼らはすべての生き物、人間と他の生物を身ごもった。人間と動物の種は地母の膝のくぼみに落ち着き、彼女の四重の子宮で卵としてあたためられた。創造者がじゅうぶんにあたためた結果、卵は孵り、すべての生き物が生み出された。（アメリカ、ニューメキシコ州、ズーニー族[79]）

このズーニー族の神話は、出現の手段と、この物語で主要な役割を果たす世界両親の行動とを組み合わせている。普通は最初の人間が現れる前に、ひとりもしくはそれ以上の神々が存在している。原初のカオスの水から現れ他の神々を作ったエジプトの神アトゥムのように。ときには世界両親が、大地や人間が登場するずっと前に存在していることもある。

世界が存在する前の虚空に、ふたりの神、ウィユ・チュングム＝イルムと妻のチュングム＝エルムがいた。あるとき寝ていると、少量の水が落ちてきて彼女に流れ込み、目覚めた彼女は体の中がとても冷たくなっていることに気づいた。どうしてこんなに冷たくなったのだろう？　あたりを見まわしたが、何も見えない。彼女は体に入ってきた冷たいもので寒気がしたので、夫にそう言った。しかし妻にわかった以上のことは夫にもわからなかった。二〇日後、チュングム＝エルムは卵をひとつ産んだ。夫婦は大変驚いて卵を見つめた。半年後、卵は割れて大地のシチ、大きな山々のトグレ、小さな丘のトグジが現れた。（インド、ヒル・ミリ族[80]）

これは大地の卵からの孵化と、あらかじめ存在していた世界の母による壮大な出産との魅惑的な組み合わせである。夫の役割が欠如しているのは、聖書のクリスマスの物語のヨセフに少し似ている。

多くの神話において、天の神と大地の女神は、文字通りでも比喩的にも、互いに結びついた世界両親として提示される。そして最初の両親が息が詰まるほど抱き合っているせいで、彼らの子供たちが窮屈な思いをしているというメッセージが示される。子供たちが息の詰まる暗闇の代わりに陽光の中で生きられるようにするには両親を引き離さなければならない。その結果、人間の地上での生活が始まるチャンスが訪れた。

> 天地はぴったりとくっつき、抱き合いながら横たわっていた。彼らの多くの子供たち（すべて男）は両親の体の間に押し込められ、暗闇の中でうずくまっていた。息子のひとりタネ（森の神）は、あおむけになり四肢を突っ張って、強引に両親を引き離した。こうしてランギ（天）とパパ（大地）は分かれ、ふたりは互いを求めて泣き叫び続けた。
>
> ランギの涙は雨となって落ち、立ち上る霧はパパの涙から生まれた。子供たちにとってそれは非常につらいことだったので、彼らは地母の顔がうつ伏せになるようひっくり返してやり、その結果、彼女は不幸にも遠くに離れてしまったランギを見て苦しまずに済むようになった。彼女がうつ伏せになったあと、子供たちはその頃にはあたたかく柔らかだったパパの背中を踏みつけ始めた。それによって大地の表面はでこぼこになり、現在の丘や山脈や山や谷ができた。天と地の子供たちは皆、男だった。（ニュージーランド、マオリ族[81]）

ランギとパパという世界両親を引き離した七人の息子のひとりタネは、欲望を感じ伴侶が欲しくてたまらなくなった最初の神でもある。彼は母親から赤土で女の体を作る方法を教わった。ほかに手に入る女がいなかったからである。彼はこうして自分の妻を作った。このカップルから最初の人間たちが生まれた。この物語はニュージーランドのマオリ族だけでなく、イースター島（チリ沖）からタヒチやハワイに至るポリネシアの文化でも語られている。[82]

世界両親が引き裂かれたり、半分ずつの卵の殻のように壊れて別々にされたりして、それぞれ大地と天になる、という物語は他の地域にもある。天と地は、もともと抱き合ってひとつになっていた両性具有の世界の片割れ同士であり、これは一種の両性の和合なのだ。[83]

世界両親の物語において、最初の人間たちはもはや大地から直接出現せず、世界両親の和合の結果生まれる。地母は親切で建設的な人物として認められ、天の父の代わりに人間を生み出す。彼女は人間に食べ物を与え、死後は彼らの体を守る。マオリ族の大地の女神は受動的で、天からの授精者に従って行動する受容的な女性要素を持つ。

前述してきたように、初期の物語のいくつかでは地母が独力で人間を出現させることができた。しかし偉大なる女神像はしだいに姿を消していったように思われる。[84] のちの出現神話では、天が積極的に「母なる大地」の子供たちの父親となっている。

ナンドスル・ダノは「母なる大地」の上に立っていた。「私と結婚してください」と彼女は彼に言った。「私の体の上にいるあなたはそんなに重いのだから」。こうしてふたりは結婚した。まもなく「母なる大地」

はたくさんの子供を産んだ。ダノの頭の影からブラフミンが現れた。彼の両目からソナール、鼻からチャマール、あばら骨からコル族が、足（神）からゴンド族が、尿（水）からパンカが生まれた。全部で五二のカーストと部族がその女の体とダノの影から生まれた。

それからダノが「母なる大地」の胸をつかんで引きちぎると、一方が太陽に、もう一方が月になった。彼女のクリトリスは稲妻になって、クリトリスのように閃光と火花を発した。それから彼が自分の陰毛を引き抜くと、それは草になって大地を覆った。睾丸を引きちぎると、それは大きな岩になり、彼のペニスは森の木々になった。こうして「母なる大地」とナンドスル・ダノの体は、われわれが見ることのできるあらゆるものになった。（中部インド、ゴンド族）[85]

結婚してたくさんの子供を産んだあと、「母なる大地」は消極的になり、両親のうちナンドスル・ダノのほうが積極的な創造者として前面に出る。彼は壮大な分割の過程を開始し、その中でついでに社会秩序を確立し、彼自身の体だけでなく「母なる大地」の体も使って世界を作り、それを人間が住める場所にする。

世界両親としての天と地の協力は、主要な創造神話のモチーフのひとつとなっている。彼らの性的結合によって神の子供たち、あるいは太陽や月や星といった天体が生まれ、その後人間が現れる。ギリシャの大地の母ガイアは天空神ウラノスを独力で作り出した。彼女はもともと、古代ギリシャ文明以前にさかのぼる新石器時代の地母だったかもしれない。その後、ガイアの息子天空神ウラノスは彼女の夫となり、多くの子供たちをもうけた。その中にはオリュムポスの神々以前に地上を支配した多くのティタン族もいた。

宇宙規模での交わりは、いずれにせよ最初の人間を生み出す。そのような物語にはたいてい天と地がかかわるが、交わる相手が太陽と月、あるいは他のふたつの天体という場合もある。アメリカ先住民のポーニー族の神話では、明けの明星が最終的に宵の明星に追いついて彼女と交わる。まもなく宵の明星は娘を産み、少女を雲に乗せて地上へと送り出す。太陽と月は息子を作り、それが宵の明星と明けの明星の娘と結婚する。このふたりが人間の両親となる。（アメリカ、ポーニー族[86]）

また、天体自身が交わるのではなく、星から落ちたものが別の星から落ちたものと結合する、という話もある。たとえば東南アジアの北ボルネオの神話では、木製の剣の柄が太陽から落ちてきて大地に根づく。それはしだいに成長してよく茂った高い木になった。すると月から蔓草が落ちてきて、情熱的に木に絡みついた。彼らの愛情のこもった抱擁により、ふたつの生き物、つまり少年と少女が生まれた。彼らは成長して結婚し、最初の祖先となった。（インドネシア、ボルネオ島、カヤン族[87]）

ときにはふたつの特別な動物が選ばれて、原初の交わりを行うこともある。あるアメリカ先住民の神話では、最初の人間が生まれるのに不可欠な行為者として、二匹の蜘蛛が登場して交尾する。

「偉大なる天の精霊」（もしくは「偉大なる神秘」）ネサルはすべての造物主で、「狼の男」と「幸運な男」というふたりの兄弟を作った。彼がどうやってふたりを作ったかは誰も知らない。「狼の男」はグレートプレーンズを作り、「幸運な男」は丘や山々を作った。ふたりは超自然的な力を持っていたが、人間を創造するためには大地の下に住む二匹の蜘蛛の協力が必要だった。最初、蜘蛛たちはどうすれば繁殖できるかを知らなかったが、ふたりの兄弟から性教育を受けたのち、人間を含むすべての種類の動植物を作った。（アメリカ、アリカラ族）[88]

蜘蛛たちが創造と生殖にかかわったのは、明らかに彼らが体内で作った糸で巣を張るからだ。蜘蛛をもっとも賢い生き物と考えるだけでなく、直接の創造神だと考える文化もある。[89]生体としての宇宙もしくは大地のイメージは、人体の拡大版である。宇宙の誕生および分裂と、最初の人間の「突然の登場」は、対応するプロセスと見ることができる。神話における宇宙の創造および分割というマクロサイクルは、人間の誕生、成長、老化、死というミクロサイクルに類似していると見ることができる。

のちの神話では、最初の人間はもはや大地から直接生まれはしない。彼らはふたりの世界両親の交わりによって生まれる。

第二章　創造

天の神ブガは最初のふたりの人間をつくるために、大地の四つの方角からさまざまな材料を集めた。東からは鉄、南からは火、西からは水、北からは土。彼は土で肉と骨、鉄で心臓、水で血、火で体温を作った。（ロシア、トランスバイカル、トゥングース族[90]）

創造とは、それまで存在しなかったものを何かから、あるいは無からもたらすことを意味する。物理学者は、存在する材料を利用できなければ何も作ることはできないと主張するだろう。インフレーション理論によれば、宇宙の始まりは非常に小さなものだったのが、ビッグバンのあとの一秒の一兆分の一の一兆分の一というわずかな時間に膨張し、ガムボールほどの大きさから天文学的な比率にまで成長した。その後宇宙は、過去一三七億年以上もの間、もっとゆったりとしたペースで膨張を続けているという。しかし小さなガムボールでさえ、無ではない。もしこのようにすべてが始まったとしても、ガムボールは磁場の中にあらかじめ存在していたことになる。[91] これまでのところ、理論物理学者は宇宙の始まりについてまだほとんど証明できていないし、命は依然として謎に包まれている。いくつかの点で、創造神は人間の芸術家に似ている。彫刻し、のこぎりで切り、織り、鍛造するが、無からの創造をやり遂げることができるのは神々だけだ。神話では、どんなことでも起こりうる。

無からの創造

彼は膝に両肘をつき、両手で頭を押さえてそこに座っていた。黙ったままそこに座り、考えながら夢を見ることを繰り返していた。彼はひとりの女が生まれる夢を見た。それは彼の母親で、名をクマリアワと言った。こうしてそれは起こった。彼は考え、タバコを吸っていた。男が静かにタバコをふかし、母クマリアワの夢を見ている間に、彼女は生まれた。彼は自分の母親を作った。そんなふうにしてそれは起こったのだと言われている。彼は彼の母親を生み出し、タバコの煙で夢を見て、マラカスで歌を歌い、ほかには何もしなかった。するとクマリアワは立ち上がった。彼女はじゅうぶんに成長した女性のような姿で生まれ、赤ん坊らしくなかった。ワナディは考えたときに力を得たのだ。彼が「命」を考えたとき、クマリアワは生まれた。ワナディは彼女を彼の力と知恵のしるしとして作った。（ヴェネズエラ、マキリタレ族）[92]

自分自身の母親を創造するのは、むしろ例外的な行為だ。無からの創造には興味を引かれるが、地上の人間にとっては夢物語にすぎない。手に入る材料で作れるものしか作ることはできないのだ。神々は非常に型破りな方法で創造を行う。創造神は瞑想したり、夢を見たり、考えたり、話したり、呪文を唱えたり、詠唱したりして世界や人間を出現させる。前に引用したサンスクリットの神話では、ブラフマーが瞑想に集中することで大きなエネルギーが振動した結果、「考える生き物」である人間が生まれた。[93]

夢や思考の力は、いくつかのアメリカ先住民の神話で言及されている。前述したマキリタレ族の神話に描写されている驚くべき行為はその一例である。

アメリカ先住民が思考や夢によって創造した例はもっとある。北米のプエブロ族の間では、始まりの女神である「考える女」が「思考を外の世界に現す」。このように明確な無からの《エクス・ニヒロ》創造型の女性創造者は創造神話にはまれである。彼女は万物の創造者および「常に存在してきた」指導者で、考えることで人間を生み出した。[94] 無からの創造はアフリカでも行われている。ジンバブエのカランガ族の神話では、至高神ムワリが彼の代理人ムシカヴァンフを親切に空から降ろしてやった。彼の名がたとえ「人間の創造者」という名であっても、彼はムワリの単なる代理にすぎない。真の無からの創造者は、天界にいるムワリ自身だった。

> ムワリは下界に降りていく代理に、少し離れて落ちていく石を指差すよう命じ、ムシカヴァンフは従った。突然、石は落ちるのをやめ、ムシカヴァンフは石に向かって飛んでいった。その間に石はだんだん大きくなって、彼が見てもどこまで続いているのかわからないほど大きくなった。彼がその石の上にそっと降りると、足が触れた場所から水が湧き出た。以来、そこは聖地になった。
>
> まだほかには何も存在しておらず、ムシカヴァンフはこの新たに作られた誰もいない地上でひとりぼっちだった。暗くなって眠ると、鳥が空を飛び動物が地上にいる夢を見た。彼が目覚めると、驚いたことに、夢で見た鳥や動物がすべて現実のものになっていた。（ジンバブエ、カランガ族）[95]

この神話の別伝では、夢に見ることで最初の若い娘も現実化している。無から創造する神は全知全能で、そのような特別な神は創造計画を丹念に実行するということが全般的に言える。しかし中国雲南省のミャオ族のように、偶然起こる創造もある。彼らの神話は、人間が音から生まれたと主張している。巨大な洪水のあと、絶望のあまり無意識に発せられた音だ。神話によれば、ひとりの母親と息子だけが洪水を生き延び、結果的に近親相姦のタブーを犯した。息子は決して母親と交わるつもりはなかったし、母親も同じだったが、神が母親を少女に変え、息子と結婚させたのだ。しかし、息子は結婚相手がほかでもない自分の母親だと知ると、森に走りこんで絶叫した。母親は彼を追って荒野に行き、やはり絶叫した。ふたりの声が響いたあらゆる場所で人間が現れた。[96]

支離滅裂な叫びで人間が生まれるのは、むしろ例外的だ。一方、言語を明快かつ入念に使用するのは、概して人間の特徴であるばかりか、神が無から創造する際の非常に特殊な手段でもある。言葉を発することは典型的な創造的行為なのだ。神の話した言葉が並外れた創造力を持つことは驚くにあたらない。聖書の「ヨハネによる福音書」の冒頭で主張されているとおりだ。

初めに言《ことば》があった。言は神と共にあった。言は神であった。この言は、初めに神と共にあった。万物は言によって成った。成ったもので、言によらずに成ったものは何一つなかった。言の内に命があった。命は人間を照らす光であった。[97]

言葉の力は南タンザニアのパングワ族の神話でも強調されている。

天は大きく、明るく白かった。星も月もなく、そこは何もない空間だった。木がたった一本だけ、大気を糧にして生きていた。木は空中に立っており、至るところで風が吹いていた。木の上には蟻が住んでいた。言葉の力が風、木、蟻、大気を操っていた。言葉は、あるものが別のものを創り出すことを可能にする力だった。それは目に見えるものではなかった。(タンザニア、パングワ族[98])

魔術は無からの創造を行うためのもうひとつの方法である。タヒチでは人間の創造は比類ない存在であるタアロアによって行われた。彼には多種多様な特質があり、彼は自分自身の中に「記憶、思考、凝視、観察」する力を持っている。この「あらゆるものの主」は、増大と成長を引き起こすことに成功した。彼は神々を「魔法で出現させる」ことができ、のちに人間を出現させることにも成功する。[99]悲しいことに、どうしてそのような魔法が実行できたかは語られていない。おそらくは一種の儀式的な魔法の歌を歌ったのだろう。[100]

ここまで夢、思考、魔法、歌などによる無からの創造について述べてきたが、それに加え、『神の七つの笑い』と呼ばれる珍しいテキストがある。ここには笑いによる創造が記されている。このギリシャ語魔術パピルスは、エジプトでおそらく非正統派のユダヤ人によって書かれた。[101]テキストは完全に明確なわけではない。それは七つの笑いから始まる。「ハ、ハ、ハ、ハ、ハ、ハ、ハ」。そして七つの笑いのそれぞれがひとつずつ存在を生み出していく。最初の笑いのあと光が現れ、二番目の笑いが水をもたらす。三番目の笑いは心と知力を作り出し、四番目の笑いが「性交でできた赤ん坊」(直訳)をもたらす。五番目の笑いは神を微笑ませ泣かせる。この笑いが多くの定め、つまり運命を明らかにするからだ。これは宇宙のすべてを支えている。六番目の笑いは神を喜ばせる。神が「光の領域」に入るからだ。七番目の笑いは精神、すなわち「魂の息吹」を生み出し、その結果、「あらゆるものが前進する」。創造の分野では、笑いは好奇心をそそる珍しい手段だ。この古いテキストは人間の実際の創造について言及しているわけではないが、「七つの笑い」は人間の生活の基本的要素と考えられるものを生み出している。[102]

無からの創造に比べ、何かの材料を使用した創造ははるかに数が多い。そのプロセスの中で神々はいくつかのわかりやすい材料をうまく利用している。

土からの創造

ナガイッチョは土で人間をつくった。右脚と左脚、右腕と左腕。彼は草をいくらか折り取り、それを腹になる部分に詰め、さらに折り取った草を胃の部分に使った。草を叩き、それを心臓の部分に収めた。土を丸めて肝臓を作り、腎臓にするためにもっと土を詰めた。彼は土塊を小さく分けて、それを肺に使った。葦を押し込んで気管にした。黄土を砕いて血にした。彼はそれを寝台に寝かし、水をふりかけた。彼はそれから口、鼻、両目、陰部を作ってやった。片方の脚をとって裂き、それを使って女を作った。(ア

メリカ、カト族、ポモ族[103]）

土はもっとも一般的な材料である。土で作った人間の例は、エジプト、ヘブライ、ローマ、中国、韓国、アメリカ先住民その他の文化に見られる。そのような物語において、最初の人間は土だけ、あるいは少量の水分を混ぜた土で作られる。水分は水もしくは唾液、霧、一滴の血、乳、あるいは精液である。土は塵、泥、粘土、あるいは色とりどりの砂など、さまざまだ。もっと具体的に述べた神話もある。ガーナとトーゴのエウェ族の神話は、神が異なる二種類の粘土を使ったと述べている。彼は善良な人間にはもっとも混じりけのない材料を使った。邪悪な人間には質の悪い材料を使った。さらにエウェ族の物語は、神が最初の男と女を作るや、ふたりが顔を見合わせて笑ったとしている。それで神は彼らを世界へと送り出したのだという[104]。このアフリカの物語に限らず、最初の生き物を本物の人間に変えたのは、彼らの笑う能力だったようだ。アメリカのアパッチ族の物語でも、神は自分の姿に似せて粘土で人間をつくる。男は動いたり話したりすることができたが、まだ足りないものがあった。それは何だったのか？

足りないものについて考えていた創造者は、突然何がいけないのかを悟った。「笑え」と彼は新しく作った男に言った。「さあ、笑え、笑え、笑うんだ」。すると男は笑い始めた。彼は笑いに笑った。「これでできあがりだ」と創造者は言った。「さあ、おまえは生きることができるぞ」（アメリカ、ヒカリヤ・アパッチ族[105]）

明らかに、神話の創造者は笑いを非常に重要視している。笑いは人間に固有の特徴だ。笑いがなければ人間はどうしていただろう。中国のもっとも有名な創造神話では、女神女媧《じょか》が最初の人間を黄色い土で作るが、ここでも笑いについてとくに言及されている。

人々はこのように語っている。天と地が作られたとき、まだ人間はいなかった。静かな世界を歩きまわっていた原初の女神女媧は、あまりにもひっそりとしているので寂しくてたまらなくなった。彼女は泉のほとりで黄色い土を見つけ、それをとって自分に似た生き物を形作り始めた。彼女が泉のそばにそれを置くと、生き物は笑い始めた。女媧は笑いの響きを非常に楽しいと感じたので、もうひとり、またひとりと、それぞれを注意深く美しく形どって数多くの人間をつくった。彼らは鳥や動物とは違っていた。彼女が人間たちを地面に置くと、彼らは皆笑い、踊り、楽しみ、女媧は彼らを息子や娘と呼んだ。（中国、漢民族）[106]

創造者の中には、創造のために集めた塵の種類をじっくり検討し、必要な土を入念に選ぶ者もいた。ヘブライの「創世記」に注釈を加えた『ブレシト・ラッバ』は、アダムの体に使われた材料について非常に詳しく述べている。神は「人間が創造物の王となるよう」純粋な塵を選んだとする説もある。神は女性が粉を水で練るように、霧で土を湿らせた。男は「アダマ」（「土」）の息子で、「アダム」という名から、自分がどうやってできたかを知っていた。あるいは、大地の息子に敬意を表して土をアダマと呼んだのかもしれない。神は天使ガブリエルに世界の四隅から土を持ってくるよう命じたが、大地は人間をつくるために土を取られることを嫌がった。人間が少しずつ大地とその美を損なっていくことが、大地にはわかっていたのだ。長い物語なので端折るが、最終的に神自身が土をすくい、最初の男アダムを、注意深く選んだ塵から作った。

神は二種類の塵を使ってアダムを作ったという説もある。最初の塵はモリヤ山から集めた。これはアブラハムが神に服従し、イサクを喜んでいけにえに捧げようとしたのち、祝福された場所である。もう一種類の塵は世界の四隅から集め、神はそれをあらゆる川と海から汲んだ水で湿らせた。なぜ世界中から集めた塵と水なのか。それは、アダムの子孫がどこで死んでも、大地が決してその塵を拒まないようにするためだった。

コーランにも、アッラーは人間を粘土と水から作ったとある。「見よ、私は泥をこねて作った粘土で人間をつくっているのだ」。さらに、アラブの口承伝承には多くの外典があり、そこにはあらゆる種類の空想的な内容が事細かに記されている。アッラーが土で人間を形作ると初めて大地に告げたとき、大地は非常に心を痛めた。

「主よ、あなたが私の土で作ろうとしている新たな人間は、すべて天国に行くのですか」と大地は尋ねた。

アッラーは答えた。「彼らが皆、私に従った場合に限るがね」

新たな生き物のいくつかが彼女自身の土から作られると聞いて、大地は非常に動揺し、泣きに泣いた。そしてまもなく涙によって彼女の顔は泉でいっぱいの風景に変わった。

天使アズラーイールが黒、赤、白の土を一握りずつ大地の四隅からすくってアッラーの元に戻る際も、大地は不平を言い続けた。

大地はアッラーに祈った。「主よ、私が土を取り戻すのを手伝ってください」

アッラーは大地に言った。「落ち着きなさい、恐れることはない。おまえは自分から取り上げられたものを取り戻すだろう」（イエメン、アラブ人）[107]

他の材料からの創造

人間をつくり始めたとき、彼らは足、足の爪、足首を土で作った。脚を稲妻で、膝を白い貝殻で作った。体を作るのには白いトウモロコシと黄色いトウモロコシを使い、血管には縞のあるトウモロコシと青いトウモロコシを使った。まだら模様のトウモロコシは腕や体の毛に、黒いトウモロコシは眉毛に、赤いトウモロコシは血になった。彼の心臓は黒曜石で作られ、白い風が彼の息になった。耳は白い貝殻で、鼓膜は雲母で作られた。さまざまな動物すべての肉が彼の体を作った。そのためにあらゆる種類の花粉も使った。雨、泉、湖、川、池など、あらゆる種類の水も使った。その中には黒い雲と男の雨、天と女の雨も含まれた。彼らは虹を使って腕を作った。暗闇で髪とひげを、夜明けで顔を作った。鼻を作るのに赤いビーズを、目を作るのに日光を、歯を作るのに白いトウモロコシを使った。雷が彼の言葉になり、まっすぐな稲妻が彼の舌になった。彼の神経が働き続けるのは小さなつむじ風のおかげだ。新たな種類の人間は、「あらゆるものから作られた」という意味のアンルトターン・ナー・オルヤーと呼ばれた。（アメリカ、ナヴァホ族）[108]

さまざまな手段と材料の適性を次々と試した様子が語られる神話もある。ギリシャの作家ヘシオドスは、さまざまな方法で生まれた人間の五つの時代について述べている。

まず最初に、オリュムポスに住む不死の神々は黄金の族を作った。ただし、大地がその最初の人間を、まるで果実のように自然発生的に産んだという説もある。黄金の族の人々は、悩みもなく労働もせず、神々のように幸せに暮らした。彼らはドングリや野生の果物を食べ、木からしたたる蜂蜜も好きなときにとることができた。彼らの土地で安楽に幸福に暮らし、羊や山羊の乳を飲み、踊ったり歌ったりして、決して老いなかった。しかし、彼らはもはや存在していない。

そのあとに銀の族が登場した。彼らも神の力で作られたが、体と精神が非常に卑しく、パンを食べた。男たちは子供のようで、母親に完全に従っていたので、たとえ一〇〇歳になっても、決して逆らわなかった。彼らは無知で騒々しく喧嘩を繰り返し、神々に仕えることも、祭壇にいけにえを捧げることもしなかった。彼らのよい面は、少なくとも互いに戦わないことだった。ゼウスは銀の族を滅ぼし、そのあとに青銅の族が現れた。彼らはトネリコの木から果物のように落ち、青銅の武器を持っていたという説もあれば、オークと石から生まれたという説もある。この無慈悲で残忍な者たちは肉を食べ、戦いを好んだ。そして皆、黒死病にかかった。第四の人々も同様に図々しかったが、前の人々よりは高潔で寛容だった。彼らは神の父と人間の母から生まれた。さまざまな偉大なる戦いのあと、彼らは英雄となり、英雄的で高潔な者たちの最後の休息所に今も住んでいる。その場所をわれわれはエリュシオンと呼んでいる。第五の族は現在の人間で、威厳のない堕落した鉄の族だ。この族は昼は労働と悲しみから、夜は死から逃れることができない。彼らは残酷で不誠実で、邪悪で、親不孝で、好色で意地悪な人々である。[109]

ヘシオドスは「現在の族」が批判されるのもやむを得ないと考えている。

アメリカ先住民でニカラグアとホンジュラスに住んでいるスム族は、最初の人間たちが太陽の父パパンの子供たちとして、光線から作られたと信じている。太陽を女神とみなす珍しい話もある。アメリカ先住民クリーク族の始まりについての物語はその一例だ。

> 始まりのとき、陸地が作られたあと、月と星が最大限輝いても、世界はじゅうぶん明るいとは言い難かった。そこで偉大なる母、すなわち太陽が、世界に光をたっぷりと提供した。彼女は毎日、空を横切る旅を開始した。初日から決して怠ることなく続けてきた仕事だ。あるとき、空っぽの大地の上を横切っているときに、彼女は血を一滴落とした。このしずくは大地に落ち、最初の人間ユーチ族になった。つまり彼らは太陽の子供たちなのだ。[110]（アメリカ、ユーチ＝クリーク族）

太陽と陽光はアメリカ先住民においては原初の命の源だが、最初の人間を創造するもっと一般的な材料にトウモロコシがある。前述したナヴァホ族の神話で「あらゆるもの」から作られたという人間も、おもな材料はトウモロコシだった。白、黄色、縞入り、青、黒、赤といったさまざまな種類のトウモロコシである。他のアメリカ先住民の神話では、最初のふたりの人間はすべてトウモロコシでできている。特別な儀式によって、二本のトウモロコシがふたりの最初の人間に変わったのだ。彼らは別の方向から吹いたふたつの風のおかげで目覚める。[111]

ほとんどの創造神話において、創造者が最初に作る人間はひとりかふたりである。だがアフリカの赤道直下の熱帯林に住むピグミーの神はもっと意欲的だ。彼は地上に作った生き物が非常に孤独で忍耐力に欠けることに気づき、すぐに非常にたくさんの人間をつくりたくてたまらなくなった。

> 神は森に入り、木をゆすって非常にたくさんのンクラの実を集めた。籠がいっぱいになると彼は村に戻った。その後の数日間、彼は何度も森に行き、とうとう彼の小屋には大量の木の実が集まった。彼は満足げに眺め、うなずいた。
> 「もうじゅうぶんだ」と彼は言った。彼は木の実を持って桟橋まで歩いて行き、大きくて美しいカヌーに乗り込んだ。それからワニを呼んだ。「おいで」と彼が言うと、ワニがやってきた。神はワニを舟の前につなぎ、カヌーを引っ張るよう命じた。「行け」と彼が言うと、ワニは果てしなく広い水の中を泳ぎ始め、カヌーは神がまったく漕ぐ必要のないほどの猛スピードで進んでいった。ワニは泳ぎ続け、とうとう創造者は命じた。「止まれ」。彼はすぐに喜んで止まった。きつい仕事でへとへとになっていたのだ。
> カヌーに座ったまま、果てしない広い水の上にひとりでいた創造者は、最初に一番大きな木の実を選んだ。彼はしばらくの間、両手の中で実を転がしたあと、息を吹きかけてこう言った。「おまえが最初の男になるのだ」。そして木の実を水の中に投げ込んだ。実はゆっくりと桟橋に向かって漂っていき、陸にたどりついた。それから創造者は別の木の実を選び、口に入れて吐き出すとはるか遠くの水に向かって投

げ、言った。「おまえは女になるのだ」。すると実は陸に向かって漂っていった。その後、彼は他のすべての木の実に同じことを行った。彼が桟橋に戻ると、男たちが皆そこで待っていた。人間の長は彼に言った。「さあ、私はここにいます！」他の人々もすべて彼に言った。「ここにいます！」女たちは後ろに立っていた。（中央アフリカ、ピグミー）

創造の行為としぐさは人間にとって重要だ。さらなる説明もなく、息を吹きかけられた木の実は男になって話し、前面に陣取っているし、吐き出された木の実は女になって後ろに追いやられている。もちろん人間をつくるには、ほかにも多くの材料がある。なじみのあるものもないものも、別々に、もしくは意外な組み合わせで使われる。他のいくつかのレシピをここで紹介しておこう。鉄と緑の葉の樹液（ガーナ、アシャンティ族）、創造者の唾液を混ぜた白かび（マリ、バマナ族）、皮で包まれ新鮮な血を注がれた土（コンゴ民主共和国、エフェ族）、天の神が自ら手折ったさまざまな色の葦（南アフリカ、ズールー族）、創造者の髪の中にいた蚤（中国）、鶏の肉と骨（中国北部、オロチョン族）、背の高い人間や低い人間に変わる竹の節の中の樹液（パプアニューギニア）、パイプ石（アメリカ、スー族）、ニワトコの枝（アメリカ、サリナン族）、木もしくは木の幹（たとえば北欧、マダガスカル、アボリジニ）などだ。地上に最初に登場する男と女を説明するために人間の想像力が思いつくものには限りがなく、これらは人間がどうやって出現したかに関する祖先の深い好奇心と困惑を反映している。

どうやって命を得たか

バタラ・グルは大地を形作ったあと、そこに生き物が満ちることを望んだ。彼は天の土で二体の像を作った。ひとつは男、もうひとつは女である。彼はそれを日干しにし、硬くなったところで魔法の呪文を七回唱えた。すると彼らは呼吸し始め、別の呪文を唱えると、二体の像は話し始めた。（インドネシア、スマトラ島、バタク族）[112]

天から落ちてきたり降りてきたりした最初の人間は、その時点ですでに生きていたし、大地や卵その他の閉鎖された入れ物から現れた人々も生きていた。無から作られた人間もすべて生きていた。これまで見てきたように、神々は考え、夢を見、話し、魔法を使って、彼らを存在させてきた。そして単独でやり遂げる創造者の体内から出てきた場合も、人間は最初から生きており、命を吹き込んでやる必要はなかった。

しかし、人々の体を地上にある材料で作ろうとした神々は、しばしばふたつの段階に従って創造を進めていく。最初の段階では、創造者の姿に似せた人形もしくは像が作られる。この段階では像は動かず、息をせず、口もきかないまま地面に横たわって、命を与える仕掛けが創造の第二段階を促してくれるのを待つ。次の段階に進むには、特別な手続きが必要だ。それは前述したスマトラのバタク族の物語にあるように、創造者の口から出る強力な言葉あるいは呪文かもしれない。隣のスラウェシ島のミナハッサ族の物語では、神が土から作った最初の二体の像（男と女一体ずつ）に命を宿らせるために、特別な息を吹きかけねばならない。神がショウガの粉を像の頭と耳にひと吹きして初めて、二体の像に命がもたらされた。そのほか、特別な身振りや儀式、創造者自身の体の影、あるいは神自身の血などを使った方法もある。

始まりのとき、人間はおらず、神だけしかいなかった。この神は地上に出て、二体の男性像を彫り始めた。完成しても彼らがまったく動かないのを見ると、神はナイフを取って自分の体を傷つけ、二体の像に血を振りかけた。彼はそれから像をココナツの葉でくるみ、置いておいた。まもなく葉が揺れ始め、すぐに脇に押しのけられた。そして突然、葉の下からふたりの英雄が現れた。彼らの名はト・カビナとト・カルヴヴといった。（メラネシア、ニューヘブリデス諸島）[113]

かなりの数の神話が、命のない状態から命のある状態への移行に並々ならぬ注意を払っている。それがなければ人間は単なる操り人形のままだっただろう。このような物語は、人体が魂もしくは霊（しばしば呼吸とも表現される）に依存していることを強調する。他の多くの物語に加え、聖書の「創世記」でも同じことが行われており、普通は生命を与えるのは男性の創造者の役割である。

しかし例外もある。アメリカ先住民のホピ族は現在もなお母系の文化を続けており、その創造神話では女性が創造に重要な役割を果たしている。「蜘蛛女」つまり大地の女神は、生命を与える過程で太陽神タワと積極的に協力し合っている。

始まりのときには、太陽神タワと「大地の女神」である蜘蛛女のふたりしかいなかった。彼らは一緒に大地や他のあらゆるものを、思い描いたり歌ったりして生み出した。タワは歌った。「心に思い描いた奇妙なものが形になっている——空の鳥たち、地上の獣たち、水中の魚たちのすばらしい姿だ」。今度は蜘蛛女が歌った。「私の主の思考の中で動いている物事を実現させてほしい」。そして彼女が歌いながら傍らに置いてあった粘土を取り、タワの考えたものを形にした。彼女はひとつずつ生き物を形作っては傍らに置いた。しかし、それらは呼吸もしていなければ動きもしなかった。形あるものには魂がなければならない。では、どうするべきなのか？「彼らが動かず黙ってそこにいるのはよくない」とタワは言った。「われわれは強力な魔法を使わねばならない」。彼らは白い羊毛の毛布を多くの像たちにかけた。緻密に織られた、雲のようにふわふわした毛布だった。ふたりが強力な呪文を像たちに唱えると、まもなく像たちは動き、呼吸をした。

　タワは再び歌った。「われわれの姿に似せた生き物を作り、他のすべての生き物を支配させよう」。蜘蛛女は主の考えを形作って男と女の像にした。しかし毛布をかけて呪文を唱えても彼らは、まだ動かなかった。蜘蛛女が彼らをすべて腕の中に抱き、彼らが動き出すまであたたかな胸であやした。その間、タワはきらめく目で彼らを見ていた。今度はふたりで一緒に力強い「命の歌」を彼らに向かって歌うと、とうとう男と女の像はそれぞれ息をし、生き始めた。（アメリカ、ホピ族）[14]

　自分たちを生かし続けているものは何なのか。命を与えるもの、核となるもの、死ぬときにわれわれから抜けていくものはいったい何なのか。世界中の人々が、そういった疑問を抱き続けてきた。物語はそれなりにこの謎への答えを出そうとしている。魂が特別なものであるのは明らかで、人間が生き物の中でも特別な部類に属するのはそのためだ。違うだろうか？

魂、霊、影

アダムを作る四〇〇〇年前、アッラーは自分の息で男の魂を作った。この魂は天使の魂や他の生き物の魂とは違っていた。天国の光を浴びていたからである。アッラーはこの魂に、自分そっくりに作った男の像の中に入るよう命じた。しかし魂は嫌がった。「主よ、男の像の口が深くて暗いです」

アッラーは二度命令を繰り返したが、魂が嫌がったので、とうとうこう言った。「おまえが好むと好まざるとにかかわらず、おまえは男の像の中に入るだろう。そして好むと好まざるとにかかわらず、像から出て行くだろう」（アラブ）[115]

伝統的なヘブライの教えによれば、最初の男が魂を受け取れなかった原因はほかにある。ヘブライのタルムードには、こう述べられている。人間に魂が入ることに耐えられなかったのは、魂自身ではなく、天使たちだった、と。

神が人間の体に魂を入れる準備をしていたとき、天使たちは魂を持つ生き物が誕生することに不安を抱いていた。天使の中でもサマエル（またの名をサタンという）がもっとも攻撃的だった。天使たちを自分の「聖なる存在」から創造した神が、どうして天国のために、卑しい泥のかけらに魂を無駄使いするなどということができるのかと彼は不思議に思ったのだ。そのような傲慢な質問や延々と続く不平にうんざりして、神はとうとうサマエルと彼に味方する者たちを天国から地獄へと追放した。（ヘブライ）[116]

物事や生き物の命のある状態、もしくは命のない状態を区別する地域は昔からあるし、さまざまな文化によって、肉体と魂に対する重点の置き方は異なる。どちらのほうが重要でもおかしくない。たとえばヘブライ人は人間を命の宿った体と考えるが、ギリシャ人は肉体を与えられた魂と考える。[117]普通、粘土や木や石あるいは何かほかの材料で作られた最初の人間は、何か特別なものを神から、あるいは別の方法で受け取るまでは、命のないものとされる。

人間の「肉体」でない部分には、じゅうぶんに注意を払ってやらねばならない。中国に伝わるイスラム教の外典が述べているように。

> アッラーは土と水から男を作り、彼を「アダム」と呼んだ。アッラーは毎日彼に手を加え、ひとりで起き上がってはならないと命じていた。しかしアッラーは気長に作業を進めていたのでなかなか仕上がらず、アダムは横たわっているのに飽き飽きしていた。アッラーがちょっと留守をした隙に、アダムは自分で起き上がろうとした。その途端、頭蓋骨がぱっくり割れて彼の生命力は漏れ出した。その一部は山々に到達して金や銀、銅、鉄、錫その他の鉱物に変わった。魂のエキスの一部は空に昇って、さまざまな種類の鳥になった。一部は地上に降りてさまざまな種類の動物になった。川や湖に漏れ出して多種多様

な魚、亀、エビ、蟹になったものもある。アダムは危篤状態に陥り、彼にもそれがわかった。もし残っている魂の活力も抜け出したら、死んでしまうだろう。不安になった彼は、まず左手で右足の裏の中央から、同様に左足の裏からも泥をとって、頭の割れた部分をふさいだ。人間の足の裏に土踏まずがあるのはそのせいだ。もし最初の祖先であるアダムが魂のエキスを漏らさなければ、われわれは不死だっただろう。（中国、回族）[118]

魂、霊、もしくは生命力は影や生霊とも言われ、その有無で生きている人間と死体とが識別される。人間にはそういったものがあると信じられているのだ。さまざまな文化において、人間の生霊は人間の影の中にあると言われる。影を失うことは、その人の命の終わりを意味する。『神曲』の中で煉獄にいる死者はダンテが生者だと知っていた。彼らは影を持たないのに、ダンテの影は地面にできていたからだ。ナイジェリアのヨルバ族の神話では、神オバタラが人間の体を粘土で形作り、至高神オロルン（オロドゥマレとも呼ばれる）が人間の体に「エミ」（息）、すなわち魂や生命力といった人間の影の中に見えるものを吹き込む。まさに今日まで、人間の影は脆弱なものと考えられてきた。だから、もし誰かがあなたを傷つけたいと思ったら、「あなたの影を狙うはずだ」[119]。

創世神話でもっとも一般的な生命の根源は「空気」と「息」で、どちらも魂と霊のメタファーとなった。多くの言語が、息と魂もしくは霊とを関連づけている。[120] ギリシャ語のプネウマとラテン語のスピリトゥスには「風」「そよ風」「息」という意味だけでなく、「命のように不可欠なもの」「魂」「心」「霊」「意識」、霊感に至るまでの意味がある。フランス語で魂を指すアームという語はラテン語のアニマから生まれたが、これにも同様の意味がある。魂は肉体に「命を吹き込む」のだ。[121]
魂を命と思考とに分けている文化もある。魂は思考と行動の根源、知的潜在力と非常に発展した精神的特質の根源と定義されてきた。そして魂はまた、感情や感覚や心情の居場所とも考えられてきた。非常に捕らえどころのないことを意味する場合が多く、理解するのは難しい。
魂と霊についての考えは文化によってさまざまである。魂や霊は人間にしかないと考えるべきか。あるいは植物、動物、人間に同じようにあるものなのか。山や川や湖や石といったものにさえ魂や霊があると考える文化もある。日本の神道、インドネシアのメンタウェイ族、マオリ族、ハワイ人、アメリカ先住民、アフリカ人そして他の多くの精霊信仰文化ではそう信じられていた、あるいは今も信じられている。そういった霊は親切にも有害にもなりうる。[122] もっとも大体において、これは過去の話である。一九二〇年代のカリブー・イヌイットの言葉に「昔はあらゆるものに魂があり、あらゆるものがもっと生き生きしていて、物事は今とはずいぶん違っていた」とある。たとえば、「カリブーを食べてしまっても、肉は骨の上で再び成長した。注意しなければならないのは、骨を一切砕いたり切断したりしないことだ。当時、そりはなかった。家は生きていて、中にあらゆるものを入れたまま動かすことができた。そして人間も、ある場所から別の場所へと動くことができた。彼らは騒音を立てながら空中へと昇り、行きたいところに飛んでいった。当時は吹き溜まりになったばかりの雪も熱くなった。すべてのものに命があった[123]」
人間には生気という問題に対する論理と実行がある。魂もしくは霊が人間の非物質的な部分に属している限り、それは生きている間に肉体を離れられないようになっていなければならない。『アトラハシス』と呼ばれるメソポタミアの創世神話では、母なる女神マミは賢明なる神エアの助けを借りて、反逆して死んだ神の血肉を混ぜた粘土で人間をつくる。生きている体も人間の心もこの神から受け継いだものだ。この死んだ神は、心臓の鼓動によって人間の体の中で亡霊となった。そうすることにより、引き続き人間に、神々に対して反抗してはならないと思い出させているのだ。[124]

最初の人間の創造以来ずっと、生きている人間はすべて、人間の始まりのときに与えられた生命力のおかげで存在している。これは血、心臓、魂、霊、息、心、知恵、知識と定義される力だ。普通、目に見えるものと見えないものが組み合わさっており、これは個人の性格の構成要素となる。

ナイジェリアのクウォット族によれば、血は肉体にとっても魂にとっても、もっとも命にかかわる要素だ。霊的なものは人体のあらゆる部分、とくに血に行き渡っている。これは肉体の開口部、とくに口や鼻から漏れ出しやすいので、気をつけなければならない。[125]

インドネシアのメンタウェイ族も、魂が肉体から抜け出しやすいことについて心配している。人間が魂を大事に扱うための最良の方法は、自分自身が「魂のための玩具」、つまり色とりどりの花や羽や彫刻した木製の鳥といった美しいものに囲まれることだ。人間がこういった美しいものを楽しんでいれば魂は非常に喜び、けっして離れて行くことはない。[126]

見えるもの、見えないもの

始まりのとき、カベズヤ・ムプングはムティマ（魂）を持たない人間をふたり作った。創造が終わると神は人間の元を去り、ムティマは手ほどの大きさの小さな甕に入って、少しあとから地上に到着した。カベズヤ・ムプングを探したが見つからなかったので、ムティマはどこへ行くべきかわからず、人間の中に落ち着くことを決め、その結果、人間は彼を世代から世代へと受け継ぐことができた。ことの次第はこうである。ムティマが最初の人間に宿るやいなや、男は妻と寝て、妻は息子と娘を産んだ。彼らには皆ムティマがあった。それ以後、どの人間も魂を持つことになった。（コンゴ民主共和国、ルバ族[127]）

どこの人間も必ず魂について疑問を抱く。魂は目に見えるのか見えないのか？ 実体があるのかないのか？ 前述したルバ族の神話のように、明確なもの、つまり具体的な形があると信じる者もいる。古代エジプトではアンク［十字の上に丸い輪のついたシンボル］が命の象徴だった。墓所の絵では、王の体に永遠の命の息を取り入れるために、神が王の鼻孔の前にこういった小さなシンボルを掲げている。そしてヴェネチアのサンマルコ寺院にある、創造を題材にした一三世紀のみごとなモザイク画のひとつには、魂が翼のある小さな人間の形をした生き物として目に見える形で描かれており、それを神が自らの息で最初の人間の体に吹き込んでいる[128]。

多くの文化において、魂はかすかなもの、空気のようなもの、蒸気のようなもの、あるいは寒い朝に凝縮して見える息のような白っぽい物質と描写されている。ポリネシアのトンガ人は、花に香りがあるごとく、体には魂があるのだと信じている。また、アマゾンのデサナ族は「父なる太陽」をわれわれの源とみなし、彼の神々しい日光を、男性の精液のような、命の源とみなしている。

人間が生者あるいは死者の幽かな魂や霊に遭遇するだろうということ、そして人間が魂や霊と接触すること、あるいは少なくとも優れた占い師やシャーマンにはそれらが見えるということを確信している人々は世界中にいる。ゆえに、グリーンランドの占い師は魂を「青白くて柔らかいもの」と考えている。もし捕まえようとしても、人間には触れているかどうかすら感じられないだろう。[129]

前三〇〇年頃の古代ギリシャの哲学者エピクロスは、非物質的な魂の存在を認めなかった。彼によれば魂もしくは心は物質的なものだという。それはいろいろな点で物質的に違いない。なぜなら、人間が生きていてそれほどまでに苦しむのなら、魂や心が非物質であるはずがないからだ。

最初の男セクメと最初の女ムボングウェは、ふたつの部分からできていた。死ぬ運命にある外側の体すなわちグノウルと、その内側にある不死のンシシムと呼ばれる部分だ。ンシシムは人の霊を作るとともに、人の影でもある。同じ言葉に霊と影というふたつの意味があるからだ。ンシシムのおかげでグノウルは生きていられる。夜、人々が寝ているときに徘徊するのはンシシムだ。ンシシムは人間が死ぬとグノウルから離れるが、ンシシム自身は死なない。ンシシムはグノウルの中にいる間、どこにいると思う？　目の中だ。そう、目の中央に輝く光があるだろう。あれがンシシムなのだ。[130]（ガボン、ファン族）

魂の謎には限りがない。人間は複数の魂を持つと信じている文化もある。たとえば中国や古代エジプトではふたつ、ユダヤ人の文化では三つもあると考えている。ユダヤ人の文化ではネシャマーが神の魂で、この魂のおかげで人間は神に似た姿をしている。ネフェシュが動物の魂で、ルーアフが風もしくは霊である。[131]

プラトンは神の実在を信じていたが、彼にとって神は永遠で変わることのない完璧な非物質のイデアだった。彼の考えでは、人間のヌース、つまり「心」「理解」「知性」といった意味を含むものだけが、人間に考えたり知ったり理解したりする力を与える。それにより、人を欺く五感の世界を超えた、イデアのより高い世界を覗きこむことができる。魂は落ちた神性として体に閉じ込められていて、理性の力による浄化によってのみ解放される。この考えは魂と肉体に関する中国の思想に強い影響を与えた。[132] 人間の影は人間の魂（の一部）であって、物質的な肉体の非物質的な現れだと考える文化もある。

神話は魂の秘密に光を当てる。そして創世神話は神が最初の人間の肉体を作るだけでなく、見えるにしろ見えないにしろ、命にかかわる特別なものをそこにどのようにして加えたかについて語っている。

神の息

まだ命を吹き込まれていないアダムの土の体は、彼の魂だけでなく、光そのものよりも先に作られたという説がある。それによれば、神はアダムに霊を吹き込もうとしたとき、手を止めて自問自答したのだという。「もし私が人間に命を与え、すぐに立ち上がらせたら、あとになって自分は神の仕事を分担したと主張するかもしれない……私が創造を終えるまで、人間は土のままとどまっていなければならない！」それゆえ六日目の夕暮れになると、助手の天使たちが尋ねた。「宇宙の主よ、なぜまだ人間をつくらないのですか？」彼は答えた。「人間はもうできている。足りないのは命だけだ」。神が土塊に命を

吹き込むとアダムは立ち上がり、創造の仕事は終わった。（ヘブライ）[133]

ユダヤの外典では、アダムの魂がいつ作られたかが熱心に論じられてきた。魂は六日目に作られたのか、それともアダムの体より前、それもずっと以前に作られたのか。あるいはひょっとして、神のまさに一番最初の作品だったのだろうか。

最初の人間の創造について、聖書にはふたつの異なるバージョンが記されている。聖書の最初の章では、創造は言葉によって行われる。神は言われた。「われわれに似せて、人を造ろう」（「創世記」一章二六節）。ここには魂を別に挿入するという問題はない。第二章のバージョンはふたつの段階からなっている。「主なる神は、土（アダマ）の塵で人（アダム）を形作り、その鼻に命の息を吹き入れられた。人はこうして生きる者となった」（「創世記」二章七節[134]）。ここの最後の言葉、「生きる者」は、「生きている魂」と解釈されてきた。このバージョンでは、命をもたらす息は、最初の人間の肉体を作ったあとの別の行為として明確に述べられている。しかし非物質的な創造では、神の言葉そのものに神が与えた命の製作が含まれている。

ここでも他の物語でも、至高神は命を与え、それを意のままに取り上げる。下級の神や女神が地味な手仕事にかかわっていようがいまいが関係ない。たとえばマダガスカルの創世神話では、創造神とその娘の大地の女神がともに最初の人間の創造に携わるが、彼らはそれぞれ異なる仕事を担当している。

創造神は娘の「母なる大地」を見た。彼女は粘土で人形を作っていて、彼は非常に興味を持ったので、人形に命を吹き込んだところ、生きている人間ができた。できたての人間は繁栄したが、すぐに創造神のことを忘れた。彼らは「母なる大地」にのみ感謝し、彼女だけを崇拝した。創造神は、娘がすべてのいけにえをひとりじめしたと言って責めた。なぜ自分と山分けにしないのか、人々に命を与えたのは自分ではないか、と。それ以後、創造神は生き物の魂を取り戻し始めたが、一度にすべてを取り戻したわけではなかった。まず半数の人間の魂を取り、さしあたり、他の者たちの魂はそのままにしておく。彼は非常に忍耐強いので、普通は老人の魂しか持っていかない。創造神が魂を持ち去ることができるのは、魂を人間に与えたのが彼だからである。「母なる大地」は人間の体を作ったので、人々が死ぬと肉体は彼女に戻る。（マダガスカル[135]）

この場合も、息を吹き込まれることによって魂が宿るとみなされている。神と女神が互いにとってなくてはならない存在であっても、彼らの重要度は同じではない。完了した仕事の重要性でどちらが上かは明らかだ。ふたりのうち創造神と呼ばれているのはひとりだけで、女神は彼の娘にすぎない。彼女はどうやってすべての人々から崇拝されるようになったのだろう。

ジンバブエのカランガ族には、神と女神が協力する別のケースを提示した神話がある。女神は植物に限り命を与える力を持っているのだが、最初の人間は単なる命を与える影（人間たちも動物たちと同じように持っている）以上のものを必要とする。彼らにはまた、神の「ため息」も必要で、これが人間の独自性を強調する。「母なる大地」は自分には影もため息も与えられないと認めざるをえない。

そのふたつの不可欠な要素を与えることができるのは、至高神ムワリだけなのだ。「ムワリは影を通して人間に命を与え、ため息を通して魂を与えた」。そして人間が死ぬときにため息（つまり魂）を取り戻す資格があるのは彼だけだ。ため息と魂は決して滅びることのない神からの預かり物で、人間はこれを最終的に創造者に返すことになる。[136]

ナイジェリアのイジョ族の神話では、例外的に、天界にいる女性創造者が手仕事と命を与える仕事の両方を引き受けている。この物語では、人間を創造する天の材料は、神秘的に華々しく上から降りてくる。天空は女神オエンギを「われわれの母」すなわち女性の創造者と告げる。その後、彼女が重々しい態度で登場し、像の製作と命を与える仕事の両方をやり遂げる。

だんだん暗くなる空から、大きなテーブルと椅子と「創造の石」が野原に降りてきた。テーブルの上には大量の土が降ってきた。あたりに稲妻が光り、雷鳴がとどろいたのち、女神が降りてきた。オエンギは椅子に落ち着き、両足を「創造の石」に載せると、テーブルの土で最初の人間をつくり始めた。像にはまだ命はなく、彼らは男でも女でもなかった。オエンギが彼らをひとりずつ抱きしめ、ひとりずつ息を吹き込むと、彼らには命が宿った。オエンギは性別のない生き物たちにひとりずつ男になりたいか女になりたいかを尋ね、彼らは彼女に答えた。

「では好きなほうになるがよい」とオエンギは言った。（ナイジェリア、イジョ族）[137]

創造の女神と最初の人間が対面し会話する様子は微笑ましく、非常に親しげな印象を受ける。他の物語では、製作者はもっとずっと他人行儀である場合が多い。次に挙げるパプアの物語には、形作ることも命を与えることも行う目に見えない存在が登場する。「私は彼が人間に似ていると思うが、彼は目に見えない」と、語り手はこの創造者について少々曖昧な言い方をしている。

目に見えない存在が、地面に頭と四肢その他のついた自分の姿を描き、その絵を基にして自分に似せた人間を塵と唾で作ろうと決めた。彼は内臓を作るのにはとくに注意を払い、作業が速く進むように、塵でできた像の口からウナギを入れた。ウナギは体をくねらせながら像の喉を落ちていき、体内に胃と肛門を作り出した。ウナギは肝臓など、体内のあらゆるものを作った。目、鼻などをすべて作り終えたのち、ウナギは肛門から這い出た。これで体はできあがったが、動かなかった。まだただの土の塊だった。では、どうすればよいのか。「一番やるべきなのは、彼に私の息を与えることだ」と彼は独り言をいった。「私はこの男の口に息を吹き込もう」。彼はそうした。

「この息を吸って、呼吸をするのだ！」彼は命のない体に言った。すると男は呼吸し、体を動かした。

「起きろ！」彼が言うと、男は起き上がった。

「私の言うことが聞こえるか？」彼は尋ね、男は答えた。「はい、聞こえます」

「話すことができるか？」彼が尋ねると男は答えた。「はい、話せます」

目に見えない存在は満足し、「よろしい」と言った。「私はおまえを私に似せて作ったのだ」（パプアニューギニア、トク・ピシン語[138]）

前述した至高神たちと同じく、この目に見えない創造者も、未完の像の口にまず自分の息を吹き込むことによって、それから彼に自分で呼吸するよう命じることによって、人間を完成させた。人間の命にとって、目に見えない生命力はなくてはならないものなのだ。

ときには土で作った像を人間化する過程があまりに複雑で、成功するためにさらなる骨折りが必要な場合もある。

「大地の創造者」は土塊を取り、それで彼自身に似たものを作った。しかし彼が話しかけても、その生き物は答えない。それには心がなく考えることができないということが彼にはわかった。そこで創造者はそれに心を作ってやった。しかし彼が再び話しかけても、答えない。彼はもう一度見て、それに舌がないことを知った。そこで創造者は舌を作ってやった。しかし彼がもう一度話しかけても、答えない。そこで彼はもう一度調べて、それに魂がないことを知った。そこで彼が魂を作ってやってもう一度話しかけると、それはもう少しで何かを言いそうになった。しかしその言葉は意味をなしていなかった。「大地の創造者」がその口に息を吹き込んで話しかけると、それは答えた。（アメリカ、ウィネバゴ族）[139]

明らかに人間の成形は、創造の中でもっとも高級でもっとも複雑だ。そして創造の過程において多くの注意が払われるのは、最後のもっとも誉れ高い仕事、すなわち動かないものに命を与える手続きだ。どれほど美しかろうと、ものでしかない体に息を吹き込まれねば、最初の人間は完成しないのだ。

命をもたらす別の手段

クァットは最初の人間をつくった。木製の像が六体。三体が男、三体が女である。彼はそれを隠しておいた。三日後、クァットは像を取り出し、準備を整えた。彼は像の前で踊り、彼らが動き出すのを見ると太鼓を叩き始めた。叩けば叩くほど彼らはよく動き、とうとう彼らに命をもたらすことに成功した。（メラネシア、バヌアツ）[140]

息ほど一般的ではないものの、粘土像に唾を吐きかける、命のない存在に血をふりかける、動かない体に命をもたらす言葉をかける、さらには特別な身振りから厳粛な太鼓の音まで、命をもたらす手段はさまざまにある。

創造者ココマートは、「両手両足、手指足指、手足それぞれの指の爪まで」完璧にそろった泥の像を作った。この命のない最初の人間はまだ動かず、命をもたらすためにココマートは新たな存在を北に向けて四回揺すり、直立させたところ、動き出し本物の人間のように歩き出した。（アメリカ、ユマ族）[141]

北欧神話では、人間の創造について言及するさまざまな箇所に、創造者は職人であるという考えが示されている。そういった話のひとつで、三人の若い神々が擬人化された霜の巨人ユミルを殺す。巨人の塩を含んだ血は大洋になり、肉は大地になる。北欧神話における最初の人間の体は、巨人から間接的に作られた。ユミルの髪から生まれた植物の中に、人間の材料となるトネリコの木アスクとニレの木エムブラがあったからだ。ボル神の三人の息子、オーディン、ヴィリ、ヴェーは最初の人間を協力して形作った。できあがった像には、この場合もやはり特別な手続きを追加しなければならなかった。

> 三人の神々は海岸で二本の木を見つけ、それを使ってふたりの人間を形作った。トネリコの木からは最初の男を、ニレの木からは最初の女を。オーディンは彼らに霊と命を、ヴィリが心と動きを、ヴェーが容姿、発話能力、視覚と聴覚を与えた。三人は彼らにアスクとエムブラという名を与え、彼らからすべての人間の子孫が生まれた。（北欧）[142]

ハワイのある創造神話では、三人の神が土を湿らせて作った像に協力して唾を吐くことによって、命をもたらしている。ふたりの神、クーとカーネは像の鼻孔に、三人目のロノが口に唾を吐く。命を与える液体が土でできた像を変化させ、像は生きた存在となる。別のバージョンでは、命を与える過程に唾は使用されない。大気の霊を捕まえて像に注入し、あとは命を与える言葉をかけてやるだけだ。

> カーネは叫んだ。「生きよ、生きよ！」土は動き出した。再び彼は叫んだ。「私だ。起きよ、起きよ！」土の像は起き上がり座った。再びカーネは叫んだ「立ち上がれ、立ち上がれ！」土の像は動き直立した。像は生きた魂を持つ人間になった。（ハワイ）[143]

息と他の手続きとを結びつけた話もある。たとえば、ガーナのアカン族のある神話では、至高神オドゥマクマが鍛冶屋のムブソーに最初の人間を鉄で作ってほしいと頼む。鍛冶屋がそれを完成させると、オドゥマクマは緑の葉を一枚右手にとり、それを両掌でこすり合わせる。彼は葉から出た汁を命のない生き物の目に垂らし、顔に息を吹きかける。彼らは起き上がり、腰をおろす。[144]

他の材料もしくは方法と併用するにせよしないにせよ、神の息もしくはため息は、命を与える物語ではもっともよく使われる手段だ。一人前の人間を創造する最高の方法とも言える。その結果、人間は呼吸し、動き、考え、話し、笑い、叫び、踊ることができるようになる。現在の人間がやっているように。そしてこうしたことはすべて、男である創造者の手になる場合がほとんどだ。

不完全

トワダコンという名の精霊が人間をつくりたいと考えた。彼はタンボヒリクの木の幹をとってきて、それを滑らかにして男を作った。仕上がると、精霊は男に大声で叫んでみろと言ったが、できなかった。そこで彼は木でできた男を投げ捨て、別の男を今度は石で作った。精霊が大声で叫べと言うと、叫ぶことができた。今度は話せと言ったが、それはできなかった。踊れと言ったが、それもできなかった。そこで彼は石でできた男も投げ捨てた。木の男と石の男が失敗に終わり、精霊は今度は土で作った。仕上がって、大声で叫べと言うと叫んだ。話せと言うと話した。踊れと言うと踊った。笑えと言うと笑った。こうし

て土でできた人間が最初の男になった。（インドネシア、北ボルネオ、ドゥスン族）[145]

創造者が不適切な材料を使ったり経験不足だったりしたために、最初の人間が不完全な仕上がりになることも多い。最初の人間に手指や足指、目、歯がない場合もある。あるいは未発達の四肢や手の代わりにかぎつめがあったりする。適切な生殖器がない、あるいは本物の人間がするような話し方や歌い方、笑い方や泣き方や踊り方を知らない、という場合もある。彼らはまだ本物の人間ではないのだ。あるいはもっと悪いことに、彼らが邪悪で有害な生き物という場合もある。人間は互いの差異や、人間の欠点や欠陥について説明するために、これらの物語を考えついたのかもしれない。

神、月、太陽、精霊、もしくは他のいくつかの創造者もしくは芸術家は、不完全なものの修理にとりかかったり、他の材料を試してみたりする。創造の仕事は、人間の陶工や彫刻家や織工の仕事に似ている。成功は決して保証されていないのだ。

たとえば『ポポル・ヴフ』では四人のマヤの創造者がさまざまな材料を試すが、残念な結果に終わっている。まず黄色い神が黄色い土をとって男を作るが、創造物は水に溶け、直立できない。次に赤い神が木で男を作ろうとする。彼が人間の形に木を刻むと、それは問題なく直立する。しかし水に入れてみると木片のように浮かぶし、火に入れてみると燃える。それでも神々はあきらめない。今度は黒い神が男を黄金で作ろうと提案する。できあがった男は実に美しく太陽のように輝いている。彼は火のテストも水のテストもクリアする。そしてテスト後も、前よりいっそう美しく見える。しかし、この黄金の男は触ると冷たい。そして話すことも、感じることも、動くことも、神々を崇拝することもできない。彼らはとにかく彼を地上に放置しておくことに決める。最後に「無色の主」と呼ばれる四人目の神が、最初の人間を完成させるために自分の肉をいけにえに用いることにする。

> 彼が自分の左手の指を切り取ったとたん、指は飛び跳ねて大地に落ちた。肉で作った人間はいったいどんな様子だったのか？　彼らはとても遠くにいたので、四人の神々にはほとんど見えなかった。彼らは忙しく動きまわる小さな蟻のようだった。ある日、肉の男たちは黄金の男を見つけた。彼らは黄金の男に触り、彼が石のように冷たいのを知った。話しかけても、彼は答えない。しかし肉の男たちは親切だったので、黄金の男の胸をあたためた。こうして彼は命を得た。黄金の男は肉の男たちの親切を喜び、神々を賞賛した。四人の神々は大喜びで下界を見下ろした。（グアテマラ、マヤ）[146]

言い換えれば、人間は初めての仕事で失敗したからといって落胆すべきではない。神々でさえ成功しないのだから。マヤの物語では、神自身の肉がすぐに仕事を完成させるための完璧な材料であることをまたもや証明している。

もっとも、人間を手で形作ることが簡単な仕事だと考えてはならない。ひとりで作るにせよ、仕事を分担するにせよ、われわれは創造がどれほど消耗する仕事かを何度となく聞かされてきた。創造者がへとへとになり、のどが渇いてたまらなくなることもあるだろう。ヨルバ族の神オバタラは天の神オロルンの助手で、最初の人間を粘土で作る仕事を引き受け、できた像を天日で乾かした。心身ともに疲れる仕事だった。

オバタラは働き続けたが、太陽のせいでのどが渇いた。彼は椰子酒を注ぎ、発酵させて飲んだ。彼は酒をたくさん作って飲んだので、とうとうまわりの世界がぼんやりしてきた。そこで彼はヒョウタンを下に置いて仕事に戻った。だが、酔っ払っているために指がうまく動かず、いくつかの像はゆがんだり不完全になったりした。背中が曲がったり、がに股だったり、腕が短過ぎたりする像もあった。直立せずに屈曲していたり、手指がなかったりする像もあった。しばらくするとオバタラは眠り、目が覚めてようやく自分がしでかしたことを悟った。彼は不恰好な人間をつくってしまったことを非常にすまなく思った。彼は椰子酒を二度と飲まないと誓い、障害をもって生まれた者たちの保護者になった。彼らは困ったことがあるとオバタラに懇願した。（ナイジェリア、ヨルバ族）[147]

最終的に人間の形や色がどうであれ、彼らに命をもたらす方法を知っているのは至高神オロルンだけで、彼はこの秘密を注意深く守っていた。ヨルバ族の伝説によれば、今日でも、母親の子宮の中で育つ赤ん坊に命を吹き込むのはオロルンだと言われている。

古いシュメールの神話も、人間をつくる際に飲酒が影響したと述べている。この神話によれば、神エンキと母なる女神ニンマーは、人間をつくり、彼らひとりひとりの運命を定めることにしたという。準備はうまく手分けして進められた。エンキが人間を形作り、ニンマーは誕生の女神の子宮で粘土をはぐくむことになった。

だがエンキが楽しい宴会を始めると、事態は新たな方向に向かう。エンキとニンマーはビールを飲み過ぎて有頂天になり、面白がって競争を始めた。まずニンマーが人間をつくりエンキが彼らに適正な運命を与え、そのあとで役割を交換しようということになった。エンキはニンマーが作った不恰好な像すべてのためにうまく運命を決めてやった。彼らの障害については次のように語られている。手が硬直していて曲げられない男、目の見えない男、脚の麻痺した男、精液を垂れ流している男、出産できない女、そして体に性器のついていない者。[148] 不恰好な生き物をエンキが形作る番になったとき、ニンマーの敗北が判明した。彼女はエンキが作る生き物に運命を与える方法を知らなかったからだ。

> エンキはウムルを形作った。その頭は病気で、目も病気だった。その首も病気だった。ほとんど呼吸せず、あばら骨はぐらぐらし、肺は苦しく、心臓は病気で、腸も病気だった。だらりとした頭を手で支えているため、パンを口に運ぶことができなかった。ばらばらの背骨は痛んだ。弱い臀部とぐらぐらした足では野に出ることはできなかった。[149]

ヨルバ族の物語にあるように、アルコールの影響はハンディキャップを背負った人々がいる理由を説明するのに利用される。しかし、神が創造に失敗するのは経験不足や飲酒のせいばかりではない。これまで見てきたように、人間の創造に複数の神々が関与する場合がある。そのような協力は、万事うまく運ぶか、あるいはまったくだめかのどちらかである。完全に失敗して収拾がつかなくなるか、あるいは嫉妬深い競争になって悲惨な結果に終わるかもしれない。

邪悪な神もしくは不器用な神が執念深いライバルとなって、善なる神の仕事をわざとだめにするかもしれない。こういったことは、たとえば前に引用したアメリカ先住民のユマ族の物語でも起こっている。物語の中で創造者ココマートは、彼と張り合いたがる邪悪な双子の兄弟バコタール（「目の見えない者」）と対立する。悪の起源というこの有名なテーマは、世界の他地域の神話にも見られる。ココマートが作る人間は、「芸術品を作れる」指を持つ善良な人間だ。バコタールが作る人間は不完全で、彼らには手指も足指もない。バコタールは嫉妬し、彼の粘土像が水に落ちてアヒルと雁になると、ますます嫉妬心を募らせる。彼はたいへん腹が立ったのでつむじ風を起こし、それによって人間のすべての敵、すなわち「病気、悪意、天災」が生まれる。[150]

ゾロアスター教の神話では、善と悪の二重性が善神オフルマズドと邪悪で疑い深い敵アーリマン（彼らはすでに世界の創造の前に存在していた）との間で継続中の戦いとして示される。

> 肉体のない精神であるオフルマズドは、あらゆるものを創造した。彼が最後に作ったものはガヨーマルトと彼の牡牛だった。ガヨーマルト（「死を免れぬ命」の意）は最初の男だった。彼らが直接神の手から現れたとき、ガヨーマルトは太陽のように輝き、牡牛は月のように輝いていた。平和な時代はわずか三〇年しか続かず、彼らは邪悪な精霊アーリマンが地獄から解放されたときに死んだ。アーリマンは全速力で悪魔、蠅、細菌、病気、害虫その他すべての不快なものを作り始めた。彼は「蠅の王」とも呼ばれた。蠅はごみや糞や腐ったものの周りをぶんぶん飛びまわるからだ。アーリマンの意地悪な助手のひとりにジャヒーという悪魔がいて、ガヨーマルトと牡牛を苦しめ死なせる役目を志願した。しかしガヨーマル

しかしンザメはあきらめず、創造を草から木々、虫、魚、鳥、他の動物へと初めからやり直し、とうとう新たな最初の男までこしらえた。苦い経験をして賢くなった彼は、再び生き物を自分の姿に似せたが、教訓も得ていた。今度の人間には不死のファムよりも弱い力を与えた。新たな生き物は神と同じ姿をしていたが、不死ではなかった。友人たちよ、その男はあなたや私に似ていた。[168]

人間の創造は明らかに創造者の何か特別なものを形作りたいという衝動が動機となっている。山や川、木々や花々、虫や動物とは違う何か。実のところ、神自身にそっくりなもの、一種の自画像を作りたかったのである。ほぼこれに近い物語が、アメリカ先住民アパッチ族の神話にある。神話のなかで創造者は最初に動物を作るが、そのひとつが犬で、彼は主人である神にどこにでもついていった。創造者は犬に、自分がまもなく地上を去って、どこか遠くで住むことになると話した。犬は主人に仲間が欲しいと頼んだ。創造者は地面に横たわり、自分の輪郭を足の爪で地面に描くよう犬に命じた。その輪郭をもとに、創造者は自分の姿に似せた男を作った。彼は男に歩き方、話し方、笑い方を教えた。別伝では、創造者自身が花粉を使って自分の輪郭をなぞり、それを「まさに自分の体のように」形作っている。[169]

創造が終わると、ほとんどの神々はまず自分たちの努力の結果に満足し、仕事の「できばえは上々だ」と考える。しかしそれで物語は終わらない。多くの神話では、そうこうしているうちに邪悪な力もしくは人間自身が、上出来だった仕事を台無しにし始める。人間は傲慢になり反抗的になる。彼らは創造者を無視するか、彼がまるで存在しないかのように振舞う。

トが死ぬと、彼の腐敗していく体は大地に金と銀を堆積させた。そして彼の精子から、男の芽と女の芽のついた小さな植物が生まれた。その植物は成長して実のなる成木になった。実は人間の一〇の人種だった。木が分かれると、男の部分はマシュヤグという名の男になり、女の部分は彼の妻マシュヤーナグになった。オフルマズドは人類を愛したが、アーリマンとジャヒー（女悪魔）は創造を妨害し混乱させようと決心した。（イラン、ゾロアスター教）[151]

イランの物語だけでなく、聖書の「創世記」にも悪魔という大敵が登場する。創世神話で起こる死や病気その他の問題は、邪悪な力、誤解、混乱、もしくは逸脱に起因する。物事が悪い方向に進むのは、創造された人間が、悪の存在について無知だったにせよ熟知していたにせよ、巧みに操られたり、悪に誘いこまれたりしたときだ。

遅かれ早かれ人間は傲慢になり、創造者を無視したり、ないがしろにしたりする。その結果、神々は自分たちが注意深く作った生き物たちを罰したり、滅ぼしたりせざるをえなくなる。否定的な力が創造の立派な仕事を台無しにするのだ。最初の人間たちはしばしば善よりも悪に従いやすい傾向がある。生命の不完全さについての起源神話は、なぜわれわれが天国で暮らさないか、あるいは現在では暮らさなくなったか、そしてなぜ人生が善悪の間で繰り返される苦闘になったかを説明するためにある。[152]結果として、われわれは失敗、不完全さ、不運、そしてあらゆる種類の災厄に直面する。

始まりのとき、神は世界と最初の人間たちを作った、というのが多くの物語における出だしの文句だ。しかし神は本当にそれを行ったのだろうか。そして人間は創造者の存在を決して疑わなかったのだろうか。神話は「事実」については語るが、疑いについては語らない。始まりのときに何が起こったのかわからない、と述べた物語もあるし、人間が最初からそこにいた、あるいは最初の人間は作られたのではなく出現したのだ、とする物語も多い。しかし、ひとりもしくはふたり、あるいは集団となった神々が最初から存在した、あるいは生まれた、とする文化がほとんどだ。そして物語はしばしば至高神あるいは天の神あるいは人間をつくった創造神に、はっきりと言及している。

しかし、きっぱりと創造を無視し否定する古代の教義を私はひとつ知っている。ジャイナ教だ。この古代の教えは、前六世紀後半にインド北東部で始まった。ジャイナ教は天界に住む神々のヒエラルキーは認めているが、その神性も創造へのかかわりも否定している。ジャイナ教は生まれながらに備わっている非物質的な魂を、苦行生活を通じて世界への執着から解放することを目的としている。苦行の過程を完遂した者は輪廻のサイクルから解放され、全知かつ永遠の平安な境地に到達する。

ジャイナ教の考え方によれば、単独の存在にこの世界を作る技術はない。ジナセーナという師が九世紀に書いたテキスト『マハープラーナ』（『偉大なる伝説』）によれば、創造されていない宇宙を破壊することはできないし、いかなる神もそれを創造しなかった。テキストは創造者としての神という考えに疑問を投げかけている。たとえば、もし神が宇宙を創ったのなら、それ以前に神はどこにいたのか。あるいは、非物質的な神にどうやって物質的な世界が作れたのか。もし神が形のない包括的な存在ならば、彼はすべて魂なのだろう。そのような魂ではいかなる手続きもとれないだろうし、それゆえ何かを作ろうという望みは抱かないだろう。それでは彼はどうやって世界を作ったというのか。もし彼が愛情から世界を作ったのなら、なぜ彼は創造を完璧に満足できるものにして不幸が存在しないようにしなかったのか、などなど。ジャイナ教徒は世界は創造されたものではないと信じている。「時間と同じように、始まりも終わりもない」存在だと考えているのだ。[153] 彼らにとって、世界が神によって創造されたという考えは、意味をなさない。これは起源神話において非常に珍しい考え方だ。

しかし、ジャイナ教徒は例外である。ほとんどの創造神話は、ひとりもしくは複数の神々の存在が人間の始まりにきわめて重大な役割を果たしたと主張しており、物語の類似性は、われわれにどれほどの共通点があったか、そして今もあるかを改めて示している。

第三章　なぜ神々は人間をつくったのか

至高神ウエレ・ハカダは「すべてを与える者」で、最初に天界を作り、そこに住んだ。彼は天界が落ちるのを防ぐために柱で支えた。ウエレ・ハカダがあらゆるものを作るのに二日かかった。彼は太陽に強力な輝きを与えたが、それから突然疑問を抱いた。「誰のために太陽は輝くのだろう」。その後神は最初の男を作り、彼をムワンブと呼んだ。神は話し相手を必要としていたのだ。（ケニア、ヴグス族）[154]

神々はいったいなぜ、わざわざ人間をつくったりしたのだろう。では、創造者以外誰もいない作りたての空っぽの世界をちょっと想像してみてほしい。ウエレ・ハカダは太陽が彼のためだけに輝くべきではないと主張し、また話し相手を必要としている。人間を創造するにはじゅうぶんな理由だ。神々に臣下がいる物語はきわめて多いし、なかには彼らの心の奥底に秘めた理由を明らかにした物語もある。理由についてまったく触れず、創造者がひとりもしくは複数の最初の人間を創造する物語もある。

始まりのとき、世界は湿った形のないカオスで、海も陸もなかった。カオスのはるか高みに至高の存在オロルンが住んでいた。彼には「偉大なる神」オリシャンラをはじめとする他の神々が仕えていた。オロルンはオリシャンラに世界を作るよう命じた。オロルンは仕事を完了させるための道具として、彼に魔法の土のつまったカタツムリの殻と、一羽の鳩と、足指が五本あるめんどりを与えた。オリシャンラはカオスに降りていった。大地を作るのには四日かかった。だからヨルバ族は昔から週に四日働くのだ。五日目に彼らは創造を記念して休む。

天界では「至高の存在」オロルンが最初の人間をつくり始めた。彼はオリシャンラに人間の体を土で作るよう命じ、彼自身は人間の体に命を与えた。今でもオリシャンラは両親に代わって赤ん坊の体を作っている。だが赤ん坊に命を与えることができるのはオロルンだけなのだ（ヨルバ族）[155]。

人間は社会的な動物で、それは神々や女神も同じである。自分以外に話す者が誰もいないとふいに悟ったとき、創造者はどんな気持ちになったのだろう。人間が神を必要とするのと同じくらい、神も人間を必要としているように見える。

孤独

ニュアムジンダは寂しさに当惑していた。彼はあまりに不幸だったので、ニュアマニュニという名のめんどりを作り、どこに行くにも彼女を右手に抱えていった。歩きまわったが、どこに行っても他の生き物はみつからない。息の詰まるような静寂の中で、彼はまったくのわびしさから、独り言を言い始めた。

「私はどこに住もうか。水と薪をどこで見つけようか。誰が私のために働いて、そういった品を私のところに持ってきてくれるのだろう」。彼は山のある大地を作り、マルンガ（キヴ湖の北）に居を定めた。それから（これは三日目のことだが）彼はめんどりに話しかけた。「私は万物の王だ。それなのに私に仕える者は誰もいない。おまえは卵をあたためるときが来た。そしてすべての卵が人間を生み出すときが来た」

まさにその日、ニュアマニュニは四〇個ほどの卵を産み、あとからもっとたくさん産んだ。彼女はこの世界のすべてのめんどりの母になった。四日目に、四〇の卵が孵り、四〇人の人間が生まれた。これでニュアムジンダは幸福になった。臣下と召使ができたからだ。（コンゴ民主共和国、バシ族）[156]

神の寂しさ、退屈、仲間への憧れについての神話は、世界の他の地域にも存在する。ギリシャの万物の女神でカオスから誕生したエウリュノメは、どうしようもないほど心細く感じた。自らを慰めるために、彼女は北風をつかまえると、両手でこすり合わせて蛇にしている。ヒンドゥーの神ブラフマーを恐怖で満たしたのは彼自身の存在だった。寂しさに突き動かされるように、彼は自分の仮の体をふたつに裂くことによって、この問題を解決する。前述したように男の部分と女の部分に分けたのである。[157]

アメリカ先住民のナヴァホ族の神話では、孤独も人間の創造への基本的な原動力である。ここでは「変わる女《チェインジング・ウーマン》」と呼ばれる女性の創造者が、「人間の仲間」を切望している。彼女の毎日は長く寂しいからだ。「変わる女《チェインジング・ウーマン》」がひとりぼっちでいると、胸、尻、腹部が膨らんできた。彼女は胸、背中から、そして両腕の下から肌をこすり始めた。こうして「変わる女《チェインジング・ウーマン》」はまったく孤独な状態から最初の人間の一族を作り出した。ナヴァホ族である。[158]

召使、奴隷、供物が必要

彼は独り言を言った。「すごくいらいらする」。そうして森に入り、当時どこでも見つけることのできたタバコを摘んだ。村に戻ると彼はタバコを吸い始めた。しかし夕食の時間になっても、彼の食事の支度は何もされていない。彼は自分ひとりの村にずっとひとりでいることに悩んでいたが、夕食がないことが彼を何よりもいらいらさせた。とうとう彼は独り言を言った。「人間をつくろう。そうすれば彼らが私に食べ物を用意してくれる」(中央アフリカ、ピグミー)[159]

村での孤独な生活にひどくうんざりしたもうひとりの神は、赤道直下の熱帯林に住むピグミーの創造者だ。神話では召使の必要性も、創造のための差し迫った理由とされる。前述したバシ族の物語では、人間を創造する気にさせた要因は寂しさだけではなかった。バシ族の神ニュアムジンダは召使も必要としていた。ピグミーの創造者も同じである。興味深いことに、物語で最初に言及された必要物(水や薪)を運ぶのは、普通アフリカでは、現在でも女性(もしくは子供)の仕事と考えられている。

バビロニアの創世神話で神々が人間をつくる気になったのは、明らかに寂しさのためではない。互いを仲間としたり、互いに陰謀を企んだりする大勢の神々がいたからだ。騒々しい集会や戦いが始終行われている状況では、退屈な瞬間などあるはずがない。人間がひとりも作られていない頃、下級神の多くは数名の上級神に仕えて働いていた。過大な野心を持つ神マルドゥクは、食べ物と飲み物と娯楽をたっぷり提供したら他の神々が彼を指導者として受け入れてくれるだろうと期待し、信じていた。前一七〇〇年頃に書かれたバビロニアの『アトラハシス』の冒頭部分は、神々が人間を必要とした理由を明らかにしている。

人間の代わりに神々が
仕事をして重荷を負っていたとき、
神々の負担はあまりに大き過ぎて、
仕事はあまりに辛過ぎて、厄介ごとはあまりに多過ぎた。[160]

下級神たちはあまりにうんざりしていたので、運命に逆らい始めた。上級神たちの解決策は、不幸な下級神を新たな召使たちと交代させることだった。人間は、神々のためにこつこつ働く召使として作られたのだ。また、人間が創造されたのは神殿で神々に定期的に供物を捧げる者が必要だったからだ、という一般的で明確な理由もバビロニアでは伝えられている。ギルガメシュ叙事詩にも示されているように、神々は祭壇と贈り物が大好きなようだ。叙事詩には、おいしい供物の甘い香りが漂うと、「神々はいけにえを捧げた男のまわりに蝿のようにむらがった」と書かれている。[161]

賛美と崇拝を切望して

創造者と製作者は山と谷のある大地を作り、表面を草木で包んだ。すべての四つ足動物とすべての鳥ができあがると、動物たちは創造者と製作者の名前を呼んで彼らを賞賛し、崇拝し、彼らに祈願することを求められた。しかし動物たちは話すことができない。彼らは鋭い声で鳴いたり、シューと音を立てたり、ゲロゲロ鳴いたり、クワックワッと鳴いたりするばかりだった。彼らは言葉を発することも尊敬することも知らなかった。

何度か失敗したあと、創造者と製作者は、地上で彼らに祈りを捧げたり、彼らのことを思い出したりするような従順で礼儀正しい生き物をどうやって作ればよいか、再考した。とうとう彼らは最初の四人の男を生み出すことに成功した。四人はそれぞれが顔と口を持ち、話し、聞き、考え、歩くことができた。それぞれが創造してもらい命を与えてもらったことに感謝し、神々を賛美した。四人は皆、同じ言語を話し、皆顔を空に向けて、創造者と作り手を呼び覚ます祈りを捧げた。彼らは皆神々を崇拝し、彼らに捧げ物をし、神々の胸を喜びであふれさせた。(グアテマラ、キチェ・マヤ)[162]

賛美不足は人間の創造への重要なモチーフだ。人間は神々が創造してくれたことを知る唯一の生き物である。他のどんな生き物よりも、人間は自分たちの長を尊敬する適切な方法を知っている。ヘブライのタルムードには、創造者を賛美する際に言うべき言葉が記されている。「神―その名は褒め称えられん―は告げられた、『口がない、あるいは話すことのできないこれらの生き物が私を賛美するのだから、人間をつくったときにはさらにどれだけ激賞されるだろう』」。また聖書の預言者イザヤは人々に、なぜ神が人間をつくったかを思い出させている。「わたしはこの民をわたしのために造った。彼らはわたしの栄誉を語らねばならない」[163]

　プラトンの『プロタゴラス』によれば、人間は神々と近しい関係にあり、それゆえ生き物のなかで唯一神々を崇拝できる。人間は創造されるやいなや、「祭壇や聖像を建て始めた」。彼はすぐにこうつけ加えている。人間が「やがて明瞭な発話と言葉の使用を発展させた」と。賛美するために人間は言語を必要とする。プラトンのテキストでは、話すことが「家や服や靴や寝具の作り方や、大地から食べ物を得る方法」といった他の必要物よりも前に言及されているほどだ[164]。

　神々は寂しさを紛らわすためや奉仕者を得るため、あるいは贈り物や雨あられのごとき賛美を受けるためだけに人間をつくったわけでない。美しく作った世界を楽しませるという目的もあった。このすばらしい新たな世界は、最初の人間を楽しませるための気前のよい贈り物だったという説もある。中国のオロチョン族によれば、ある日、天神が天界から見下ろし、人間がいないにしては地上があまりに美し過ぎると考えたという。また、ふたりのフィリピンの神々、トゥグライとトゥグリボンは最初の人間が喜ぶさまを想像している。

> そう、彼らは大地を歩き、あたりを見まわすだろう。広い空と青い海、谷間に咲く花々、山々を包む雲を愛するだろう。彼らと子供たちは世界の支配者になるだろう。彼らは美しいものを愛し、醜いものを避けるだろう。鳥たちの歌を楽しみ、冷たい泉や川で体を洗うだろう。愛し合い、昼間は太

陽を、夜は月と星を見るだろう。トゥグライとトゥグリボンは最初の男と女が創造者を心から愛し、お返しに何かを捧げる準備をするだろうと確信していた。(フィリピン、ミンダナオ島、バゴボ族[165])

そして楽園の物語では実際にそのとおりになった。今地上に住んでいる人間の最初の祖先は、創造者に賛美を降らせた最初の者たちで、創造者に捧げ物をするということは、人間だけでなくそのすばらしい環境、とくに彼らが楽しめるものを作った創造者に対する深い感謝の念を表明することを意味していた。

神の姿に似せて

彼らはまず、なぜ自分たちを作ったのかと尋ねた。精霊は答えた。「私ではなく、おまえたちの父、ウトゥクツィティが作ったのだ。彼は世界、太陽、空、そして他の多くのものを作ったが、それでも満足できなかったので、おまえたちを自分の姿に似せて作ることにした。おまえたちは世界を支配し、ウトゥクツィティが籠に入れておまえたちに与えたものを作るだろう」(アメリカ、ニューメキシコ州、アコマ・プエブロ族[166])

新たに作られた世界を誰が支配すべきなのか。創造を進めるうちに、リーダーシップとヒエラルキーの問題に注意が向けられるようになった。誰が彼らを支配するべきなのか。いったい誰が不在の創造者の代理を務めるのか。その問題を解決するために、神々は最初の人間を自分たちの姿に似せて作り始め、彼らに動物を超える権威を与えた。「創世記」一章における「神の姿に似せた」人間の創造は、人間の特質と直接関係がある。この生き物は権威を持つことになるのだ。

カランガ族の神話では、神の姿に似せた人間の創造は、支配する力および子孫を作る力と明確に結びついている（ジンバブエ、カランガ族[167]）。アフリカ大陸の反対側では、ガボンに住むファン族も、神に似た理想的な生き物を作ることと地上での指導者の必要性とを結びつけている。

ンザメ、すなわち「ひとりで三人の者」はあらゆるものを作った。「三人でひとりの神々」は協力して世界、木々、動物を作ったが、まもなく何かが足りないと感じた。ンザメは三人組のほかのふたりに、今まで作ったものを好きかどうか尋ねた。すると彼らは答えた。「われわれは多くの動物を見るが、その主人は見ない。われわれは多くの植物を見るが、その主人は見ない」。彼らは知恵がある象はどうか、力とずるさがある虎はどうか、意地悪で柔軟性のある猿はどうか、と提案し合った。しかしンザメは問題を先読みしており、彼にはもっとよい考えがあった。

三人はもっとも感動的な計画を実行に移した。彼らの姿に似せた生き物の創造である。彼らはその生き物に知力、体力、美しさを与えた。しかし、ファム（「体力」の意）という名で不死だったこの最初の男は、独善的で傲慢になった。彼は創造者たちを崇拝することを拒否したので、ンザメが天界の火で彼を破壊し、彼とともに地上もすべて滅ぼした。黒焦げになった地上は炭化した荒地となった。

アダムとエバの話を例にとろう。有名な聖書の伝承は、この神話の多くの伝承形のひとつにすぎない。ヘブライとアラビアの外典では、神は天使から、自分の姿に似せた人間をつくるなどばかげた考えだとはっきり警告されていた。神は自ら苦労を背負い込んだのではなかろうか。ミドラーシュその他のユダヤのテキストでは、神は人間の創造について天使たちと議論している。天使には、それがよい考えとはとても思えなかったのだ。なかには不快に思い、文句を言う者までいた。神は天使たちの無礼さにうんざりし、彼らを指差した。天使たちは一瞬のうちに丸焼けになった。[170]

同様の物語がアラブ世界にもある。あるバージョンでは、アッラーが天使たちに、この新たな生き物を作ることにした理由を説明する。世界には指導者が必要で、人間はアッラーの「地上におけるカリフ」にならねばならないのだと。天使たちはぶつぶつ言った。なぜアッラーは天使のうちのひとりを地上の主に任命しないのか、と。もちろん、アッラーは自分が何をしているかわかっているし、天使たちの知らないことを知っているのだ。「私は自分自身の手で、地上の土から新たな人間をつくるだろう。そして彼を通して私は大地を支配するだろう」。一方、アッラーはあれこれ質問されることにいらだち、悩める天使たちは祈りを捧げることによって、急いでアッラーをなだめようとした。

ユダヤの創世神話でもアラブの創世神話でも、完成したアダムの粘土像を称えるために天使を下界に送った様子が語られている。ミドラーシュのある物語では、まばゆいばかりのアダムの巨大な体は大地の端から端へと手足を伸ばして横たわり、まだ動かず命もなかったが、輝き、驚くほど美しかった。彼はあまりに巨大だったので、頭が「神の玉座」と同じ高さだった。この生き物に天使たちは驚嘆し、彼を「聖なる者」と呼び始めるほどだった。天使たちは感動のあまり身震いしながら天界に戻ってきて、天界と地上にいまやひとりずつ神がいるのかと尋ねた。神は混乱をなくすためにアダムの体をいくぶん縮めたが、その結果もたらされた外見も、やはり天使たちを感動させ混乱させるものだった。

アラブ版では、新しい像を作り終えたアッラーが、天使たちに像に向かってお辞儀をするよう求める。彼らはしぶしぶ従うが、アッラーが作った「臭い地上の土」の像よりも自分たちのほうがずっと上だと感じている。天使たちは透き通った神々しい光で、他の生き物よりも先に作られていたからだ。もちろんアッラーはすぐに天使たちの考えを読み取る。[171]

自分そっくりの人間をつくることには危険も伴う。創造者が人間を自分たちに似せて作った結果引き起こされる問題を、予測したり恐れたりする神話もいくつかある。古代キチェ・マヤの創世神話『ポポル・ヴフ』に登場する神々は、創造物の完璧さについて悩む。その人間たちはあまりにも多くを知り過ぎていたし、あまりにも遠くまで見通すことができたのだ。神々は彼らが近くにあるものしか見えないように、彼らの目に霧を吹いて、視界を曇らせた。[172] 結局のところ、神々は自分たちが作った生き物たちと張り合わねばならなくなることを意図していたわけでは、決してなかった。

神に似せて作られた最初の人間は、非常に知的で才能豊かだということが判明する。さまざまな神々は仕事を完璧にやり過ぎたあまり、不安に感じ始めた。たとえばギリシャの全能の神ゼウスは、人間の力が増大するのを恐れた。彼らはプロメテウスのおかげであまりにも多くの技術を得ていたのだ。

神々が人間をつくった結果について心配するのは正しかった。まもなく最初の人間の多くが思い上がり、軽率で無礼になり、創造者と張り合おうとさえするようになったからだ。神々は無視されているように感じ、ないがしろにされている気分にさえなった。ありったけの善意を注いだにもかかわらず、神々は自分たちの姿に似せて作った人間に失望してしまった、と神話は語っている。最初の人間は地上の主になることを意図して作られていたが、彼らの大部分は愚かに無責任に振舞った。

ではその後、何が起こったか？　しばらくすると、至高の神々はもはや楽しめなくなった。ときどき、彼らは我慢できなくなって人間を罰した。世界を絶滅させる洪水や大火といった過酷な方法をとることを辞さない神もいた。

神話はわれわれに警告している。終末は間近に潜み、制御困難なカオスの力は、支配権を取り戻し人間の存在というもろい秩序を壊そうと常に準備を進めている。それでも、神話においてすべての望みが失われているわけではない。最後には再生が約束されている。人間は新たな大地に再び満ち、神々を賛美し彼らに奉仕し大地を大切にする新たな機会を与えられるだろう。[173]

第四章　結びつき

神は彼らを祝福して言われた。「産めよ、増えよ、地に満ちて地を従わせよ。海の魚、空の鳥、地の上を這う生き物をすべて支配せよ」（「創世記」一章二八〜二九節）

起源神話は、周囲の世界の神秘的な力とどうかかわるべきか、そして生命のない世界と生命のある世界がどのようにかかわりあっているかを人々に教えてくれる。土、石、銀、金といったもので人間をつくることによって、神々は人間を他の材料と結びつけている。神話は、最初の人間がさまざまな方法、さまざまな場所で、大地から、そしてあらゆる種類の入れ物から現れた様子について述べている。そして彼らが石や植物や動物からどのように人間に変化したかについても述べている。

人間はそれぞれ特定の文化の中で成長する。そしてそれぞれの文化は、彼らにある事柄を当然と思わせている。だから他の文化の起源神話はなじみのないつながりを示すことによって、当たり前のヒエラルキーをひっくり返して、親しんでいる物事の秩序に疑問を抱かせることができる。

人間と石

昔、人間は死ななかったらしい。彼らはどんどん大きくなって巨大化した。彼らは年をとるとしだいに

体を縮め、どんどん小さくなり、子供のように小さくなり、最後には石になった。（ナイジェリア、ヨルバ族）[174]

石は元は人間だったのか？　岩には祖先の魂が宿っているのか？　多くの人々は石と人間が密接に結びついていると信じているようだ。土が堅くなったものである石は、最終的に人間を再び命と豊穣の源である大地と結びつける。神話において、石はすべての母である大地を象徴しているのかもしれない。人間は割れた石や岩から現れる。石は源となる物質の豊穣を暗示している。たとえばギリシャのデウカリオンとピュラの神話では、石と岩が新たの命の源となる。[175]

> ゼウスが破壊的な洪水で人間を滅ぼしたのち、地上にはデウカリオンとピュラという老夫婦しか残らなかった。彼らは世界の終わりを奇跡的に生き延びたのだった。ふたりの老人に、彼らがなさねばならないこと、すなわち再出発して地上に住民を増やすということがどうしてできるだろう。人間の未来を考えると猛烈に悲しくなり、胸を痛めた彼らは神に相談することにしたが、神託は曖昧だった。頭を覆い、衣服の腰帯を緩め、彼らの母親の骨を後ろに投げよ、というのだ。母親の骨とはいったいどういうことなのか？　ふたりの母親はどちらも亡くなっている。これは冒瀆行為ではないのか？
>
> とうとう彼らは神託が「母なる大地」の骨、すなわち川岸にある岩を指しているのだと解釈した。彼らは頭にヴェールをかぶり、前かがみになって岩を拾い、それを肩越しに投げた。もし古代の伝説を裏づける証拠がなければ、次に起こったことを誰が信じるだろう。石はしだいに柔らかくなった。柔らかく、

大きくなって人間の形になった。彼らは未完成の大理石の像のように見えた。しだいに湿った土の部分が体になり、固くて曲がらない部分が骨になった。（ギリシャ）[176]

石は人間でない世界、すなわち死の世界、精霊の世界の構成要素に思われる。人間が常に石に魅了され、石に秘密の力を授けてきたのは、その神聖なる起源、あるいは興味深い形のためである。[177]ときには石が直接最初の人間の起源にかかわることもある。アメリカ先住民のインカ人の神話では、神コン・ティクシ・ヴィラコチャは、自分が現れた湖から何人かの人間を一緒に連れてきた。しかし、あまりに数が少なかったので、彼は大きな岩で何人かを形作り、効率よくその一部を妊婦の形に作り、その結果、より速く地上に人間が増えた。[178]

なぜ起源神話は人間と石を結びつけるのだろう。石は硬く耐久性に優れている。他に依存せず独立しているように見える。石は消滅しないように思われるが、普通の人間はもろくてはかない。石そのものはどうやって生まれるのだろう。多くの物語で、石は最初からそこにあり、どうやって存在することになったかについて、とくに説明はない。ときには石が天界から落ちてくることもある。たとえば台湾の神話では、天界にいる創造者が忙しい創造の手を止め、ヤミ島の平地を満足げに眺めている。

ほかに何をすべきかと考えながら、彼は大きな石を投げ下ろし、それを割って人間をつくることにした。同じ島の海のそばでは、発芽した竹が割れて別の人間を生み出した。ふたりはシュロの畑で出会い、最

初のタウ族の祖先になった。（台湾、タウ族）[179]

この先住民の言葉で、「タウ」は「人間」を意味する。物語は割れる石と発芽する植物を結びつけ、石と植物の両方を地上初のふたりの人間の起源と結びつけている。

人間と植物

シダ・マツンダはあらゆるものを創造した。天、地、植物、木、動物。最後に彼はふたりの女性も作り、彼女たちと結婚した。ふたりのうちのひとりがシダ・マツンダのお気に入りだったが、その妻は死んでしまったので、彼は彼女を家の中に埋め、昼も夜も亡き妻と一緒にいた。もうひとりの妻は毎日夫に食べ物と飲み物を運んだ。彼女は食べ物を戸の外に置いた。家の中に入ることを許されなかったからである。

毎日シダ・マツンダはお気に入りの妻の墓に水をやった。ある日、小さな植物が墓から生えてきて、毎日大きくなっていった。シダ・マツンダをこれをたいそう幸福に感じた。死者が再び生まれるのだとわかったからだ。

ある日、薪の蓄えがなくなり、シダ・マツンダは新たな木を集めるために森に入った。もうひとりの妻は彼が出かけるのを見ると、その隙に中を覗いた。彼女は墓に生えた植物を見ると、妬ましくてたまらなくなった。彼女は鍬を取って植物をめちゃめちゃにした。死んだ女性の血があふれ出し、家の中一面に広がった。もうひとりの妻はあわてて逃げ出した。シダ・マツンダは帰宅すると戸口に薪を置いて中に入った。血を見るやいなや、彼は恐怖に襲われた。彼は妻を呼んで言った。「なぜそんなことをしたんだ。おまえはもうひとりの妻をわざと殺すことによって害悪をもたらした。ゆえに今から私が作ったものはすべて死なねばならないだろう[180]」

石から生まれた、あるいは石から作られた人間についての物語よりもさらに多いのが、植物、つまり草木や生命の果実の神（女神であることのほうが多い）と原初の人間とが緊密な関係を確立する話だ。いくつかの初期の神話では、最初の人間は植物のように土から出現する。命を地下で始め、それから地表まで上がってきたり、直接花や実といった植物から生まれたりするのだ。これはさほど驚くことではない。人間は自分の土地や自然の中で、植物が成長し木の上に実がなるさまを目撃して、自分たちの最初の祖先にも同様の成長の過程があったと想像したのだ。

さまざまな始まりの物語で、ブラフマーはアブジャジャと呼ばれる。これは「蓮から生まれる」という意味だ。彼は蓮に座って恐怖と孤独を感じ、自分が座っている蓮の起源を知ろうとする。蓮は無限の蛇の上の湿った宇宙の子宮で休息していたヴィシュヌの臍、あるいは腹部から生み出されたものだった[181]。

神話では水が形のないものを象徴することが多い。一方、豊穣は種の形をとり、隠れた力を象徴する。花は宇宙の創造の最初の現れを象徴する。ヴィシュヌと同じように、他の神々は空中または水上に体を広げた巨人のような姿で現れる。最初の存在もしくは長が、その体をわれわれが住む大地に変えることもある[182]。しばしば神の体は女性で、「母なる大地」を示している。その体から植物、そして動物が突然現れ、あとから最初の人間が現れる。

粘土板に刻まれたバビロニアのある神話では、人間の奴隷たちは植物と直接関係がある。神々が必要とした召使は、地面から「植物のように」生まれるのだ。[183] そしてナチェズ族、チェロキー族、クリーク族といったアメリカ先住民の物語では、トウモロコシが非常に重要な役割を果たす。最初の男たちは白いトウモロコシから作られ、最初の女たちは黄色のトウモロコシから作られる。あるいはトウモロコシは、自分の体をいけにえに捧げる「トウモロコシの母」もしくは「トウモロコシの女」のおかげで地面から現れる。[184]

中国雲南省に住むトーアン族の場合、人間は茶葉から生まれたことになっている。彼らの神話によれば、始まりのとき、一〇二枚の茶葉が空中に浮かんでいた。茶葉は約三万年間くるくるとまわり続けたのち、五一人の若者と五一人の乙女になった。[185]

何かが人間に姿を変える別のケースはモルッカ諸島のセラム島に伝わっている。この島の起源神話ではバナナもしくはココナッツが姿を変え、最初の祖先となる。ある物語はこうだ。男がたったひとりで暮らしている。彼は畑にしようと思っていた土地に生えている木をすべて切り倒す。最後の木がふたつに裂けると、その割れ目から小さなバナナの木が生えてきて、やがてたくさんの実がなる。

バナナはひとつだけ熟れていない実が残っていたが、ほかは大きく実ったように見えた。彼は実を切り取り、それを木の下に置いて、新たに作った畑で働き始めた。突然、バナナの木の近くから声が聞こえたので行ってみると、多くの人々がそこに立っているのが見えた。

「おまえたちは誰だ」

「どうして俺たちを知らないんだ。俺たちの世話をしてくれたのはあなただろう。俺たちはバナナだ」

男は信じられず、彼らが自分のバナナを食べてしまったのだと思った。あの熟れていない実を除いてバナナがすべて消えていたからだ。彼らは男と家に戻り、自分たちのための家を建て始めた。とうとう熟していなかった最後の実が若い娘に変わった。娘が大人になると、男は彼女と結婚してバナナ人間の村の長になった。（インドネシア、モルッカ諸島[186]）

神話では植物から現れる人間がいるが、人間から現れる植物もある。神話は死にゆく人間と植物の発芽との結びつきをさまざまな方法で成立させている。タヒチの神話によれば、天が現在の位置に上げられた直後、最初の人間たちは死にはじめ、まもなくあらゆる種類の新たな草や木がその体から生えはじめ、関係する体の部分に似た形をとった。

男の体はパンノキの幹に、四肢は広がった枝に、両手は葉に、頭は実に、舌は実の芯になった。ココナツも人間の頭から生えた。頭蓋骨は殻に、髪は皮に、頭蓋の縫合部はココナツの下部で出会う殻の頂上部になった。頭の血管は今も殻じゅうに見ることができる。ふたつの小さな穴は目だ。ココナツのてっぺんの大きな穴（そこから若木が芽を出す）は人間の口だった。果汁は人間の涙、人間の脳はスポンジ状の物質になり、ココナツの中で育って水を吸収し、若い芽に栄養を与えた。あばら骨は葉になり、血は樹液になった。栗の実は腎臓から、サトウキビはその関節のような茎に似た背骨から生まれた。さまざまな種類のヤムイモは人間の脚から生まれた。タロイモは人間の足から生じたが、その葉は人間の肺からできた。バナナは人間の気管から生まれた。バナナの房の下に咲く花はその軸にさがっている。人間の皮は木の皮になった。腐った木の上で成長する綿毛の玉は人間の耳からできた。そして皮膚の毛穴から生えている産毛は、石にはりついて滑らかな苔になった。（タヒチ）[187]

イランのゾロアスター教の創世神話は、人間と植物の関係が一巡する様子を伝えている。最初の男ガヨーマルトの腐敗していく体の最後の精子から、男の芽と女の芽のついた小さな植物が生まれ、それが育って木になり、やがて男の部分と女の部分に分かれ、男とその妻になった。[188]

そのような神話は、春から冬へと進むサイクルで季節が決まるという自然の基本的な法則をもとにしている。すべての命は同じ運命を共有している。植物、動物、人間は生まれ、花咲き、死ぬと、次の者たちが生まれ、花咲き、死ぬ。農業が考案されたことによって、人々は発芽と腐敗が同じコインの両面であることに気づいたに違いない。

植物と人間とが結びついた神話は非常に多様で数も多い。腐敗と再生という決して終わることのない生命の過程を反映して、神話は人々が自分たちの死について理解し容認することに寄与してきた。

人間と動物

ジュウォックは大きな白い牝牛を作った。牝牛はナイルの水から生まれた。まもなく牝牛は人間の子供たちを産んだ。最後のひとりがウクワだった。ある日彼はふたりの娘が水から現れて川べりに上がるのを見た。娘たちは美しい長い髪をしていて、彼は彼女たちが欲しくなった。ふたりは人間のように見えたが、下半身は鰐だった。ウクワが近づこうとすると、ふたりは逃げたが、彼は追いかけ、とうとうつかまえた。ふたりが助けを求めて叫ぶと、父親が水の中から現れた。彼は左半身は人間の姿をしていたが、右半身は鰐だった。しばらく話し合ったのち、父親はウクワに娘たちをやることを承諾した。姉の名はニャカイといい、彼女はニャカングという息子をはじめ、数人の子を産んだ。ニャカングは川に沿って南に行き、そこに自分の王国を建てた。彼はダクという息子を得た。

ニャカングは人間を鰐とカバから作った。新たな人間たちが子供を作ると、ニャカングは彼らの両親の出生の秘密が守られるように、元は動物だった両親たちを死なせた。人間と鰐は姻戚だったので、彼らは仲よしだった。子供たちは日向ぼっこをしている鰐に恐れることなくよじ登り、愛情をこめて彼女を「おばあちゃん」と呼んだ。

ところがある日、ニャカングの息子ダクが鰐の子供を何匹か殺し、焼いて食べた。鰐が彼らの子供たちを捜しにくると、ダクは子供たちを料理したことを認めた。彼はどうしてまた、鰐のいとこを殺すなどということができたのだろう。

以来ずっと鰐は水の中にとどまり、川を渡ったり水を飲みにきたりする人間を殺し、人間も可能な限りいつでも鰐を殺すようになった。再び鰐の姿になったニャカイは水に戻った。彼女は決して死ななかったが、人間は彼女にいけにえを捧げない。彼女は欲しいものは何でも手に入れるからだ。（スーダン、シルック族）[189]

アフリカ大陸から遠く離れた南太平洋の神話には、もっと初期の、万物の偉大な母にして最初の女性のことが語られている。彼女にも半分人間の長男がいた。こちらの神話では、子供は半人半魚だ。彼の右半身には腕と脚と足があったが、左半身にはひれと魚の尾が半分ついていた。[190]

他の神話では、神はやがて人間に進化するような完璧な動物を作っている。あるいは原初の人間が一頭もしくは複数の最初の動物を生み出したり、原初の動物がひとりもしくは数人の人間を産んでいる。始源における人間と動物の起源と存在様態とは、しばしばあまりに緊密に結びついているので、両者の違いはきわめて曖昧なのである。始まりのときにいた人間とは何者だったのだろう。かなりの物語が、最初は同時に人間にして動物であったと答えている。あるいは人間と動物がそっくりだったという場合もある。あるいは始まりのときの住民が人間にそっくりの動物だった、という神話もある。われわれはいまだにときどき、実際のところ人間はどの程度まで動物と違うのかと考える。アメリカ先住民の神話では、最初の生き物たちがどの種に属していたかはとくに曖昧だ。

天上の族長が大地を作った。彼は大地を少しずつ大きくして、巨大な敷物のようにくるくると伸ばした。彼がそれを白い塵で覆うと、われわれが住む地面の土となった。それから彼は動物を作り、最後に男を作った。しかし、これは狼でもあった。この男の尾から神は女を作り、この男女が最初の人間となった。(カナダ、オカナガン族)[191]

人間もしくは狼の尾から作られたこの女はエバを連想させ、狼もしくは人間の男はアダムを連想させる。彼はパートナーを得るために体の一部を犠牲にしなければならなかった。

別のオカナガン族の物語は、もともと女だった大地を、「古き者」が今人間の住んでいる惑星に変えたのだとしている。しかし創造者はそこで終わりにはしなかった。彼は女の肉の破片を丸めて、それを「古代世界の生き物」に変えた。これは一種の暫定的な種である。動物に似ていて動物のように振舞うものもあれば、飛ぶ動物、泳ぐ動物、ほとんど人間のように見えるものもいた。彼らにはそれぞれ大きな力を発揮できる点と、か弱く頼りない点があった。彼らは皆、話すことができた。[192]

人間と動物との緊密なつながりにおいて、もうひとつ印象的なのは、彼らが互いに他の種を出産する点だ。

ある独身の女がひとり娘といっしょに暮らしていた。ある日山で少女は突然強い風に襲われた。風は彼女が立っていた場所にまっすぐ吹き降ろしてきた。風は彼女をくるくるまわし、不思議なことに彼女を妊娠させた。その結果、少女は三人の子供たちを産んだ。最初の子供マナボゾは、ある仕事を達成するために天界から（彼女の体に）送り込まれた。ふたり目は小さな狼だった。三人目は火打石で、この石のために傷ついて彼女は死んだ。（アメリカ、メノミニー族）[193]

動物が人間を産むという逆のルートも思い出される。たとえばインド北東部のダンマイ族の神話では、天と地が交わった結果、雄と雌の蛙が生まれる。二匹の蛙は結婚し、ふたりの人間の子供を産んだが、彼らの体は毛で覆われていた。この男女の兄妹が人類の起源である。[194] では、もし最初の人間ふたりのうちのひとりが子孫を作る前に死んだらどうなるのだろう。その場合には、他の解決策が根気強く探し求められる。

始まりのとき、世界で最初のたったふたりの人間は男女の兄妹で、彼らは一頭の牝牛と小さな布のほかは何も持っていなかった。不運なことに、女は死んだ。その悲しい出来事からまもなくして、男は夢精した。翌朝、彼は汚れた布を乾かすために屋根に干した。しかし、布を見た牝牛はそれを引き摺り下ろして食べ、妊娠した。牝牛は男の子と女の子をひとりずつ産んだ。最初の男はとても驚いたが、子供たちの世話をした。彼らが成長したあと、男は死んだ。ある日、薪を探しに行く途中で、子供たちは山の小川に入り水浴びをした。裸だったふたりは、しばらくして水の中で男と女として交わった。少女がわれわれ、すなわちガダバ族を生んだ。われわれは最初に牝牛の腹から生まれたので、牝牛の乳を搾らないのだ。（インド、ガダバ族）[195]

南アジアと東南アジアには同様の物語が数多くあり、そのなかでは男の精液を飲み込んだ動物が人間の子供を産むことになる。これは人間の精液で動物が妊娠する、あるいはその逆もあると信じられていたことを意味する。このような物語は語り手の豊かな想像力を反映しているが、ひょっとしたらそのような人間と動物の「自然な」結びつきは、その地域の人々の生物学の知識が限られていることの表れかもしれない。よくあるパターンは、男と女が茂みの中で交わっているのを鳥が覗き見し、地面に残された精液と血を飲み込む、というものだ。鳥は身ごもり、川岸の木に巣を作る。卵から孵るのは人間の子供だ。[196]

西パプアのバーズヘッド半島で語られている有名な物語は、ヒクイドリを中心に展開する。これは黒いリボンのような羽とヘルメットをかぶったような頭をした歩行鳥で、ニューギニアと周辺の島々に住んでいる。

はるか昔の、まだ人間が誰もいなかった頃、一羽のヒクイドリがひとりぼっちで暮らしていた。ある日、知らない国から来た謎めいた男女（彼らの名前、あるいはどこから来たかはわからない）が通りかかった。ふたりはヒクイドリがいつも餌場にしている木の下で交わり、彼らがいなくなると、鳥はそこに残された液体を食べた。まもなくヒクイドリに妊娠の兆候が現れ、少したって彼女は卵をひとつ産み、そこから人間の子供が生まれた。この息子を彼女はマティレテと呼んだ。

ヒクイドリと息子はたくさんの部屋のある家を建てた。家が完成すると、ヒクイドリは息子に自分を殺して切り刻み、それを各部屋にふた切れずつ置くよう命じた。彼が母親の言葉に従うと、しばらくののち、各部屋から男と女がひとりずつ現れた。（インドネシア、パプア、バーズヘッド半島）[197]

新たな人間は最初の村落共同体を形成する。物語の目的は伝統的な村での生活と文化がどのように始まったかを語ることにある。この自ら申し出る体の切断、つまり動物の自己犠牲は、人間を世界にもたらすために必要とされた。いくつかの別伝では、ひとりの老女が同様に自ら犠牲となる。神話的なヒクイドリは、彼女自身と他の者たちの両方を再生できると考えられている。彼女は地母、すなわち生命力の源とみなされる。ゆえに、この地方の人々はヒクイドリの肉を食べない。

神話的な動物に対する同様のタブーは、他の文化にもある。こういった動物は最初の人間の祖先(あるいはそのパートナー)と考えられている。ゆえにポリネシアのニウエ島の人々は鯨の肉を食べない。彼らの起源神話では、「陸地の最初の女」が「海の最初の鯨」と結婚したからだ。このカップルに生まれた子供たちが人類の最初の祖先である。[198]

人間と動物の違いは、西アフリカの興味深い神話ではさらに曖昧になっている。創造者オドゥマクマは鍛冶屋のムブソーに二四人の男と二四人の女を注文する。しかし鍛冶屋は人間をつくるには動物を作るよりもずっと手間がかかることに気づく。そこで彼は人間は一二人だけにして、残りは三六匹の獣を作ることにする。待てど暮らせどなかなか仕上がらないので、オドゥマクマは原因を調べに行く。鍛冶屋の仕事を点検したところ、人間が一二人しか見つからない。オドゥマクマはそれで全部かどうか、丁重にたずねる。そう、たしかにそれで全部なのだ。

オドゥマクマは腰をおろし、ムブソーは命のない生き物を完成させてもらうために、ひとりずつ差し出した。創造者は右手で緑の葉を一枚摘み取り、それを両手でこすり合わせると、一二人の人間それぞれの目に汁を垂らし、最後に彼らの顔に息を吹きかけた。彼らはすぐに人間がするように起き上がって座った。オドゥマクマは今度は左手で緑の葉を摘み取り、汁を三六匹の獣の目に垂らした。すぐに彼らは皆起き上がり、茂みに向かって駆けだした。彼らが走り去っていくのを見たムブソーは、彼らのうちの何匹かを人間に変えてほしいと恐る恐る主に懇願した。オドゥマクマは逃げた動物をできるだけたくさんつかまえるよう彼に命じた。鍛冶屋が捕まえた動物をオドゥマクマのもとに連れて行くと、創造者は彼らの目に右手で摘んだ葉の汁を絞り出した。すぐにその獣たちは人間になり、最初から人間だった者たちと打ち解けた。（アシャンティ族[199]）

鍛冶屋が目論んだ人間と動物のバランスは、ここでは申し分のない方法で是正されているようだ。もっとも、人間と動物とでは命を与える過程にいくつか違いがあることを物語は示唆している。創造者は人間のためには右手を使い、動物には左手を使う。さらに、オドゥマクマは人間の顔に息を吹きかけるが、動物には吹きかけずに済ませている。しかしあとから人間に変えられた動物は、神の息をまったく受けていないようだ。それにもかかわらず、彼らは楽しそうに息を吹きかけられた人間たちと交際し、誰もそんな違いなど気にしていないようだ。ここでは、人間と動物の本当の違いは、創造者が使う手によって決まる。左手は「自然」に関係し、右手は「文化」に関係しているのだ。神話におけるる左手と右手の関係は、しばしば動物と人間を分けるだけでなく、人間を高等なグループと下等なグループに分ける根拠にもなっている。進化を志向するタイプの起源神話は、始まりの物語にさらなる発展の段階とニュアンスとをもたらしている。

ちょっとした進化

最初は何も、岩と水のほかには何もなかった。最初の生き物は岩だったが、今われわれの世界にあるような岩ではなかった。彼らは柔らかく、動きまわることができた。最初の岩から女性の岩、エリング・リトゥング・トゥネが生まれた。そして彼女からまた別の女性の岩、ペドング・ナネが生まれた。彼女はエリング・リムク・ムクトゥムという別の岩と結婚したが、最初の子供は魚だった。魚は山の小川に行って暮らした。それから彼女は二番目の子である大きな蛙と、三番目の子である小さな蛙、それから陸棲の蛙を産んだ。それから別の子供で虫のクングング・パンガムを産んだ。これは水の中に住み、それから別の魚も産んだ。最後に岩は現在のように硬くなった。（インド北東部、ミニョン族）[200]

種の起源や植物、虫、鳥、亀、イガイなどの進化について考えたのは、ダーウィンが最初ではない。人間は自分たちが存在するようになった経緯と理由について考えるようになってからずっと、自然に関心を抱き、人間がどうやって生まれたのか、とくに種の人間としての機能のために初期に遂げた自然な発展に関心を抱いてきた。数多くの神話は、人間が存在する以前に起こった暫定的な進化のあらすじを大まかに述べ、人間が登場する前に自然界がじゅうぶん活気づいていたに違いないと示唆している。ミニョン族の例では、岩そのものが小さな岩や最初の動物を産む。しかし人間はいつになったら登場するのだろう。

人間が何から進化したかという問いに対する答えは、世界中で見つかる。たとえば有名な中国のヤオ族の神話では、人間はかつてミルオトゥオという偉大な女神が「せっせと改良した」虫だった。彼女はミツバチの巣を取り、一日に数回ミツバチを改良した。そしてなんと九ヶ月間懸命な作業を続けたところ、ミツバチはみごと人間に進化した。[201]

最終的に人間が人間になれたのは、石、植物、あるいは動物のおかげだった可能性がある。初期の生き物が本物の人間に進化するのを助けたのは、必ずしも創造者ばかりではない。多くの人の目から見れば、二者択一の解釈は完全に満足できるものではない。進化には神が助けの手を差し伸べてくれることが必要なのだ。このサモアのポリネシア神話にあるように。

至高神タンガロアの息子である神トゥリは、天界からチドリの姿で降りてきた。降下してきた彼は、地表が大洋に覆われていて休む場所がないことに気づいた。とうとう父のタンガロアが強力な釣り針で陸地を持ち上げてくれた。まもなく大地は草に覆われたが、蔓植物（サンシキヒルガオ）が伸び始め、草を圧倒した。

父のもとに帰ったトゥリは、戻ってヒルガオを引き抜くよう命じられた。蔓植物は腐り始め、二匹の地虫を生み出した。トゥリが調べると、地虫は少し動いていた。彼が父に報告しに行くと、父は地虫を作り変えるために記録者ンガイと監督者タンガロワ・ワアイを連れていくよう助言した。彼らは到着するやいなや、地虫を人間の姿に形作り始めた。ふたつの体が完成すると、彼らには命が宿った。ふたりはどちらも男だった。ある日彼らは網を持って漁に行ったが、ひとりが小さな魚のせいで傷を負い、それがもとで死んだ。トゥリは自分の国のふたりの住人のうちのひとりを失ったことを大声で嘆き悲しんだ。

彼が天界のタンガロアのもとに戻ると、タンガロアは死者の体を生き返らせるために記録者のンガイを一緒に送り出した。生き返らせる前に、ンガイはまず死者の性を男から女に変えた。ふたりは男と妻になり、人類の両親になった。（サモア）[202]

多くの語り手にとって、進化をともなう過程に創造者を登場させることは、いわば一挙両得になる。

大地は蜘蛛が作ったという説もある。蜘蛛は天界から長い糸を伝って降りてきて、卵嚢《らんのう》を産み、それが大地になったが、われわれは最初の生き物は最初の人間をつくったメベレだと信じている。彼がどうやってそれをやってのけたのかって？　彼はまず粘土でトカゲを作った。五日後、創造者はそれを水を満たした壺に入れ、そのまま七日間放置した。水が真水だったか塩水だったか？　それは誰も知らない。八日目にメベレは様子を見に行き、大声で叫んだ。「出て来い！」生き物は水から出てきて最初の男になった。彼はひざまずいて言った。「ありがとうございます」（ガボン、ファン族）[203]

壺は普通子宮を象徴している。この話に登場する水を満たした壺は、大地そのものと人間の命の始まりのメタファーのようだ。しかし命はどうやって始まったのだろう。創造者は正面のドアを通って出て行き、再び裏口を通ってやってくるのかもしれない。神話という名の家では、創造論者と進化による解釈とは平和裡に共生する方法を見つけている。多くの神話がわれわれに語り続けているように、始まりのときに大地は完全に水に覆われていた。

その莫大な量の水の中からいくつかの山々が現れたが、ある山の斜面には多くの未発達な体をした人々が住んでいた。彼らの四肢はひとつにくっついていた。彼らの目と耳は閉じられ、口の代わりに小さなまるい穴が開いていた。手指と足指はくっつき、その固めたこぶしは胸とくっつき、脚は胴体とくっついていた。さらに、これらの無力な生き物たちは互いにくっついていた。彼らは「レラ・マネリンジャ」すなわち「くっついた人間たち」だった。彼らは乾いた陸地で暮らし、一方他の未発達な体をした人々は水の中に住んでいた。

「くっついた人間たち」はどうしようもなく暮らしていたが、とうとう「永遠のまだ創造されていないもの」のひとり、つまりヒタキのトーテムの神（彼は蠅を食べるトカゲのたぐいだった）が彼らの運命を向上させた。神はまず最初に彼らひとりひとりを引き離し、目と耳に切り込みを入れて開かせ、口と鼻も同様にした。それから手足の指を互いに離した。彼はさらに石のナイフで割礼を施し、彼らに副次的な切り傷をつけて瀉血《しゃけつ》を行った。それから神は彼らに火のおこし方と調理の仕方を教えた。彼は彼らに槍、盾、ブーメランといった道具を与え、割礼の儀式を続けねばならないと主張した。（オーストラリア、アランダ（アルンタ）族[204]）

ここで再び、進化は超自然もしくは神の介入と結びつく。しかし形のないたくさんの生き物と創造者とのどちらが最初に現れたのだろう。そしてもし創造者が先にそこにいたのなら、彼はどのようにして生まれたのだろう。多くの物語において、創造者は常にそこにいる。その疑問にはまったく答える必要がなかったのだ。いくつかの神話は、神秘的な「無」が最初にあり、それが人間の姿をした創造者に発展したとすることによって問題を解決している。

そのとおり、何かがそこにいた。目には見えないものが、風のように旋回していた。最初にそこにあったのは水だけで、この森の周囲は水に覆われていて、水しかなかった。それから何かが現れた。それは水に言った。「一箇所に集まれ」。これが現在の海だ。
「何か」が水の中に現れた。非常に長い尾を持つアホムの子孫に似たものが。それはどんどん育ち、尾が裂けて腕に進化し、蛙のようになり、それから人間のようになった。「何か」が大地を作り、人間が現れた。「何か」が人間のようになり、呼吸し、話し、あらゆるものを創造した。私はこの「何か」の名を口にすることを許されていない。それは非常に強い力を持つ者なので、もしその名を口にしたら、私は死んでしまうだろう。大地と男はこの「何か」から生まれた。この男、この「何か」は呼吸し、話し、あらゆるものが出現した。この男はわれわれ人間をつくり、こうしてわれわれは生まれ、今ではこの地上で暮らしている。（パプアニューギニア、マンダング）[205]

途中で「何か」はしだいに進化して男の創造者になる。もし創造者が一切かかわらなければ、水だけでなく大地そのものも、洞窟であれ子宮であれ、すべてが始まる場所になっていただろう。暗く湿った、あたたかい場所で、草や蔓だけでなく、地虫や繭や、虫やオタマジャクシや蛇になる小さな卵も成長し始め、広がっていく。ワームその他の這う生き物は地中で多様なものを育てる。彼らは深み、すなわち最初に宿った場所から最終的に現れるまで、ときには暗い洞窟から別の洞窟へと上っていきながら、増加し進化していく。

大地の腹部は生き物でいっぱいになった。あらゆるところに未完成の生き物がいて、重なり合いながらトカゲのように這いまわっていた。彼らは超過密状態にあったので互いに踏みつけあい、唾を吐き掛け合い、あらゆる無作法なことをしていて、そんな調子なので非常に大きな嘆きと不平があふれていた。とうとう彼らの多くが、全力を尽くしてその暗い場所から逃げ出した。彼らは賢くなり、もっと人間らしくなった。(アメリカ、ズーニー族[206])

われわれは進化について論じているが、その一方で、世界の別の地域には、逆に猿が人間の子孫となる愉快な物語がある。人間が猿と結婚したり、あるいは自ら進んで猿になったりするのだ。たとえば、台湾の物語では、怠け者の先祖が自分の鍬を壊す。

彼は尻の穴に鍬の柄を突っ込んで、「テケラク、テケラク」と叫び始めると、木に飛び上がった。鍬の柄には毛が生え、猿の尾になった。それから毛は彼の体中に生えた。その生き物はもはや「本物のアタヤル族」と言うにはふさわしくなかった。彼はそこかしこをうろつき、木の実を食べるほうを好んだ。そういうわけで、彼は猿に変わり、人間社会に背を向けた。木から木へと飛び移りながら彼は姿を消し、森に行って暮らした。(台湾、アタヤル族[207])

コンゴで、私は人間と猿が登場するもっと明確に進化をテーマとした物語に出会ったが、こちらの話では創造者が完全に主導権を握っている。

神が動物を作ったあと、まだ猿と呼ばれる動物はいなかった。神は猿を作ろうとは思いもしなかった。しかし、人間は作った。彼らは家を建て、ものを集めたが、なかには家で暮らすことをまったく好まず、世話をしなければならないものや再び失う恐れがあるものを持ちたがらない者もいた。彼らはむしろ動物のように、そういったものは何も持たず森で暮らすほうを好んだ。彼らの多くはそんなふうに長年人間として暮らしていたが、人間社会から離れ、動物の生活を始めた。彼らは新たな生活をとても喜び、もう普通の生活には戻りたがらなかった。彼らは創造者ムプング・トゥレンドのもとに行き、今後は彼らを「本物の」人間とすぐに見分けのつく体に変えてほしいと頼んだ。しばらく考えたのち、ムプングは彼らに毛の生えた尾を与え、こう言った。「今からおまえたちの名は『猿』だ。これで人間たちには、おまえたちがもはや自分たちの仲間ではないとわかるだろう」。そう、猿たちは元は人間だったのであり、その逆ではない。われわれは決して猿を食べない。猿は他の森の動物たちの中で人間の代理を務めているからである。（コンゴ民主共和国、コンゴ人）[208]

前章でわれわれは、人間を生み出す過程で創造者が犯したさまざまな間違いについて触れた。それはハンディキャップを負った人々がいる理由を説明するのに役立った。そういった物語では、障害を持つ最初の人間が、たとえば手足の発育不全もしくは手指や目や歯の欠損、あるいは性器の欠陥を抱えている。場合によっては、欠損した部分が改めて与えられたかどうかと、その方法が語られる。

進化の初期の段階から次の段階へとわれわれがどうやって進んだかを説明する同様の物語もある。しかし多くの場合、創造者の間違いは結果的に人間以外の種の創造につながる。アメリカ先住民ピマ・プエブロ族の神話に見られる例では、トリックスターのコヨーテが創造者の仕事に口出しをしている。「魔法使い」（ここでは創造者はこう呼ばれる）は単なる動物ではなく、もっと自分に似た生き物を作りたい衝動にかられる。

彼は窯を持ちこみ、粘土を取ると、それを自分のような姿に形作ったが、彼が薪を集めに出かけた隙に、コヨーテがすばやく粘土像をもっと自分に似た姿に作り変えた。魔法使いは窯に火をおこし、像をよく見ないまま中に入れた。そして窯から取り出すと、像に命が宿るよう、すぐに息を吹きかけた。しかし像は立ち上がる代わりに吠え、尾を振った。こうしてわれわれの世界に犬が存在することになった。[209]

われわれは、頭脳や思考や言語や魂は明らかに人間にしかなく、動物や植物やリストの最下位にある生命のないものよりも人間のほうが上位にいると考えがちだ。進化について語る起源神話は、人間と動物の間にある似通った点、違う点を強調したがる。

西欧諸国では「存在の大いなる連鎖」という考えがしだいに出来上がっていき、宇宙の理法だと強く信じられた。これはもっとも基本的で基礎的な要素（土、岩）から最高の完璧なる者（神）まで、非常に多くの階層が一直線に厳密なシステムでつながっているとするものだ。この文化モデルでは、連鎖のより高い地位にいる者は、低い地位にいる者を支配するのが「自然だ」と信じられている。[210]

弱者と強者、優者と劣者についての思想は、どんな文化にも必ず存在する。それらは種や文化、民衆や民族の間の差異やヒエラルキーを示すべく作られた神話に反映されてきた。

第五章　不平等の起源

地球上でわれわれ、つまりトンガ人ほど偉大で高貴な者たちはいない。他の国々はわれわれより金持ちかもしれないし、強いかもしれない。だがわれわれはもっとも偉大で、それほどまでに偉大なのはわれわれだけだ。（トンガ）[211]

われわれの起源神話は、自分たちが立派な人間だとか、幸運な人生を送っているなどと感じさせてくれるだろうか。あるいは反対の効果を与えているだろうか。もし最初の祖先たちのあるグループが創造者の用意した特権をすべて手に入れたのに、別のグループは同じチャンスに恵まれなかった、あるいはたまたま最初にちょっと運が悪かったためにずっとつらい思いをしなければならないとしたらどうだろうか。創造者のステイタスと最初の人間が生まれたときの順番、あるいは最初の人間をつくるのに使われた材料は、実は意味もなく語られているわけではない。

ポリネシアのトンガ王国はサモア諸島の南にある。サモア人と同じくトンガ人も、始まりのときに神が鳥の姿で降りてきたと信じている。ある物語では、鳥が蔓植物の切れ端を裂く。そのかけらが腐って巨大なワームが生まれた。鳥はくちばしでワームをふたつに切った。ワームの頭部は「誰？」と呼ばれ、尾は「私だ」と呼ばれた。このふたつの部分が最初のふたりの人間になった。くちばしにくっついた残りのかけらは「つぶされたかけら」というもっともな名で呼ばれ、三人目の人間になった。[212]

ここでは最初の人間は地虫もしくはワームから生まれている。しかしトンガ人は自分たちが進化の道筋にあてはまらない例外的存在だと主張している。この項の冒頭に挙げたのは、トンガ人（まだ奴隷はひとりもいなかった）の国に逃げてきて落ち着いた神々についての神話の一部だ。

文化間のヒエラルキー

ある日、イソシギが食べ物を探して泥地を引っかいていた。這い出したワームはとてもぬるぬるして臭かったので、イソシギはそれを食べることができなかった。彼はそっけなく泥地一面にワームを足でけちらした。太陽が何日間も照りつけているうちに、ワームはしだいに人間になっていった。トンガ人の最初の祖先は彼らを奴隷として使用した。これらの奴隷には魂がない。寿命が来ると彼らは死に、それっきりになる。これは白人の場合も同じだ。われわれはそのことを確かに知っている。それについて彼らに尋ねたからだ。彼らから聞いたところによると、彼らの土地にもイソシギがいるそうだ。こういうわけで、われわれトンガ人は国々の中でもっとも高貴なのだ。他の人間はすべて大地の子供たちだが、われわれは神々の子供だ。

（ポリネシア、トンガ）[213]

神である祖先の、最初の肉体を持つ子供たちになって、トンガ人は非常に好運だった。彼らが手に入れた魂のおかげでトンガ人は永遠に生きることができるが、他のすべての国の人々は魂を持たずに生きて永遠に消える運命にあるからだ。しかしこういった特別な地位は珍しくない。

聖書の「出エジプト記」で語られているように、ヘブライ人は神から選ばれた者たちで、人類を救う救世主は彼らの中から生まれる。自分たちを神人の子供としてイスラエルと結びつけているキリスト教徒も、選民であることも信じているかもしれない。そしてイスラム教徒やヒンドゥー教徒も、彼らの宗教共同体に同様の優位性があると主張しているだろう。しかしこういった主張をしている者たちはほかにもいる。

人々はその文化モデルを周囲の世界に当てはめる。宗教、民族、階級、人種、性別で分け、ある種のグループを優れた者とし、他を劣った者とする。起源神話はそれゆえに、人々の身分を序列の中で「高い」とか「低い」などと正当化する。この点において、始まりについての物語はヒエラルキーに関する社会のもっとも頑固な考えを反映し確認している。

ルワンダのツチ族の創世神話によれば、彼らの最初の祖先はもともと神イマナとともに天界で暮らしていた。ところがビールを飲み過ぎたある母親が、自分の奇跡的な妊娠の秘密をイマナの意に背いて姉妹に漏らしてしまったために事態は悪い方向へと進む。彼女の三人の子供たちは、罰として天界の住まいから劇的に追放される。敷物に座ったまま、彼らは地上に落ちていった。頼る者もなく、嘆き悲しむ母親は天界に残され、とうとう最終的にイマナが母親を哀れみ、彼女が子供たちのために口にした望みをかなえてやった。イマナはいつか子供たちを天界に戻すという約束さえした。（ルワンダ、ツチ族）[214]

ツチ族の起源神話では、ツチ族自身がもっとも華やかで特権ある役割を演じている。一方、同じ国の他の部族、すなわちフツ族とトゥワ族は、祝福されたイマナの子供たちと名乗るツチ族につつましく感謝しなければならない。ツチ族は自分たちの助けがなければ、フツ族とトゥワ族は生き延びることができないと強調している。

彼らはわれわれツチ族よりも前に天界を追われ、イマナは彼らを許すことを拒んだ。彼らが現在享受しているささやかな幸せを獲得できたのは、ツチ族のおかげである。この国の中心にいるのは王とツチ族だ。もしフツ族がツチ族を押しのけるなら、彼らは全財産を失い、イマナは彼らを罰するだろう。[215]

古い神話の残響は、世代を超えてまだ鳴り渡り続けている。歴史が始まって以来ずっと、人々は自分たちによく似た隣人と戦争をしてきた。そしてまったく似ていない人々とも戦争をしてきた。そういったことに、神話は危険なまでに関与しているのかもしれない。「ある文化の神話に基づく浄罪の儀式は、別の文化の大虐殺になりうる」。ヒトラーがヴァグナーのオペラで有名になったゲルマン神話を利用して、支配者民族アーリア人の概念をドイツ第三帝国で正当化したように。[216] 起源神話は、「自分たち」と「他者」の違いを作り出し正当化することによって、ある集団に他の集団を超えた特権を与えている。

異なる色、異なる人種

最初のヒクイドリの唯一の子孫は男の子で、彼は母親の要求に応えて彼女を殺し、家の各部屋に遺体の断片をふた切れずつ置いた。彼が朝家を出て夕方戻ってくると、家には多くの人間がいた。最初少年はびっくりしたが、新たな人間たちは彼に自分たちは親戚だと話した。それから少年は中国人を除く全員と話すことができた。彼は森林地帯で暮らすイェンデン族と話した。彼らは巻き毛で、ヒクイドリの首の羽と頭の部分から生まれた。また、髪がさほど堅くも縮れてもいないビアク族とも話した。彼らはヒクイドリの胸の部分から生まれた。さらに長い髪をしたインドネシア人や白人とも話した。彼らは母ヒクイドリの尻から生まれたのだった。(イリアンジャヤ、アブン族)[217]

最初の人間の肌は何色だったのだろうか。DNA研究によれば、今日生きているすべての人間はある小さな集団の血を引いているという。その集団の子孫は現在も南アフリカで暮らしている。サン人だ。約六万年前、彼らの初期の祖先が移住して世界中に広がったことは、今日生きているさまざまな人々に彼らが残した遺伝子マーカーからわかる。これは以前考えられていたよりもはるかに、人々が遺伝子的なつながりを持っていることを示している。起源神話は、なぜ世界にさまざまな人種がいるのかについて、さまざまな答えを提供してくれている。

ミャンマーと中国の国境地域に住むワ族の神話では、人類の「六〇の人種」はすべてひとつの同じ瓜から現れたと簡単に述べられている。[218]彼らの違いが実際に説明されているわけではない。また、世界のさまざまな地域で人間を形作る際、白砂から赤土、黒土、黄色い粘土に至る多彩な材料が使われたとすることによって、肌の色の違いを説明した物語もある。

> ジュウォックはさまざまな人種のさまざまな色合いをさまざまな色の粘土で作り、それを使って人間を形作った。また、創造の仕事をしながら、彼は世界を歩きまわった。白人の土地で彼は真っ白な土もしくは砂を見つけ、それで白人を作った。それからエジプトに行き、ナイルの泥で赤や茶色の人間をつくった。最後に、彼はシルック族の土地に来て黒土を見つけ、それで黒人を作った。（スーダン、シルック族）[219]

さまざまな肌色の起源に関する神話は、アジア、アフリカ、アメリカと、非常にバラエティーに富んでいる。それらは語り手の住む地域でなじみのある人々にとくに注意が払われているのが普通だ。シエラレオネのリンバ族の物語は地上の人間の起源について説明しているが、そこにはさまざまな地元の部族がもっともよく登場する。

> 始まりのとき、至高神カヌにはさまざまな種類の二〇〇人以上の子供がいたが、彼らは互いに一緒に暮らすことに耐えられなかった。そこでカヌは地上に降りると、さまざまな人々とともに小さな丘に登った。彼はリンバ族、グバンディ族、テムネ族、ヨーロッパ人、フラ族、ロッコ族、インド人などを男女ペアにしてふたりずつ連れて行った。そして彼らをくっつけて、投石器で放った。彼らは落ちた場所に家を建て、村を作って暮らし、それぞれの部族の人々が別々に、それぞれのための歌を歌った。考えうるすべての人々

について話すと、語り手は話を結んだ。「ほらね、われわれは皆ひとつの家系に属しているんだ。われわれは皆カヌのもので、彼がわれわれの主人なのだよ」と。(シエラレオネ、リンバ族)[220]

何らかの理由で違う特徴を持っている人々が、「みんなと違うから」というだけで去らねばならない神話はかなりある。たとえば、前述したアメリカ先住民、ピマ族の最初のエピソードでもそういったことが起きている。造物主は人間をつくろうとしたが、コヨーテが手出しをしたせいで最初の作品は犬になった。造物主はもう一度やってみることに決め、新たに形作った粘土像を窯に入れた。

しばらくして、まだ近くにいたコヨーテが、もう焼きあがったと主張するので、造物主は像を窯から出したが、まだ早過ぎた。じゅうぶん茶色くなっていなかったのだ。造物主は彼らに命を与えたが、ここで使うことはできなかった。彼らは川向こうのどこかに属する者たちだったからである。次も再度コヨーテの助言を聞き入れたところ、今度は窯に長く入れ過ぎた。彼らは「焼き過ぎ」で、「焦げ過ぎ」だった。ゆえに彼らもここにいるべき者ではなく、川向こうに行かねばならなかった。造物主はもうコヨーテに口出しさせず、粘土像は生焼けでも焼き過ぎでもなく、ちょうどいい具合にできあがった。造物主は幸せだった。そう、本当にこれらの完璧な人間は美しく、ここに属する人間だった。そしてそれがわれわれなのだ。[221]

同様に誇り高き結論を導き出す物語は、アメリカ先住民の他のいくつかのグループにも伝わっており、「われわれ」がもっとも魅力的な人間なのだということを確認している。最初のインディアンは赤土の玉から作られたと、カナダのオカナガン族は説明している。だからわれわれの肌は赤みを帯びているのだと。他の人種は別の色の土で作られた。その後、こういったさまざまな人種のいくつかが出会って混ざった結果、中間の色合いの人間が生まれた。赤土は他の種類の土よりも金と銅に関係があるので、インディアンはより金に近く、他の人種よりもすばらしいのだと彼らは主張する。[222]

比較的控えめな自賛をしているこの例で、「彼ら」すなわち他者が、「われわれ」つまり理想的な赤銅色の者たちに比べて美しさで劣るのは仕方がない。関係する物語では、語り手は他の人々が「間違った」色を与えられたからといって責めはしない。彼らはそうせざるを得ないし、変えることもできない。これはむしろ運命の問題なのだ。このことはインドのオリッサ州の神話にも当てはまる。

> 神キットゥングが妻に人間の作り方を尋ねたところ、彼女は異なる七つの場所から土を少しずつ掘り出して、彼女が身を隠している一昼夜の間に四体の像を作るよう助言した。彼は昼に作業を開始し、夕方にはまだ続けていた。彼はターメリック（香りのよいショウガの一種）の入った壺とすすの入った壺を持っていた。彼が二体の像にターメリックをつけたところ、彼らはラジャ（王）とラニ（女王）になった。彼は他の二体にもターメリックをつけたかったが、夜になって非常に暗かったので、ふたつの壺を取り違え、二体、つまりポロジャとポロジンにはすすをつけてしまった。それから彼が像に命を入れると、彼らは彼に話しかけはじめた。太陽が昇るとすぐに、キットゥングはポロジャとポロジンがとても黒いのに気づいた。彼の妻はがっかりしたようだった。彼女はもしすべての人間がそのようだったらあんまりだと考えたのだ。

しかしキットゥングは彼女に心配するなと言った。「子供たちの幾人かは明るい色、幾人かは黒っぽい色になるだろう。すべてが黒くなることはないよ」[223]

前述したトンガとツチ族の神話、窯に入れた粘土の人々が違う色に焼けたアメリカ先住民の神話、アフリカのシルック族とリンバ族の神話、そしてインドのオリッサ州の神話は、始まりのときから人類は互いに異なっていた、つまり始まりのときに最初の祖先に起こった何かのせいで、習慣、言語、肌の色が異なるのだとしている。中立的な方法で人種差を示す物語もあるが、一方で階級的な資格にとびつく話もある。

現在の一部のDNA専門家と同じく、多くの神話は、地上に住むすべての人間が同じ最初の祖先のカップルから生まれたと主張している。広く知られたアダムとエバの有名な物語は、その代表例だ。この物語は、最初の人間の創造と最初の生殖の瞬間では人種の問題を無視している。にもかかわらず、この話でも他の多くの話でも、語り手は遅かれ早かれ人種的な問題を扱わざるをえないように感じる。聖書の「創世記」でこの問題が浮上するのは、アダムとエバの直接の子孫ノアと、その妻と子供たちのハム、セム、ヤフェトだけが地上に残された人間になったときのことだ。洪水を生き延びたあと、神は彼らを祝福し、彼らが豊かになり子孫を増やし、人間のさまざまな民族の創始者として地上を満たすことになると語った。しかしある事件が起こった。ある日ノアは酒に酔い、天幕の中で裸になった。ハムが外にいるふたりの兄弟に知らせた。セムとヤフェトは兄弟と一緒に父を見て笑う代わりに、着物をとって礼儀正しく後ろ向きで歩み寄り、父の裸を見ないように顔をそむけて、父を着物で覆った。

ハムは父の裸を見て無礼な態度をとった罰を受けた。ノアは酔いから醒めると、ハムと彼の息子カナンとその子孫を呪った。「カナンは呪われよ。奴隷の奴隷となり、兄たちに仕えよ。セムの神、主をたたえよ。カナンはセムの奴隷となれ。神がヤフェトの土地を広げ、セムの天幕に住まわせカナンはその奴隷となれ」[224]

物語のどこにも、三人の兄弟の人種の違いや異なる外見については書かれていない。そしてもちろん、違っているはずはないのだ。彼らは同じ両親から生まれたのだから。しかしではなぜ、ハムは父親の裸に気づいただけで、それほどまでにひどく責められ罰せられたのだろうか。そしてたとえハムを非難するにせよ、なぜ何の罪もない息子カナンやすべての子孫までもがひどい呪いをかけられたのだろう。物語には欠落部があると言われている。聖書のレトリックでは、「誰かの裸を見る」とは、性交のメタファーなのだ。ユダヤのミドラーシュのいくつかの物語には、ノアが酔っぱらって服を脱いだあと、ハムの小さな息子カナンが天幕に入ってきて、祖父の性器に紐を巻きつけ、それをきつく引っ張って（あるいはノアの葡萄園の剪定鋏を使って）彼を去勢したとある。[225]

ハム自身が父親を去勢したとする話もある。哀れなノアが酔っ払って眠り、目覚めて自分の身に起こったことを知ると、彼はやけくそになって叫んだ。「もう私は四人目の息子をもうけることができない。その子供たちをおまえたち兄弟に仕えさせようと思っていたのに！　だからおまえの長子カナンが彼らの奴隷にならねばならん」。驚くべき言葉が続く。「おまえは私が夜の暗闇の中で見苦しいことをできないようにしたのだから、カナンの子供たちは見苦しく黒くなるだろう！　また、おまえは私の裸を見るために頭をよじったのだから、おまえの孫の髪はよじれてもつれるだろう。そして目は赤くなるだろう。おまえの唇が私の不運をあざ笑ったのだから、彼らの唇は膨らむだろう。そしておまえは私の裸を無視したのだから、彼らは裸で暮らすことになるだろう」。さらなる敵意を込めて彼は言った。カナンは彼の子供たちに「盗みと姦淫を教え、彼らの主人を憎むあまり徒党を組み、決して真実は言わないだろう」と。あるミドラーシュの注釈では、ハムへの侮辱の中に肛門性交すら含まれている。しかし他の外典は、全体的にそのような罪や他の罪の責任をハムに押しつけてはいない。ノアがアララト山に上陸した際、病気のライオンが彼の性器に足で一撃をくらわせ、その結果、彼は性行為ができなくなったとしている。「ハムの呪い」の神話は、ヘブライ人がカナン人を征服して奴隷にしたことを正当化するのに役立った。[226]

たとえ、聖書の物語自体に肌の色や外見のことが何も語られていなくても、西欧諸国においてハムもしくはカナンの呪いは、黒い肌の人間は白い肌の人間に奉仕する運命にあるという信仰を広めるのに利用された。ペスト終息後の中世で安価な単純労働者が不足すると、奴隷制が再び魅力的な選択肢となり、その考えはキリスト教徒に受け入れられた。ずっとあとになって、奴隷商人がその下劣な活動のための根拠を必要としたとき、この物語は同じ目的に役立った。アフリカ人やアフリカ人の血を引く人々を奴隷にすることを正当化するために、彼らはハム族、つまりハムの子孫たちと呼んだのだ。この理屈は一八世紀と一九世紀の西欧社会では一般的となり、その後二〇世紀前半を過ぎてしだいに消えていった。[227]

聖書のノアの息子たちの物語は、アフリカに伝わるバリエーションにもその痕跡を残している。

農夫のノアはある日酔っ払った。末息子が彼をあざけったので、ノアは激怒して起き上がり、一握りの黒い泥をつかむと、それをハムに向かって投げようとした。ハムは一目散に逃げ出し、彼の息子たちもそれに続いた。泥が息子たちのひとりに当たると、彼はたちまち黒い男に変わり、以後、彼の子孫すべてがそうなった。ただ、彼は泥を避けようとしてかがんだ際、両手を地面についた。それで掌と足の裏は白いままとなった。（セネガル、ウォロフ族[228]）

長い植民地化の歴史は、人種の起源に関するアフリカの神話に強烈な痕跡を残した。結局、神話は物事がどうしてそうなっていったかを説明するよう意図されているのだ。

アフリカの黒人と白人

ほら、兄弟たち。白人はろくでなしで、とても醜く、少しもいいところがない。おまえはそんな奴らがどうやってこの世界に生まれてきたかを知りたいか？　よし、教えてやろう。アダムとエバは黒人で、とても美しかった。彼らは美しい園に住んでいた。そこにはあらゆるすばらしいものがあった。バナナの木、ヤムイモ、サツマイモ、フフ、椰子酒、そういったものがたっぷりあったんだ！　彼らには子供がふたりいた。カインとアベルだ。カインはアベルとおしゃべりするのが好きではなかった。ある日、カインはアベルを殺した。神は怒って言った。「カイン！」　カインは身を潜めた。彼は自分がとても賢いと思っていたんだ。ほら、ほら、神がもう一度言った。「カイン、私に見えないと思っているのか。もじゃもじゃ頭の黒人め、ほら」それでカインは出てきて言った。「はい、主よ、私はここにいます。どうなさったのですか？」そのとき、カインは恐怖のあまり体中が真っ白になった。それが最初の白人さ。（シエラレオネ、ピジン語）[229]

人々のさまざまな外見は、しばしば身分の違いと関係づけられる。アフリカには黒人と白人の起源をテーマにした、驚くほど多くの神話がある。多くのアフリカの人々にとって、白人が持つ力は、ほとんどのアフリカ人の貧困とはあまりにかけ離れているように思われたので、彼らはこの興味をそそる謎を解明する神話を創作したのだ。

肌の色や人種に関するいくつかのアフリカの起源神話は、前述したアジアや南北アメリカの神話に似ている。つまり肌の色は純粋に偶然の産物で、特定の場所で利用できる土によって決まる。あるいは自然の気まぐれによって生じる。たとえば、さまざまな色の羊や牝牛など、植物と動物にもたくさんの種類があるように。つまり、肌の色が違う人々の存在は、種を豊かにするのだ。

おもなテーマは、「いったいどうやって」だ。運命による色、誤りや過ちを犯した結果、あるいは両者に異なる結末をもたらす試練を受けたふたりの兄弟。そのようなテーマは、肌の色が同じ兄弟の物語にすでに存在しているが、ヨーロッパの発展と植民地化に接してきた長い歴史のおかげで、白人と黒人の祖先が主要人物になるバージョンが生まれた。

南アフリカの物語は、創造者の農場に住む三つの「種類の人間」について語っている。コイ族、バントゥー族、白人だ。彼らの行動が運命を決める。コイ族は陸地を歩きまわり、野生の動物を狩り、農場ではほとんど過ごさず、しまいには戻ってこなくなる。バントゥー族は牛を愛し、牛とずっと一緒に過ごし、彼らがライオンに襲われたり病気になったりしないように気をつける。しかし白人は農場にとどまり、創造者を見て、彼の仕事を手伝おうとする。白人は勤勉で従順なので、創造者は彼に多くの秘密を教える。そういうわけで白人はバントゥー族やコイ族よりもずっと裕福なのだ。[230]

西アフリカと中央アフリカでさまざまに変化しながら語られている有名な神話では、白い肌の人間が権力と富を持っているのは試験に合格したからだと説明されている。そういった神話は植民地化が進むにつれ広まった。彼らがそう考えたのは、アフリカにやってきたヨーロッパ人に対する一番最初の見解に起因しているように思われる。この神話の概要はすでに一六八五年には収集され、フランスの旅行記に記録されている。[231]しかし、神話は今もコンゴに伝わっており、そこの学生たちが自分たちの知っているバリエーションを教えてくれた。

父なる神はふたりの息子マニコンゴとゾンガを、どちらも同じくらい愛していた。ある日、彼はふたりをテストすることにした。神はふたりを呼び出し、翌朝夜明けに近くの湖に出かけて水浴びをするよう言った。弟のゾンガは従順で聡明だった。彼は徹夜して翌朝一番鶏が鳴かないうちに湖に到着した。湖に飛び込んだ彼は、驚いたことに自分の体全体が白く変わっていることに気づいた。その頃には兄のマニコンゴも起きていた。彼は徹夜はしなかった。おいしい食事をとり、たっぷり飲んで、夜明け近くまで踊ってはしゃぎ、それから熟睡した。彼が寝過ごしたのは驚くにあたらない。彼は飛び起きて湖に走っていったが、彼が飛び込もうとしたちょうどそのときに水が退いた。彼の両掌と両方の足の裏だけがなんとかほんの一瞬水に触れ、白く変わった。その他の部分については、マニコンゴはいつもと同じで黒かった。

父なる神はゾンガをほめ、彼の賢明な振舞いに報いた。彼は父の全財産のうち何でも欲しいものを選ぶことを許された。ゾンガはすぐに紙、ペン、望遠鏡、ライフル、火薬を選んだ。哀れなマニコンゴには、ひと組の銅の腕輪、数本の刀、土地を耕す鍬、数本の弓矢ぐらいしか残っていなかった。その後、ふたりの兄弟はもはやアフリカで一緒には住めず、そこで神は彼らを分けることにした。

ゾンガは大洋を渡って白人の父となり、マニコンゴはアフリカにとどまって黒人の父となった。以後、白人はどんどん裕福になり、黒人は以前と同じく貧しいままとなった。（コンゴ民主共和国、コンゴ人）[232]

ときには祖先のひとりが特定の種類の子供たちを好んだことによって、人種の違いが生まれる場合もある。いくつかの物語では、神にふたりの子供がいる。ひとりは黒人、ひとりは白人だ。母親は黒人の子供を愛し、白人の子供を嫌っている。それで彼女は白人の子供だけを神のもとに連れて行き、黒人の子は手元に留めるために隠した。その結果、神から本、銃、剣ほか、あらゆる種類のものを受け取った白人が黒人を支配することになった。

ドゴン族は白い子と黒い子を両方産んだ女の話を伝えている。母親は白い子が悪運をもたらすと信じて、彼を厄介払いしたがった。彼女が白い子を川に捨てると、神ノンモが自ら子供の世話をし、彼を育てて彼とその子孫にあらゆる知識を授けた。それ以後、白人は権力を持つことになった。[233] 差異とその結果生じる不平等の結果、兄弟たちはもはや一緒に暮らすことはできない。たとえ最初は黒い子供のほうが好まれていたとしても、彼は最後には一番不利な立場に追いやられる。

始まりのときに誤った選択をする人々についての神話もある。たとえば、エウェ族のふたつの籠についての神話では、至高神マウが黒人と白人のカップルに分けるようふたつの籠を地上に降ろす。黒人のカップルはすぐに欲張って大きいほうの籠を要求した。そこには土を耕す鍬、紡ぐための綿と狩りをするための弓矢、交易のための砂金が入っていた。白人に残された籠には小さな本しか入っていなかったが、そのおかげで彼らは知る価値のあることをすべてその本から教わった。（トーゴ、ガーナ、エウェ族）[234]

そのような神話では、マニコンゴとゾンガの話のように、普通アフリカ人が兄、ヨーロッパ人が弟となる。弟が「白く」変わる息子で、よりよい地位を手に入れる。白人とその子孫は常に裕福になる。植民地の日常生活の現実どおりで、神話はそれを説明しなければならない。

アフリカのさまざまな創造者も、人間を粘土から作っている。なかには窯で焼き過ぎて黒くなった作品に不満を示す者がいる。そのせいで彼らはもう一度挑戦することになる。新たな試みの結果から、白人と黒人の混血、それから最後に白人ができあがる。「その後、彼は窯を壊し、休憩した」[235]。これは窯と人種についてのアメリカ先住民の神話とはずいぶん異なる。アメリカ先住民の物語では、人間は自分たちの肌の色に大いに満足している。なぜアフリカの神話の創造者は、色の黒い人々にそこまで不満を抱くのだろう。物語に理由は語られていない。コンゴ人の学生たちは、この物語の他のバージョンもいくつか聞かせてくれた。ある物語では、すべての粘土の人間が同時に窯に入れられる。白人は炎の熱に耐え切れず、すぐに窯から飛び出した。だから彼らはさえない白い肌をしているのだ。他の者たちはもう少し長く熱に我慢したが、しばらくすると飛び出してきて、彼らは赤い肌に変わった。

アフリカ人だけが、創造者が出てくるときだと決めるその瞬間まで炎の熱に耐えることができた。「だからアフリカ人は人生の悲哀に耐えられるほど強いのだ」[236]

前述したように、めんどりはコンゴのバシ族の創造者ニュアムジンダによって作られた最初の生き物だった。めんどりは四〇の卵を産み、そこから創造者に仕える四〇人の人間が孵った。そのひとり、ムシェマはキヴ湖に近いムワンザ岬まで出かけ、すべての人間の最初の祖先となった。彼に同行させるためにニュアムジンダが作った妻のムワブンヨコとともに、ムシェマは一〇〇人以上の子供をもうけ、彼らがすべての王と臣民の祖先になった。ニュアムジンダは彼らは散り散りになって世界中に定住しなければならないと決めた。しかしムシェマは貧しかった。彼は子孫にいかなる財産も渡してやれなかったので、ニュアムジンダが彼を助けにきた。

何が起こったかって？　誰にもわからない。しかしひとつだけ確かなことがある。夜が明けると、すべての子供たちがその手に神からの贈り物を抱えていた。ある者は牝牛、ある者は牡牛、三人目はヤギ、というように。バシ族の祖先チハンヤは目覚めたとき、手にミルクの入った壺をもっていた。そういうわけで、バシ族はミルクと牝牛が大好きなのだ。

しかし、人々はニュアムジンダの贈り物が不公平であることに気づいた。嫉妬心から、ムシェマの子供たちの間で争いが起きた。ヨーロッパ人の祖先（名前は不明）は、目覚めたとき、自分が自分でないような気がした。彼はニュアムジンダから特別な贈り物を受け取ったばかりか（文房具と火器だった）、兄弟たちと同じだった黒い肌が白く変わっていたのだ。それで彼はヨーロッパ人のように見えた。兄弟たちはそれを見て、彼に尋ねた。「おまえはどこから来たんだ？　おまえは俺たちのような人間の子供じゃない。母さんのムワブンヨコはおまえを産んでいないし、おまえが手に持っているものは誰も理解できない」

彼らは若いにわとりを殺し、その腸で占って、ことの真意を知ろうと決心した。ニュアムジンダ自身が彼を変えたことと、この白い生き物だけに贈られたものの秘密が明らかになった。彼はブライ（ヨーロッパ）と呼ばれる遠い国へと旅立ったが、どのような経路をたどったかはわからない。彼は最初に死に、その後墓から甦って起き上がって目に見えない姿で彼の国に運ばれたのか。あるいは雲に乗って運ばれたのか、それとも雨の道についていったのか。謎だ。ひとつ確かなことがある。彼は神の贈り物を持っていった。そしてそういうわけで、彼の子孫であるヨーロッパ人は、今も文房具と火器を持っているのだ。（コンゴ民主共和国、バシ族）[237]

子供たちは皆、同じ最初の父と最初の母の子だ。不公平に分け与えられた贈り物が初めにもめごとを引き起こし、それから優遇された息子の色が変わる。彼は兄弟たちにとって異邦人となった。彼らにとって白は死の色だったからだ。明らかに、ヨーロッパ人の祖先となる者は、もはや家族の中でうまくおさまっていくことはできなかった。

人々が現実に経験している人種的不平等に対する説明は、不思議な物語で表現されている。その中で、ヨーロッパ人は部外者、すなわち時の始めに遠くに送られた者、未知の世界、つまり水中の世界やはるかな海の向こうの国、あるいは死者の霊の王国に属する者になった。

黒人と白人の起源に関するアフリカの神話の中で、この項の冒頭に紹介したシエラレオネの物語はむしろ例外的だ。[238] 必ずと言っていいほど、神は明らかにヨーロッパ人に特権を与えて終わる。財産を分配する際、白人は最初に選択する権利を与えられ、知識、双眼鏡、本、文房具、銃、機械、そしてお金を得るのだ。

植民地という状況では、肌の色はもっとも目立つ対照的な特徴として、経済、軍事、政治、社会、文化の問題と結びついている。また権力、知識、技術における差異とも関係している。肌の色が持てる者と持たざる者とを敵対させ分離させているのだ。「ヨーロッパ人がまだ手に入れていないのは不死だけだ」とコンゴの人々は言い慣わしている。

マニコンゴとゾンガの物語の比較的最近の別伝には、ゾンガもしくはその子孫が、富と幸福を母なる大地にもたらすために戻ってくるという希望に満ちた結果で終わるものがある。ゆえに彼らは最初の白人植民者がアフリカに到着したのを、いつもどおり歓待した。彼らはゾンガの子供たちが約束を守るために戻ってきたと信じたのだ。しかし、そうではなかった。彼らは悪人で貪欲だった。そしてアフリカ人はゾンガの子孫がなぜ約束を守らないのか、不思議でならなかった。[239]

コンゴで教鞭をとっていたとき、私がヨーロッパでは白い肌の男が土地を耕し、市場で果物や魚を売り、ごみを集める、また、白人の女性がジャガイモの皮をむいて食事の支度をし、自分もしくは他人の家の掃除をする、そして一部の人々はとても貧しいので、空腹のため舗道に座ってお金をせびる、と話したら、学生たちは笑い転げた。学生たちはその話をとてもおかしがり、とても信じられないと言った。高級雑誌やアメリカのB級映画のおかげで、彼らはヨーロッパ人にまったく異なるイメージを抱いている。白人は金持ちだというおなじみの神話のメッセージに付随するイメージだ。そして彼らは、アフリカに住むアフリカ人の間にある大きな貧富の差がもはや無視できない今になってさえ、そういったイメージを抱き続けているのだ。

しかし人種の不公平は、説明が必要な数多くの不運のひとつを示しているにすぎない。運命の不公平は、日常にあらゆる種類の逃れられない特性をもたらし、多くの神話はその説明にあたっている。

金持ちと貧乏人

もっとも不可解な疑問のひとつは、昔も今も、なぜ同じ村や氏族や国で一緒に暮らしている人間の間で、物質的幸福に目だった差が生じるのか、ということだ。この疑問は人類のすべてにあてはまる。今なお、驚くほど明確に存在する世界的な不平等の起源はどこにあるのだろう。人々は金持ちの幸運と貧乏人の不運を説明する（しばしば正当化する）神話を創作してきた。たとえ最後のメッセージがほとんど同じでも、彼らは金持ちと貧乏人が生まれたわけをさまざまに説明している。

中国の漢民族の神話では、もっとも有名な女神のひとり、女媧《じょか》が最初の人間をつくった。黄色い土でたくさんの人間を手作りしたため、彼女はたいそう消耗し、違う方法をとることにした。彼女が紐を泥の中に通し、それを持ち上げて振ると、紐から落ちた泥も男と女になった。女媧が注意深く手で作った人間は金持ちで高貴な身分になったが、紐を泥の中で引きずって作った人間はきちんとした形にならず、それゆえ貧乏で卑しくなった。[240] 富と高貴さはこの中国の物語において結びつけられ、同様に貧乏と卑しさも結びつけられた。

ヒエラルキーは非常にさまざまな方法で確立する。古代インドの『リグ・ヴェーダ』の「プルシャ・スークタ」(「巨人プルシャの歌」)の中では、人類は既定の社会的階級とともに出現する。[241] 前に引用したこのヴェーダの有名な一節は、プルシャの体がどのように、いくつの部分に分けられたか、そのさまざまな部分、すなわち口、腕、太腿、足がどうなったかについて疑問を投げかけている。答えは「体」をカーストの体制と同等にみなしている。つまり体にも「高等な」部分と「下等な」部分があるのだ。プルシャの口もしくは頭はバラモン、つまり宗教活動に携わる祭官と哲学者になった。腕と手は防衛と統治にかかわる王、貴族、戦士になった。太腿と性器は農民や家畜の世話をする者、経済活動をする商人といった、一般民衆になった。そして足からは労働者と召使が生まれた。[242]

やがてインドはカースト(ヴァルナ)の制度を発展させ、どんどん細分化していった。インドの多くの起源神話は、神々がどのように、そしてなぜ、始めから人間の運命に影響を与えたかについて語っている。たとえインドのランジュヒア・ソアラの物語で、最初に作られた人間のランジュヒア・ソアラが、「われわれは団結しており、われわれを分けるカーストも氏族もない」と述べていたとしても、金持ちと貧乏人は社会的階級にしっかりつなぎとめられている。どうしてそうなったのだろう。いくつかの物語は、ある女神が人生の運命を決める鉄の針を使って、人々の手に富、偉大さ、不毛、貧困といったしるしをつけた、と述べている。そのような物語は、広く行き渡った階層構造を助長し、固定的なイデオロギーを社会のメンバーに押しつけ、忠実に守らせようとしている。このヒエラルキーは「神が定めた」ので、同意を拒む者は追い払われるべき野蛮人と考えられる。さらに、この変えることのできない身分と職務についてのメッセージは、男性にのみ言及している。この制度では女性の身分というものはまったく存在しない。女性の役割は、ただ男に従うことだけなのだ。[243]
タヒチの起源神話もその階級制度を、最初の人間が生まれたときから定められた権利として認めている。

最初の男ティィと最初の女ヒナがもうけた子供たちは、暗闇から現れた神々の子孫として王族となった。魔法で生み出された人々は一般人、つまり世界の庶民になった。一般人との結婚によって、王族は世界の郷紳を生み出し、郷紳との結婚によって、世界の貴族を生み出した。長い岬は王族や貴族の相続財産となった。国の大きな寺院はそこに建てられたからだ。深い湾は郷紳の相続財産と宣言された。陸地には人々が密集していたので、人々はあらゆる場所に散らばったが、海岸と内陸では、庶民の土地は高貴な者たちの土地と隣接していた。（タヒチ）[244]

神話は一族や階級に準じた土地の分配を正当化していて、「下層の人々」を無視することは必然的結果だとされる。しかし、古代マヤの『ポポル・ヴフ』は例外を示している。

最初の試みに失敗したあと、四人の神々は黄金で人間をつくることに成功した。この男は命がなく冷たいままだった。最終的に創造者たちは彼ら自身の肉片を使って本物の人間をつくった。（グアテマラ、マヤ）[245]

人間たちの親切な態度が黄金の男の心臓をあたため、彼は命を得た。黄金の男とその子孫は「金持ち」になり、肉で作られた人間は「貧乏人」になった。しかし、神々は金持ちが貧乏人の面倒を見なければならないと命じており、物語は聞き手に、共同生活と共同作業の伝説を思い出させる。最終的に金持ちの男が死ぬと、どのくらい貧乏人の世話をしたかに基づいて審判される。「金持ちは貧乏人に連れてこられなければ天国に入ることはできない[246]」

ポルトガル人の探検家たちが一五〇〇年代にブラジルに到着すると、金持ちと貧乏人に関する新たな土地の神話が数多く生まれ、インディオでない定住者が強い（銃の）力を持っている理由を説明した。物語は前述した白人の優勢を説明するアフリカの物語と非常に似通っている。たとえばパレシ族の神話は、始まりのときに「至高の存在」が牛、銃、弓矢を白人とパレシ族の両方の祖先に気前よく与えた様子について語っている。しかしパレシ族は、銃があまりに重いことを知り、また、動物は村の美しい広場を汚すので、牛も拒否した。彼らは弓矢のほうを好み、森へと立ち去った。ウファイナ族も権力の差の起源についてよく似たメッセージを伝えている。彼らの神話では、白人とウファイナ族の最初の祖先は、ともに卵から孵った。しかし神の求めにより、白人の世話は四人の不死者のひとりが務め、一方ウファイナ族の世話役にはジャガーが呼ばれた。「そういうわけで、白人は非常に多くのことを知っていて、ものを作ることができるのだ[247]」

繰り返しになるが、結局のところ人が裕福になるか貧しくなるかについて、できることといったらほんのわずかだ。ある人が幸運だとしたら、それはその人の最初の祖先が幸運で正しい選択をした、誤りを避けた、あるいは正しい知識を受け取ったからにすぎない。

北欧の『エッダ』の場合、成り行きはいくぶん違うが結末は同じだ。物語の中で、神ヘイムダルはリグと名乗って農場から農場へと身分を隠して旅を続け、伝統的なやり方で歓待される。彼はどこに行っても、食べ物と宿を提供され、主人とその妻の間に寝ることができる。最初の家で出された食事は粗末な農夫のパンとスープだった。彼の滞在中に妻が身ごもった少年はスロール〔奴隷〕という名の浅黒い少年で、ぼんやりした目、しわくちゃの肌、節くれだった関節、不恰好な背中をしている。彼の子孫は奴隷と召使になる。

次の家を訪問すると、リグはおいしい子牛の肉その他のご馳走を出される。この訪問後に生まれた少年はカールという名で、明るい目と血色のよい肌をしていた。彼の子孫は一般庶民だが、自由民の資格を持つ自作農や小作農や職人となる。三番目の家では、リグは「白パン、ベーコン、鳥のあぶり焼き、ワイン」というすばらしい食事でもてなされた。この家でできた子供はアール〔伯爵〕と名づけられ、このハンサムな少年は貴族や王族の血統の最初の人物となった。現存する社会階級は、神がいくつかの人間の家にお忍びで出かけ、受けたもてなしのレベルによって決定したものなのだ。[248]

最初の男と最初の女の最初に生まれた子供たちと、人の社会的地位の起源との関連は、フィリピンのタガログ族の物語にも反映されている。最初の祖先には非常にたくさんの子供がいたので、両親はかなりストレスを受けた。切羽詰まった父親が棒で子供を打ったので、彼らは四方八方に逃げ出す。家の部屋の中に隠れた者は長になる。壁の内側に隠れた者は奴隷になる。炉に隠れた者は黒人になる。外に走って逃げた者は自由民になる。海に逃げた者は完全に姿を消すが、あとで戻ってきて白人に変わる。ここでは人間の社会的地位の起源に人種的意味も含まれる。アフリカの人種に関する神話と同じく、階級についての神話は、金持ちと貧乏人との間に存在する差を変える選択肢はないということを示唆している。

エバの子供たち

とても低いとか、とても悪いという地位が
世の中に見つからないことはない。
そして喜んでそれに従う人々もいる。
こういったすべてにおいて、われわれは心の奥底で感じる、
神がどのようにすべての地位を支配しているかを。
そしてその結果、人類は秩序ある道を歩むのだ。[249]

起源神話は世界中を放浪し、どこに行こうが新たな環境に順応する。それは聖書の「創世記」が形を変えて語られていることからも明らかだ。

聖書のアダムとエバの物語には数多くの非正統的な別伝があり、何世紀にもわたり語り継がれたり書き記されたりしてきて、このふたりの登場人物が非常に有名であることは間違いない。しかしもしわれわれが皆アダムとエバの子供なら、社会の階級構造はどのように説明され正当化されるのだろう。不可解な問題だ。

自分たちの不公平な運命や、金持ちと貧乏人の違いがどうして起きたかを不思議に思いながら、人々はアダムとエバの子供たちに何が起こったかについて空想し、語り手はそれぞれ変化に富んだディテールを盛り込んでいった。

そのような物語が一五・一六世紀のヨーロッパに文書の形で存在していたとする資料もあるが、口承でのバージョンはもっと古くからあったに違いない。物語は、北欧の国々からフランス、スペイン、イタリアまで、ヨーロッパじゅうに存在している。アフリカとアジアにはキリスト教徒とイスラム教徒のバージョンがあり、南米の別伝はスペイン版から発想を得ている。出所のはっきりしないイスラム版のひとつでは、恵まれない人々が「苦行僧や物乞い」になる。[250] アダムとエバには聖書に記載されているよりも多い、二四人から数百人に至る子供がいて、いくつかの物語では、エバは何人子供がいるかを覚えてすらいない。

アダムとエバが楽園を追われたあとに重要な事件が起こる。おもな筋書きはこうだ。子供の作り方を神に教わってから、彼らは非常に多くの子供をもうけたので、エバは自分のとどまるところを知らぬ性欲が、子供の数によって、少なくとも神の目には露呈していると信じていた。

ある日、神が訪問するという知らせを受けたエバは、恥ずかしいと思った。彼女は自分に何人の子供がいるかを神に打ち明けたくなかった。そこで彼女は九〇〇人の子供のうち五〇〇人を隠した。全知全能の神はエバを罰することにした。神は彼女に隠した子供たちをつれてくるよう命じた。神は次のように言った。エバが自分から彼に会わせた四〇〇人の子供の子孫は裕福で幸せになることを約束するが、彼女が隠した五〇〇人は貧乏で不幸な者たちの親になるだろう、と。つまりはこういうことだ。この世界で裕福で幸福な者はエバが自ら神に会わせた四〇〇人の子供の子孫で、貧乏で不幸な者たちは彼女が神から隠そうとした子供たちの子孫なのである。（オーストリア、ドイツ人）[251]

さまざまなバージョンによってディテールは異なる。エバが怠け者の主婦で、自分の美しさと外見にばかりかまけて、子供の面倒をみない母親だとする話もある。ある興味深いバージョンでは、エバには男女一二人ずつの二四人の子供がいる。神が彼女の子供たちすべてに会いたがったので、エバが娘たちを守ろうとして息子たちだけを会わせたところ、彼らは人生における幸運と幸福を約束された。エバはあわてて娘たちも神に会わせようと捜したが、彼女たちへの祝福は残っていなかった。アルゼンチンに伝わるスペイン版では、少女たちの身に起こったことについて聴衆から率直な質問があり、語り手は、彼女たちが生まれる前に「神は美しさとかわいらしさと、場合によっては才能も与えたが、世界に出たあとに、男が彼女たちの唯一の望みとなる。女たちが受けている恩恵は何もかも男のおかげだ」と答えている。[252]

さらに別の語り手は、差異という重荷を子供たちに負わせている。あるものはいつも清潔でこざっぱりとし、あるものはいつも汚い服や擦り切れた服を着て、いつも鼻水をたらし不潔、という設定だ。しかし汚い子供たちとは、父のアダムが土地を耕しすべての子供たちに食べ物を与えるのを手伝った者たちなのだ。あるバージョンでは、アダムとエバが地上でうまくやっているかどうかを神が見にやってきたが、母親のエバは清潔でこざっぱりした子供たちだけを呼んだ。神は彼らの子孫が王、皇帝、大公、貴族、騎士、主教、あるいは教養ある優れた人間になるだろうと祝福を与えた。神が与えた祝福の内容を知るやいなや、エバは非常に驚き、急いで鼻水をたらした汚い子供たちを呼び集めた。神は彼らにも祝福を与え、彼らは漁師、靴職人、仕立て屋、農夫などになるだろうと言った。エバは彼らの身分が低くなることを理解すると、すぐに不公平だと文句を言い始めたが、もう手遅れで、こうして社会階級が生まれた。

いくつかのバージョンでは、厳格な社会構造は世界の幸福のために欠くことができないと認めている。たとえばグリム兄弟のバージョン（一八六五年）では、エバが不平等な贈り物に抗議し始めると、神は穏やかに自分の方針を正しく必要なものとして正当化する。

「エバ、おまえはわかっていない。おまえの子供たちが全世界に満ちるのは正しいし必要なことだ。もし彼らが皆、大公や王だったら、誰が穀物を育て、脱穀し、挽いてそれを焼くのだ。誰が鍛冶屋になり、織工になり、大工になり、石工になり、労働者になり、仕立て屋になるのだ。誰にも自分の居場所がある。その結果、人は助け合うことになり、すべての人々がひとつの体の四肢のように役立つのだ」

そしてもちろん、エバはこの知恵につつましく従う。「おお主よ、お許しください。私はあまりにも浅はかでした。あなたの神々しい意思が私の子供たちとともにありますように」[253]

またフランスの作家セヴィニエ夫人は一七世紀に次のように認めている。「下級の者たちが謙虚にしていることは、社会秩序を維持するために必要なのです」

物語のあるバージョンは、父親と息子の会話に組み込まれている。その中で彼はなぜ上流階級が法の適用を受けないかについて説明している。

> 始まりのとき、神は天地を作ったあと、まず多くの皇帝、王、公爵、伯爵、貴族と聖職者を作った。それから彼は言った。「われわれの姿に似せて、人間をつくろう」。こうして彼はアダムとエバを作った。そして物語は社会秩序についての不快な覚書で終わる。「のちに十戒が与えられたら、それらはアダムの子供たちだけに意図されたもので、偉大な貴族たちには適用されない。彼らは十戒の適用を受けないのだ」（ドイツ、ドイツ人[254]）

人々は人生の不公平な事実として、不平等を経験してきた。もしわれわれが皆、祖先の同じペアの子孫ならば、存在する富、権力、技術、身分、特権は、幸運であれ悪運であれ、特徴的な起源、あるいは最初の祖先が犯した間違った行いに起因しているに違いない。

人は特権を決してそう簡単には手放さない。自分のための不快な仕事を他人にさせてきた者は、現状維持を望む。ある一族、階級、人種もしくは性に属する者にとってそれが意味するものは、その人自身のあるいは他の人々の起源神話を通じて思い知らされる。最初の祖先が幸運だったか不運だったか、従順だったか怠け者だったか、謙虚だったか強欲だったか。そして彼もしくは彼女は間違った選択をしたか、あるいは始まりのときの物語で致命的な行動をとったか。起源神話のメッセージは、今生きている一族、カースト、階級、人種、性にどの程度までその痕跡を残しているのだろう。彼らはまだ宿命のせいで貧困や依存や服従という処分を受けていると感じているのだろうか。もちろん答えられない疑問だが、物語があまりにたびたび同じことばかり繰り返すなら、人々はそれを信じるようになるだろう。

第二部　男性と女性

第六章　製作時の男と女

男女の違いはどうやってできたか

ヒネグバは土を取り、それで男を作った。彼はさらに土を取り、それで女を作った。男は肉体的に女よりも強かったが、それは土から人間をつくることによって大地の力が弱まるので、最初に作られた男のほうが強かったのだ。（ナイジェリア、クウォット族[255]）

天神は家禽の肉と骨からまず一〇人の男を作り、そのあとで一〇人の女を作ることに決めた。女を作るのに取り掛かったとたん材料が尽き、彼は代わりに粘土を持ってこなければならなかった。その結果できあがった女は力がなく、労働させるにはあまりに弱過ぎた。天神はそれで彼女たちの体に力を注入した。しかし今度はあまりにも強くなり過ぎて、男がかなわなくなった。これではまずいと考えた天神は女たちの力を半分にした。（中国、オロチョン族[256]）

アダムの寂しさを知った神は、塵で最初の女リリスを作った。しかし、神は純粋な塵でなく汚物と沈殿物を代わりに使った。（ユダヤ教外典[257]）

クウォット族とオロチョン族は互いにはるか離れた場所で暮らしており、この物語が生まれた頃には互いに接点はなかったのに、どちらの物語も、男性の創造者が最高品質の材料を使って先に男を作っている。アダムとリリスが登場するユダヤ教外典は、さらに別の地域で生まれている。神はアダムには注意深く選んだ純粋な塵を使ったのに、最初の女を作る際には汚い材料を使った。男女両方に同じ材料を使わなかった理由はここには書かれていない。リリスはアダムと生きていくことに耐え切れず去っていく。彼女は空気の精霊か悪魔になった。三つの話すべてにおいて、女を作る段階で問題が生じる。これは偶然だろうか。

さらに、三つの神話すべてにおいて、神は女を男よりもあとに作っている。他の多くの神話でも、「誰が最初に登場するか」という問いに対する答えは同じだ。男である。そして二番目の人間は普通は女だ。この登場の順序はヒエラルキーを暗示しているのだろうか。明らかに偶然の一致だと、ひとはまず考えるだろう。しかし一致していることはほかにもたくさんある。神が完全な最初の男を作ったのち、男の体からとった小さな部分を使って最初の女を作るのにとりかかる、という神話がある。男からとる部分はあばら骨もしくは足の親指、あるいは男の影などだ。あるいは女が最初の男の脚からたまたま切り取られたという場合もある。またはいくつかの文化に見られるように、創造者自らが最初の男を作り、それから最初の男に最初の女を妻として作らせる話もある。

なぜ創造者は、バシキール族の物語にあるように、最初の男を右手に持った材料で作り、最初の女を左手に持った材料で作ったのだろう。もし最初の女が最初に作られた男の余り物で作られていたら（たとえばカランガ族やギリシャ人）どう考えればいいのか。あるいはもし最初の女性が最初に作られたふたりの男のうちのひとりの遺体から作られたのだったら（サモア）[258]？　女は男に比べて劣ったものでなければならないかのように見える。

　これまでのところ、われわれは性差についてあまり注意を払ってこなかったが、始まりに関する多くの物語は、性の起源や、人の性別の重要性に非常にこだわっている。

　実際には、妊娠、出産、育児は紛れもなく女性の仕事だが、それに先行する受精、受胎、胚の成長という身体的プロセスは暗い子宮の中で起こる。こういった神秘はさまざまな推測をうむ。男は出産の過程における自分たちの役割と立場に不安を覚えるに違いない。彼らはあれこれ思うに違いない。そもそも自分は生殖に貢献しているのだろうか。そしてもしそうなら、自分の貢献はどういったことから成っているのだろうか。人々はそういった疑問に対する驚くべき答えを思いついた。

　ほとんどの文化において、男の名、言葉、役割、活動は、女のものよりもはるかに目立った扱いを受ける。そしてそれは今日でも変わらない。同じことが人類の始まりに関するほとんどの物語にあてはまる。人間の歴史をほとんど構築してきた世界的宗教は、天界は女が男に従うことを求めたと示唆している。女は神にあまり似ていないし、霊的でもなく、自分たちよりも不浄だと主張して、男は月経その他のタブーから、女性の役割、振舞い、服装、仕事などに関する規定（むしろ制約）に至るまで、女の性的特質を支配するための宗教的制裁を考案した。いろいろな意味で、そしてほんの最近まで、そのような制限的な規則は多くの女性を公的生活と知的文化からうまく締め出してきた[259]。しかし世界的宗教とは無関係の小規模な文化においても、多くの神話が女性の居場所についての同様の方針を（いくつかは他に比べはるかに明白に）示唆している。なぜそれほどまでに世界的な規模で、そのような方法をとる必要があったのだろうか。

誰が誰を作ったのか

私は陰門が作られる前、子宮ができる前に誕生した。（古代エジプト人[260]）

女は娘を作るが、同様に男が息子を作ることはない。女性が生殖において男の子も女の子も出産できるという優位な立場にいることが、そもそも不均衡を生み出した。女性の体はどうやって自分の形と違うものを作り出すことができるのか。なぜ男の胎児は女性の体を通らざるを得ないのか。なぜ男は独力で男になることができないのか。[261]

女が男も女も産むという不公平によって、説明と補正が必要になった。起源神話の語り手は不均衡について思い悩み、自分なりの答えを導き出さねばならなかった。たとえばエジプトの神アトゥムは、女性の介入なしで、繁殖し分化した。彼は両性具有で男女の力を両方備えていると考えられた。そういった立場で、彼は男女の生殖の根源となるシュウとテフヌトを作り出した。右の引用句のなかで、古いコフィン・テキスト〔中王国時代のエジプトで棺に記された呪文の集成〕は、アトゥムが陰門と子宮ができる前に存在し、自慰を行ったということを強調している。[262]

インドネシアのンガジュ族の物語は美しく調和のとれた始まりを選び、最初の男女が二羽の雌雄のサイチョウによって作られる様子を物語っている。命の全体性を象徴する宇宙樹で、雄が最初の男を作り、雌が最初の女を作るのだ。[263] また、古代ギリシャには奇跡的に洪水を生き延びたふたりの人間、デウカリオンとピュラの感動的な物語がある。神託の助言を受けて肩越しに石を投げると、デウカリオンが投げた石は男になり、ピュラが投げた石は女になった。ようやく公平な行為がなされた、といったところだ。

ブラジルのタリアナ族の物語は不均衡な問題に異なる解決法を見出している。それを考案したのは女性の創造者である。彼女は自分で作った葉巻の煙と、人間をつくりたいという欲望とから、最初の男を作った。彼女はひとたび最初の男を作ると、この男が自分のために男の仲間を作れるようにし、彼女自身には女性を作る能力だけを残した。そして男にこう言って元気づけたのである。「あなたに力をあげましょう。あなたが世界に望むものは、何でも作ることができるでしょう」。この物語でも、さまざまな他の物語でも、女性のキャラクターは初めに神話的な大地の母としての優れた力を持っている。女の博愛心のおかげで、場合によっては男は出産にすら成功する。[264]

そのような男女のバランスをとる神話は貴重だが、非常にまれである。ほとんどの物語においては、男神がただちに最初の人間をつくっている。そしていくつかの物語では、この男神は最初の人間をひとりだけ作る。それは男で、最初の女を自分で作る力を持っている。マヌア諸島民の例を見てみよう。

人間世界が始まる前の孤独な神たちと同様に、この最初に作られた男は非常に孤独で、妻が欲しくてたまらなかったので、斧を取り森に入っていった。そこで彼は木を切り倒し、幹で女の像を作った。それから厳かに力強い言葉をかけた。「私の木よ、女になれ！」すると像に命が宿った。（パプアニューギニア、アドミラルティ島）[265]

アフリカ、ガボンのファン族の物語にも同様の物語がある。神ンザメがセクメという名の男を作り、彼にこう命じた。「木を使って自分で妻を作れ」。セクメが木で妻を作ると、彼女は歩くことができた。彼は妻をムボングウェと呼んだ。[266]

では、もしあなたが破壊的な洪水を生き延びた唯一の男だったら何をすべきだろう。この質問には多くの答えがあるが、エクアドルのムラト語の物語では、洪水の唯一の生き残りが自分の肉を切り取り、それを地面に植える。奇跡的にひとりの女がそこから生まれ、その結果、男は彼女と結婚して地上に人間を増やすことができた。[267] 起源神話では、夢が現実になり、秘密の望みがかなえられる。

創造者はふたりの男とひとりの女を作った。彼らはそれぞれ他者の存在を知らず、なんとなく地上を歩きまわっていた。最初の男はあまりにも寂しかったので、木で美しい女の像を彫った。二番目の男はたまたま通りかかってその像を見かけると、瞬く間に恋に落ちた。しかし、彼はその裸があまりに衝撃的だったので、像に服を着せ、花で覆った。

しばらくして、女がたまたま通りかかった。彼女も寂しさを感じていたので、像に命を与えてほしいと創造者に頼んだ。彼女は像のそばで眠り、翌朝目覚めたときには木像は生きている少女に変わっていた。ふたりの男はもちろん像を探しにきて、初めて女に会い、口論になった。ふたりの男はともに少女が自分のものだと主張したが、女は少女を男たちに引き渡すのを拒んだ。そこで創造者が仲裁に入って知恵を貸し、像を作った最初の男が少女の父親、彼女を家に連れ帰った女が母親、像に服を着せ、彼女に恋した男が少女の夫になることで問題は解決した。そしてこの二組の祖先のカップルから、すべての人間が生まれた。（マダガスカル）[268]

アメリカ先住民の蜘蛛女の物語は出現神話であり、大地が子宮だとする概念を強調している。人間はじゅうぶんに成長したら、そこから出現するというのだ。女性の創造の原理を反映しているそのような起源神話は、母系の文化に組み込まれている（最近ではしだいに珍しくなっている）[269]。前述した太陽神タワと大地の女神である蜘蛛女ののどかな物語では、創造はじゅうぶんに連携して行われ、あからさまな争いはない。人間が出現する大地を母親の子宮とみなす場合には、しばしば天、もしくは太陽神が彼女のパートナーとしてその過程に加わる。しかし手で、あるいは別な方法で作られた最初の人間たちは、おもに男神の創造の仕事として提示される。無から作り上げる創造者、あるいは職人、陶工、彫刻家などのように。この重要な活動における女性の関与は、制限されるか無視される。女性の作り手が最初の人間を形作る数少ない神話でも、彼女たちが人間に息もしくは魂、つまり命を与えることはほとんどない。

天の神ランギと大地の母パパの息子タネは妻と子供が欲しくなったが、自分の母パパのことしか考えられなかった。しかし彼女は息子に言った。「正直な話、自分の母親とは結婚できないんだよ。そうなったって、いいことなんかひとつもないからね」。それで彼は他の妻を何人か試してみた。タネが最初に結婚したのはムムハンゴという女で、彼女はすぐに妊娠した。タネは喜んだが、月が満ちてムムハンゴが産んだのはマキの木だった。タネが泣きながら母親のもとに帰ると、パパは山に住むヒネ・トゥ・ア・マウンガという女を勧めた。タネは山に登り、ヒネ・トゥ・ア・マウンガと結婚した。彼女も妊娠したが、産んだのは人間の子供ではなく、腐った水と山のトカゲだけだった。タネは母親のところに戻った。彼女は息子を不憫に思い、ランガホレという女のところに行ってみるよう助言した。しかしランガホレが産んだのは丸い石だった。そんなふうに次々と結婚していったが、タネの妻はひとりとして彼が欲しがる人間の子供を産まなかった。タネはがっかりして泣き、自分に似た子を持つことはできないのだと考えた。母親は彼を励ました。「祖先の『つぶやく大洋』を訪ねてごらん。そんなに簡単にあきらめてはだめだよ！」「祖先の大洋と結婚なんてできないよ」とタネは言った。「そうよ、そのとおり、結婚はできない。でも、彼のそばで自分で作る女とは結婚できるよ。砂をかき集めて、何が起こるか見てごらん」

今回もタネは母の勧めに従った。彼は「つぶやく大洋」のもとに行き、ハワイキと呼ばれる場所で浜に下りて海のすぐ際にしゃがみこんだ。そして両手で砂を集め、それを泥と混ぜて硬くした。まず頭、それから脚と腕と腹を作った。しばらくすると完全な女の像が彼の前に横たわっていた。タネは彼女を見て、それから体中を触ってみた。彼が彼女を作った張本人だったからだ。彼は女に服を着せ、彼女の上にかがみこんでキスをして、優しく彼女の口に息を吹き込んだ。じきにタネは彼女に目もくれず置き去りにした。そしてまっすぐ母親のところに行き、報告した。「女ができあがりました」。「引き返しなさい」パパは言った。「そうすればあなたが望むものがいます」。

タネが海岸に戻ると、女はまず座ってから立ち上がった。波が足を濡らし、彼女は震えながらあたりを見まわしていた。彼女はタネを見るやいなや笑い出した。彼は微笑みながら近づき、彼女に手を伸ばした。タネは彼女を作り、彼女は彼の妻になって子供たちを産んだ。そして三人目の子供は男で人間の子供だった。（ニュージーランド、マオリ族）[270]

少年たちはしばしば無邪気に「大きくなったら」自分の母親と結婚するのだと宣言する。そして母親は息子を永遠に抱きしめていたいと思い、彼の成長を妨げる。母親と息子はとくに互いに優しい愛情を抱きあっていると信じられており、若き神タネは愛する母親と結婚しようと思っていた。母親と息子の強い愛情は、このマオリ族の物語では否定されない。そしてすべての登場人物に指示を出す一番の助言者は母親だ。しかし、どの文化にも言えることだが、ある年齢になると、少年は母親の思いやりに満ちた手から離れねばならない。そしてその地で尊敬される大人の男に従って、一人前の男になる方法を学ばねばならない。幸運なことに、タネの母親は際限ない母親の愛情で息苦しくさせることもなく、息子が自分から離れていかねばならないことを承知している。

別伝では、「受精させる者」と呼ばれるタネが、母なる大地から人間の像を作り上げる。それは、彼の母親の体なのだ。彼は、われわれがあからさまに言われているように、彼女のヴェネリス山

［「ヴィーナスの山」＝恥丘］に向かう。彼の次の仕事はその像に命、すなわち「人間の」命を与えることだ。その手順は複雑である。

太陽の光が母なる大地を受胎させたら、魂と命の息の両方を、命のない生き物に注入しなければならない。タネが息を像に吹きかけると、そのあたたかさに反応した像が命を吸い込んだ。かすかな命の吐息が生気を示す。「大地が乙女を形作った」という意味のヒネ・アフ・オネはくしゃみをし、目を開き、立ち上がる。最初の女だ。[271]

この新たに作られた人間は、彼女の夫の母親の体から生まれている。夫の願望によって新たに作り上げられた妻である。男はこれ以上の何を望むことができようか？

不均衡なバランスを整える

創造神キットゥングには娘がひとりいて、彼女をいつも肩に乗せ、どこにでも一緒に連れて行った。娘は徐々に成長していったが、父親はそれでも彼女を肩に乗せて運んだ。娘は夫を待ち焦がれるようになった。ある日、キットゥングが寝ている間に、少女は彼の肩から降り、土を集めて唾で湿らせた。彼女はそれからは顔と手足のついた父親の像を作った。臓器や必要なものがすべて整ったときに、父親が入ってきた。彼は娘が作ったものを見るやいなや、彼女が何を求めているかを知り、命を与えるのを手伝った。彼は自分の舌を切り、数滴の血を像の口の中に垂らした。それから如才なくその場から去った。像は命を得て起き上がった。

「なぜおまえは私を作ったのだ？」

「夫が欲しかったからよ」

ふたりは夫婦になり、彼らから人類が生まれた。（インド、サオラ族[272]）

手仕事を終えたら、彼女は最後のもっとも重要な仕上げを自分より上位にいる父親に任せねばらない。彼は土や木、あるいは他の材料で作った人間の像に命を与える。明らかに命のない生き物は、男神から絶対に必要な何かを受け取らねばならない。それは言葉だったり触れることだったり、血や息や羽ばたきや、影を落とすことだったりする。

ジンバブエのカランガ族の神話は、命を与える力を男神が独占していることについて非常に率直に述べている。至高神ムワリは多くの創造の仕事を実行する。しかし彼が作った命のないまま横たわっている動物を見て、母なる大地はどうしたらよいかとまどう。

「どうすれば動物に命が宿るだろうか？」大地は尋ねた。

ムワリは答えた。「命を与える力をおまえに授けただろう」

しかし大地は言った。「私の力は植物と木にだけしか使えない」

それでムワリが自分の影を送ると、それは命のない像の上に雨雲のように広がり、その瞬間、動物たちに命が宿った。

ヒエラルキーは明らかだ。大地の命を与える能力は、動物たちには使えない。一方、ムワリ自身は苦もなく彼らに命を与えている。ここまではまあ順調なのだが、ムワリはもっと大きな野望を心に秘めていた。地上と動物を支配する者の創造だ。ムワリ自身に代わる者を作って、彼は創造が完了したのち、地上から引き上げたいと考えていたのだ。

彼は大地の腹から粘土と水をとり、ふたつの命のない像を形作った。ふたつの生き物は彼に似ており、彼は吐息をついて彼らの上に影を落とした。だから人間には影がふたつあるのに、動物にはひとつしかないのだ。ムワリによって命をもたらされた男は、世界を支配し、すべての生き物に名前を与えるよう、創造者から命じられた。[273]

大地は命を与える力を持っていないと自ら認めているが、そのことでなぜムワリが人間を形作った際に（命をもたらすことは言うまでもなく）、彼女に協力を求めすらしなかったかの説明がつく。命を与える大地の能力は、植物の芽吹きに限定されていたらしい。

興味深いことに、チュクチ族のワタリガラスの神話は、直接創造（生殖）の不均衡について触れている。ワタリガラスは物事のまさに始まりのときに、自発的に出現したと言われている。彼の妻がどのように作られたかについて物語は触れていないが、彼女はそこにいて、まもなくもっと重要な役割を果たすことになる。

シベリア北東部に住むチュクチ族にはワタリガラス、すなわち「自らを作り出した者」についての神話群が伝わっている。

始まりのとき、ワタリガラスとその妻は自分たちのいる陸地がとても小さく、そこで生きていくのが難しいことに気づいた。周囲には人間も、他のいかなる生き物もおらず、ワタリガラスの妻は不愉快な生活につくづく嫌気がさしたので、夫に大地を作ってほしいとねだった。しかし妻に強くせがまれたものの、ワタリガラスは自分にはできないと感じていた。そこで彼女は自分の退屈を何とかしようと決めた。妻が寝に行くとワタリガラスは彼女を観察し、何をたくらんでいるのかと考えた。彼が見ているとしだいに妻の腹は膨らんでいき、眠っている間に子を作ることによって、彼女は自分の問題を解決した。

彼女は苦もなく、ふたつのよく似た生き物を産んだ。羽のない双子で、彼らは父親とその羽、彼の耳障りな声がおかしくて陽気に笑い転げたため、しまいには母親が父親にあまりにも無礼な態度をとってはならないと注意した。ワタリガラスの妻はふたりの息子を作り上げたあと、不思議なくらい満足したように見えた。彼女は息子たちを「人間」と呼んだ。しかし、妻の出産によってあまりに不安になったワタリガラスは、自分も何かを作りたい衝動にかられた。彼は「慈悲深き者たち」、つまり夜明け、日没、夕方など、常にそこにいるものたちのところに飛んでいき、自分が何を作ればよいか考えるのを手伝ってほしいと頼んだが、彼らは黙ったままで、なんの助言もしてくれなかった。彼は飛び続け、天と地が出会う場所にやってきた。そこには天幕があり、中には奇妙な顔つきをした男たちが大勢いて、なん

日、あなたの身に降りかかるかもしれない！

イバークライム　悪意のファネル

一田和樹

ネット上の悪意を集めて凝縮させる「殺人販売サイト」ギデス。そして、その背後にある巨大な「悪意 のファネル」の存在……。どんなネットセキュリティのガイドよりも役に立つ、「リアルしばり」の本格サイバーセキュリティ小説。

四六判・1680円

ISBN978-4-562-04890-8

格「ファイティング」ミステリの傑作誕生！

ガチ！　少女と椿とベアナックル

伯方雪日

プロレスの試合後に急死した父と少女連続殺人事件。この事件で父親と友人を失った美少女つくしは、やがて両者が無関係でないことに気づき、ガチで真相を暴きにいく。本格「ファイティング」ミステリの傑作誕生！

四六判・1680円

ISBN978-4-562-04889-2

は舞台だ

ディズニーの隣の風景　オンステージ化する日本

円堂都司昭

テーマパーク、B−1グランプリ、ご当地アイドル、YOSAKOI、聖地巡礼、街コン……。“地域”と“場所”の意味が変質している今、何が起こっているのか。「まちおこし」「まちづくり」の様々な事象を、豊富な事例とともに「オンステージ化」というキーワードで読み解いた快作。

四六判・1890円　ISBN978-4-562-04886-1

0年の偉業に限りないリスペクトをこめて

ジャニ研！　ジャニーズ文化論

大谷能生／速水健朗／矢野利裕

『Endless SHOCK』の階段落ちと不思議な衣装の理由は⁉キムタクは団塊ジュニアのロールモデル⁉櫻井君がコンサートで「叫べー！」と煽る、その元ネタは？ etc. ジャニーズ事務所から繰り出されるミラクルな文化の歴史、意味、元ネタ、社会への影響を、SMAP・嵐世代の批評家たちが徹底考察！

各紙誌で話題！　**四六判・1680円**　ISBN978-4-562-04881-6

明治日本・地図誕生の記

地図をつくった男たち 明治の地図の物語

山岡光治

明治時代、すべての基本である「地図づくり」は急務だった。明治維新前夜から陸地測量部（国土地理院の前身）の図測量本格化までの歴史と、近代地図作製に心血を注いだ技術者達の活躍を描いた、「知られざる地図の物語」。

四六判・2100

ISBN978-4-562-0487

三足烏とは何か？　太陽の表象の歴史をさぐる

熊野 八咫烏

山本殖生

神武天皇の東征を道案内した八咫烏は、熊野では神のいであり、現在は日本サッカー協会の表象として広く知れている。「古事記」「日本書紀」より語られる、そのルツを三足烏の霊性に焦点をあて、長年、熊野で研究をける著者が数々の文献から掘り起こした伝承の八咫烏を探索する。　**四六判・3360 円**　ISBN978-4-562-04867

海と水軍を通して見た日本史

水軍の日本史 上・古代から源平合戦まで 下・蒙古襲来から朝鮮出兵ま

佐藤和夫

古代から朝鮮出兵まで、それぞれの時代の政治の動き重要な役割を演じてきた「水軍」に焦点をあて、そのダナミックな活躍ぶりと知られざる歴史の全容を生き生き描く歴史ファン待望の好著。写真 82 点、地図 15 点収載

四六判・各 3360

ISBN 上 978-4-562-04790-1　下 978-4-562-0479

超特急列車誕生の記録

満鉄特急「あじあ」の誕生

開発前夜から終焉までの全貌

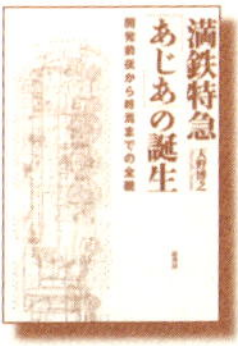

天野博之

昭和9年から 18 年…満洲の広野を駆け抜け、8年4か月消え去った幻の超特急あじあ号とは何だったのか。当時界一流の列車をつくりあげた技術者達の活躍、巨大企業鉄の真の姿他、「あじあ」と満鉄の知られざる歴史秘話。

四六判・2625 円　ISBN978-4-562-04847

となく時を過ごしていた。彼らは天と地がこすれあってできた塵から作り出された人間だった。彼らは暮らしていくのに必要な土地もないため、自分たちの運命を全うすることができなかった。ワタリガラスに何か打つ手立てがあっただろうか。そして実際、これは妻に大地を作ってほしいとせがまれてからずっと、ワタリガラスが考えてきたことだった。

「私は自分で自分を作ったんだ」。彼は自信満々で思い出すと、すぐに大量の便と尿を排泄して世界を作り出した。体を酷使してへとへとになりながら、ワタリガラスは山、谷、川、大洋、湖を作った。彼は男たちを新たな大地に置いた。しかし男たちは気づいていなかったが、まだ女がいなかった。そこに現れて女を作ったのは「小さな蜘蛛女」だった。男たちはこの新しい生き物に魅了されたが、彼女たちをどう扱ったらよいのかわからなかった。（ロシア連邦、シベリア、チュクチ族）[274]

ワタリガラスの妻は、彼女が止めるまで自分の父親を笑い者にする男の双子を産んだだけだった。ワタリガラスは、彼女の強い創造・出産力とつりあいをとるため、秤の自分の方にとてつもない重さを載せた。ワタリガラスの妻の行動と彼の行動、つまり妻の独創的な妊娠（ワタリガラスがいかなる形でも関与せずに）と、彼が自分の消化管から広い大地を作り出したこととの間には、著しい類似点がみられる。

母系の文化から生まれたいくつかの物語を除いて、神話の大多数は、人間の始まりを女性の創造者に委ねることをむしろ避けている。ここで最後に、女神が配偶者の神よりもうまくやった、例外ともいうべき話を挙げておこう。

遠い昔、トゥグライとトゥグリボンしかいなかったとき、偉大な存在であるふたりは世界を作った。ある日、トゥグライはトゥグリボンに言った。「妻よ、ことによると、世界に人間がいたらもっとよいのではないだろうか」。

「たしかに、ずっといいでしょう」トゥグリボンは答えた。「私たちが作った新たな美しい世界を楽しむ人間が必要だわ」

そこでトゥグライはコーンミールを湿らせ、二体の人間の像をこしらえた。彼は像をうろこで覆い、彼らに命を与えたが、骨に関節を作るのを忘れていた。こわばった腕と脚を持ち、無表情な顔つきをした彼らは、しょっちゅうよろめいて地面に倒れた。さらに、彼らは指がこわばっているため何も持つことができなかった。それに彼らの目は小さ過ぎ、耳は半分隠れていて、鼻もほとんど判別できなかった。実際、彼らは体中鱗に覆われていたので、人間というよりは爬虫類のように見えた。

トゥグリボンにとってこれは満足できる仕上がりではなかった。「もう一度やってみたほうがいいわ」と彼女は言った。しかしトゥグライはこれでじゅうぶんだと思った。トゥグリボンは彼らを見るたびにどんどん嫌いになった。「こんな醜い生き物でいっぱいの世界を想像してごらんなさい」と彼女は言った。トゥグライは彼らを変えるのを拒否し、それで話は打ち切られた。トゥグリボンはこの件についてもう何も言わなかったが、形の悪い生き物に非常に不安を感じたので、やけになって一握りのコーンミールを夫の目に投げつけ、彼女がこれからやることが見えないようにした。

急いで彼女は湿らせたコーンミールの残りを使って、骨に関節があり、見るための輝く目と、食べたり話したりするための口と、聞くための耳と、嗅ぐためのもっと大きな鼻を持つ人間の像を作った。彼らは触覚のある滑らかな皮膚を持ち、鱗がついているのは手足の先だけだった。彼女は彼らひとりひとりに愛するための大きな心を与え、命を吹き込んだ。それから彼女は彼らを立たせた。彼らは美しかった。

　仕事が終わると、トゥグリボンは夫の目からコーンミールを洗い流した。彼は妻のしたことにたいそう腹を立てたが、できあがった男女を見ると、彼らが自分の作品よりも実に見栄えがよいことを喜んで認めた。「よし、この者たちとその子供たちに世界を治めさせよう」と彼は言った。その最初の男女が今地上で暮らしている人間の祖先となった。そして鱗に覆われた生き物の消息は途絶えた。（フィリピン、ミンダナオ島、バゴボ族）[275]

始まりの物語は、女性のたいへんな出産を埋め合わせるために、それに匹敵する、あるいはずっと立派な男の業績を作り出したように思われる。これは男神にも人間の男にも同様にあてはまる。人間の起源という謎への手がかりを持つのは誰なのか。この答えることのできない質問が悲しむべき競合をもたらしたように思われる。そして華々しい「誕生させる者」としての女性の地位は、人生の他のほとんどの領域において、著しく不利な地位をもたらしているのだ。

第七章　片割れ

「老いた男」ナピオアはアメリカ先住民の創造者で、大地を作った。それから、まず女をひとり、それから数人の女を作ったあと、数人の男を作った。しばらくの間、男たちは女たちとは別の場所で一緒に暮らしていた。彼らは初めて女を見たとき、驚いて少々おびえた。ナピオアは女をひとりずつ娶るよう男たちに言ったが、彼らは怖気づいた。それでもナピオアに勧められ、とうとう各人が妻を持つことになった。（カナダ、ブラックフット族[276]）

アラブの格言によると「子孫を持つ者は滅びることがない」し、モンゴルには「ふたりいれば一〇人を生み出すことができる」という楽観的な考え方がある。子孫を残すのはどの世代の人間にも必要なことだが、空っぽの地上に住んでいた始まりのときの人間にも、これは非常に切実な問題だった。手順について言うならば子作りは単純な作業だが、現実の生活と同じく創造神話では事態は何かと複雑になりがちだ。

本書ではこれまで、人間をつくる孤独な神々を何人か見てきた。普通は最初に男を作り、それからその男のために妻を作る。または、孤独な最初の男が、男神に勧められて自分で妻を形作る。最初の人間が男であれば、二番目の人間はたいてい女だ。しかし、ふたり目も男だったらどうなるだろう。

あるいは、もし世界に男しかいないとしたら？　最初の男たちは、女のいない生活をどんなふうに感じるだろうか。

　これとは逆に、始まりのときに女しかいないとしたら、彼女たちはどうするだろう。男がいなくてもじゅうぶん幸せだろうか。それともやはり、何か物足りなく感じるのだろうか。自分の片割れがいないという切迫した問題に、繁殖という観点から男女はどう対処するのだろう。イヌイットの老人の言葉を借りれば、「始まりはどこで起こったのか。最初の人間はどこから来たのか。この問題は理解しにくく、話すのも難しい」[277]

最初に女がいなかった場合

　はるか昔のこと、地上にはふたりの男しかいなかった。彼らは蜂蜜を食べて暮らしていた。男のひとりが木に登った。ミツバチが木の上に巣を作っていたので、男は斧を使って木の内側から蜂蜜を採ろうとしたのだ。ふとしたことで斧の鋭い刃が落ち、木の下で仰向けに寝ていたもうひとりの男に当たった。斧は男のペニスを切断した。そのために傷ができて、女のように出血した。

　木の上の男は、降りてきて尋ねた。「どうしたのだ」

「斧で切られた」

　それからふたりは一緒に寝て、女の子が生まれた。もう一度一緒に寝ると、今度は男の子が生まれた。世界の人間はこのふたりの男の子孫である。その日以来、最初の女と同じように、女たちはそこから出

血するようになった。（タンザニア、サラモ族）[278]

サラモ族はかなり劇的な事故を引き起こして、男しかいないという状況を解決した。怪我を負った男は、そのまま最初の女になる。ついでにこの事故は、月経の由来を説明する役割も果たしているが、一番重要なのは、ペニスを失うという痛みを伴う経験が言わば打開策になって、元は男だった者が出産する能力を持った点だ。

イヌイットのネットシリック族は、これとは別の解決策を見つけた。彼らによれば、世界的な惨事のあと、地上にはふたりの男しか残らず、新たな世界の始まりは彼らにかかっていた。ほかに誰もいないので、ふたりが結婚してどちらかが妊娠し出産しなければならない。幸いにも、彼らには特殊な力が備わっていた。ふたりはとても偉大なシャーマンだったので、妊娠した男の性器を妊婦に合う形にする（つまり「作り変える」）ことができた。こうして彼は女になり、この女が子供を産んだ。[279]

体の改造について詳細は述べられていない。サラモ族の「事故」についても同じことが言える。どちらのケースでも、重要なのは、変身が成功して子孫が残せたというメッセージだ。さらにどちらの場合も、まずは男が女になる必要があり、男性の妊娠が疑問視されることはない。もっとも、こうしたイヌイットの物語はカナダ北部の近隣の部族にもみられる。その中でも、ウネレクという年老いたシャーマンが語るこの話の異伝は、なかなか興味深い。

昔々、世界は完全に分断され、激しい雨が天から降り注いだ。生き物はすべて死に絶え、大地そのものすら破壊された。その後、ふたりの男が小高い丘から生まれ、すっかり成長して地面から出てきた。ふたりは夫婦となって一緒に暮らし、やがて片方が妊娠した。すると夫であるほうの男が魔法の歌を歌った。

人はここにいる
ペニスはここ
ペニスの口が大きく
広がりますように
開け、開け、開け！

魔力のある儀式の歌を歌うと、男のペニスは大きな音を立てて裂けた。彼は女になって子供を産み、この三人が人間の祖となった。（カナダ北部、イグルリック族）[280]

サラモ族やイヌイットと同じく、ブラジル東部のシェレンテ族にも男だけの創世神話がある。ここでも、男たちは女性抜きで子孫を増やすという問題に対処しなければならなかった。

ふたりの男が交わり、その結果、片方が妊娠した。けれども彼は出産できず、分娩中に死んだ。ある日、何人かの男が水に映る女を見た。彼女がどこから来たのか、誰も知らない。女は水辺の高い木の枝に座っていた。男たちは水に映った姿を本物だと思い、興奮して必死になって捕まえようとした。二日間頑張ったが、どうしてもつかめない。とうとう、ひとりの男がたまたま上を見て、女が木の天辺にいるのを見つけた。男たちは女を木から降ろし、自分のものにしようと互いに争った。ついには、女を殺して細かく切り刻んだ。男たちはそれぞれ断片を選んで葉に包み、家に持ち帰ると、草で編んだ壁に押し込んだ。それから皆、狩りに出かけた。家に戻ってみると、肉片はすべて女になっており、それでどの男も妻を持つことができた。（ブラジル、シェレンテ族[281]）

こうした物語をどのように考えるべきだろうか。サラモ族とイヌイットの話では、最初にいたふたりの男の片方が肉体を変化させて女になり、その結果、ようやく子供を持つことができた。シェレンテ族の神話ではふたりの男はどちらも女に変わらないので、妊娠した男は出産できず、悲惨な死を遂げる。この物語は第一に、男の妊娠は可能だが出産は不可能だと示唆している。クース族のある物語では、最初にいた男の片方が妊娠するものの、出産は無理だと判明する。語り手は落胆して嘆く。「われわれはどうなるのだろう。女が必要なのに」[282]。シェレンテ族の神話では、男は子孫を残すという問題を解決できないが、女は生命を与える力を無限に持つように思える。謎めいた女の死んだ肉体でさえ、生命力にあふれているのだから。

始まりのときでさえ、男だけの社会で子供を作ることが円滑にいかないのは明らかだ。出産は女に頼らざるをえないように思われる。とはいえ例外がないわけではない。本書ではすでに、男神が頭、足、腋を誕生の出口として使った例を見てきた。最初のふたりの男の片方が生殖器を「作り変え」なくても、この問題をうまく解決するまれなケースも存在する。

神はヤミ族の平らな土地を見て言った。「これはよい島だ」。神は現在のイパプトク村がある場所に大きな石を落とした。はじけた石から人間が生まれた。生まれた男は、そこに生えていたパプトクという野菜を食べ、それから浜辺に歩いて行った。すると突然、海からそう遠くないところに竹がひょっこり現れ、裂けると人間が生まれた。海へと下っていった石の息子と、陸へと上がって泣いていた竹の息子は出会った。

「僕たちは何者だろう」、ひとりが尋ねた。

「僕たちは人間だ」、もうひとりが答えた。

竹の息子はある道を進んで銀を見つけた。石の息子は別の道を進んで鉄を見つけた。ふたりは元の場所に戻って暮らした。彼らのペニスは非常に長くて、膝につながっていた。膝は膨れて痒くなり、しばらくすると出産が始まった。竹の息子の右膝から男の子が、左膝から女の子が出てきた。石の息子の右膝から男の子、左膝から女の子が出てきた。子供たちは成長して夫婦になった。（台湾、ヤミ族）[283]

この物語では、とくに問題は生じない。膝関節のくぼみは女性の子宮の立派な代用品だが、最初の男たちがこれを利用することはまれだ。出産できる女がいなければ、神話はしばしば男を「転用」する方法を探るか、驚くような方法で孤独な男たちのために女を作り出す。

始まりのとき、アンベルに女はおらず、男しかいなかった。彼らは皆狩りに出かけた。ひとりの男がラム谷の平野に行ったところ、老女がひとりきりで住んでいた。アンベルから来た男は、この老女に気づいた。彼女はやさしく言った。「いらっしゃい」

「やあ。獲物を探していたら、あんたがいた」

「よく来たね。お腹がすいているだろう」

「いや、おばさん、腹はへってないよ。出かける前に食べてきたから」。男は腰を下ろし、煙草を巻いてしばらく吸った。

老女は男がかわいそうになった。「自分で料理するのかい。あんたたちのところには女はいないのか」

「ああ、女はひとりもいない」

老女はアンベルから来た男を気の毒に思った。しばらくして彼女は言った。「そうだ、ココナッツをひとつ採っておいで。だけど上から落とさないように。木から降りるまで注意して抱えているんだよ」。男はココナツの木に登り、実をひとつもいだ。それからその実をしっかり持って降りてきた。

男がもいできたココナッツを見せると、老女は言った。「ここで食べてはいけない。家に帰ってから食べなさい」。男はココナッツを手にとってもう一度眺め、下に置いた。「水浴びをしに行くところだけれど」

「持っていけばいい」

男はココナッツを持って小川に行き、そっと地面に置いた。それから、身につけた飾りと下帯をはずし、ココナッツの横に置いた。男が川で水浴びをしている間に、ココナッツは女の姿に変わった。女は美しい飾りをつけ、腰にスカートをつけていた。そして、男の手提げ袋と下帯を手にして、男が出てくるのを待っていた。

水浴びから戻った男は、女がいるのでひどく驚いた。「あんたは誰だ。ここに来てくれと頼んだ覚えはないぞ。一緒にいるところをあんたの亭主に見つかったら、殺されちまう！」

女は静かに答えた。「私に夫はいません。結婚していないから、あなたについてきたのです」

それで、男は女を自分が住むアンベルに連れ帰った。到着したときには日がとっぷりと暮れており、男は女を家に隠した。ふたりはその夜家に泊まり、朝になると女は家の中で食事を作った。支度ができると、女は料理を皿に盛り、夫の元に運んだ。村の男たちが女を見かけ、なかには驚いて震える者もいた。

「この女をどこで手に入れたんだ」

「見つけた」

「まさか」

「だけど、見つけたんだ。あいつには亭主がいないんだ」

ある日、やはり妻が欲しいと思っていた別の男が森で道に迷い、例の老女に出会った。彼女は声をかけた。「いらっしゃい」。「やあ、おばさん。あんたを訪ねてきたんだ」

しばらくしゃべっていると、老女が言った。「このココナツヤシに登って、よさそうな実をふたつもいでくれないかい」。男は木に登って青い実をふたつもいで降りてきた。

すると老女は言った。「さあて、気をつけないと。家に帰るまで皮をむいてはいけないよ」

男は青いココナツを持ち帰ったが、途中でココナツの実を置いて水浴びをした。その間にココナツはふたりの女に変わった。水浴びを済ませた男は、女がふたり立っているのに気づいた。男は驚いて声をかけた。「おい、あんたたち！　ここで何をしている。誰についてきたんだ？」

「あなたについてきたんです。私たちはあなたの妻です」

男は口ごもった。「ついて来いなんて言ってないぞ」

「ええ、私たちが勝手についてきたんです」とふたりの女は言い張った。「ふたりとも結婚していないし、あなたを愛しています」

そこで男はふたりをアンベルに連れて帰ることにした。村の男たちは若い女を見ると、誰もが老女に会いたがった。彼女はどの男にも、実は自分の娘であるココナツを与えた。ココナツの実はひとりでに姿を変え、それまで女がいなかったアンベルの男たちの妻になった。（パプアニューギニア、マンダング、トク・ピシン語）[284]

これがココナツの一族の由来を語る神話だ。ここには老女がどこから来たのかも、どうやって娘たちを手に入れたかも語られていない。男たちがどうやって生まれたかも語られていない。彼らはただ、そこにいたのだ。ひとりずまいの老女はやさしい地母神のような存在で、深い同情から、ココナツの娘たちを妻のいない男たちに与え始める。

アンベルの村には「驚いて震える」者もいたものの、男たちは最初の女が現れても平和的に対応し、シェレンテ族の神話のような暴力沙汰は起こさない。この違いをどう説明すべきだろうか。シェレンテ族は厳しい環境で暮らしているせいで、食べ物が容易に手に入る穏やかな環境に住むマンダングの人々よりも攻撃的になるのかもしれない。[285]

男だけの起源神話では、ほとんどの場合、男たちは確実に子供を得るために女を必要とする。では、女しかいない場合はどうだろう。

最初に男がいなかった場合

世界には女しかいなかった。彼女たちは仲よく平穏に暮らしていたが、不運なことにある日、大地の神オバッシ・ンシがまったくの偶然で、誤ってひとりの女を殺してしまった。畑仕事をしていたオバッシ・ンシが女に気づかずに振り上げた鍬が、当たってしまったのだ。悲しい知らせを聞いた女たちは集まって、仲間の死を嘆いた。女たちはオバッシ・ンシに訴えた。「神様、私たちを殺すのなら、ひとりずつゆっくり殺すのではなく、一度に皆殺しにしてください」。けれども、オバッシ・ンシにそのような意図はまったくない。それどころか、自分が起こした悲劇を申し訳なく思い、誤って殺された仲間を悼む女たちに、償いをしたいと考えた。そこで彼は、自分の持ち物の中から好きなものを何でもあげよう、と申し出た。

オバッシが持っていたものは何かって？　彼はひとつずつ数え上げていった。果物、家禽、獣。けれども、こうしたものの名前を聞くたびに女たちは大声で答えた。「いらない！」と。とうとう最後のひとつになった。「それでは、男はどうだ？」とオバッシ・ンシはいくぶん怪しみながら尋ねた。「それがいい！」と女たちは喜んで声を上げた。神がくれる贈り物の事を思って、女たちは互いに抱き合い、小躍りして喜んだ。

女たちは仲間を失った代償に男をもらうことにした。こうして男は女の僕になり、今日まで女のために働かねばならなくなった。女は結婚すると夫の保護下に入るが、妻は夫を所有していて、好きなことを言いつけることができるし、自分のしてほしいことを夫がしてくれるものと期待できる。（ナイジェリア、エコイ族）[286]

女たちの反応から、彼女たちが男のいない生活よりも男がいるほうが楽しい、と考えていることがわかる。この物語では、子供は問題になっていない。オバッシ・ンシが男を与えるまで、彼女たちが子供の心配をしていたかどうかもわからない。しかしエコイ族の物語は、女性の立場が強いことを表している。大地の神オバッシ・ンシはここでは男性として登場するが、元々は大地の女神だったことを忘れてはならない。

始まりのときに男がいなかったという話は多く、なかには悪夢のような物語もある。ひとりの男あるいは少年が、執りつかれたような女の大群に襲われるのだ。女たちは性欲か子供欲しさ、またはその両方の欲望にかられて、死に物狂いで追いかけてくる。

始まりのとき、地上には女ばかりが住んでいて、男はまだいなかった。ある日、ひとりの女が釣りに出かけて人間の目を捕まえ、それを籠に入れた。家に帰って籠を開けると、目は男に変わっていた。ほかの女たちが集まってきて、皆、男を食べたがった。とうとう男は逃げ出したが、女たちは追いかけてきた。男は必死になって走りながら、バナナの茎を切り倒して道をふさぎ、女たちに追いつかれないようにした。けれども、あきらめない女がひとりいた。この女は誰よりも強くて、とうとう男に追いつくと彼を夫にした。世界の人間はすべてこのふたりから生まれた。（インド北東部、モクルム族）[287]

女人国の物語は昔から世界各地に伝わっている。古代ギリシャでは、ヘロドトスがギリシャ人に捕らえられたアマゾーンの話をしているし、ディオドロスは遠いリビヤに女が支配する民がいると述べている。中世になると、こうした話はますます多く見られるようになった。アラブの地理学者は、西の海のかなたに男の支配を受けない島があると書いている。

　そうした神話では、妊娠にまつわる数々の奇跡が起こる。ドイツの著名な年代記編者であるブレーメンのアダムは、ケルト海の海沿いに女だけの共同体があると述べている。彼女たちは魔法の酒を飲むか、あるいは怪物と交わることによって妊娠するのだという。十七世紀の中国の年代記にも、男のいない国が登場する。そこでは女たちが裸体を南風にさらすことによって妊娠する。アメリカ先住民の原初の妊娠神話でもそうだったが、神話に出てくる風は受胎させる力を持っている。同様の話は、台湾の少数民族、メンタウェイ諸島、パプアニューギニア、ポリネシアにも伝わっている。南アジアや東南アジアの小規模な文化には、女人国の物語がとくに数多く見られる。

　アッサム地方のアンガミ族、ナガ族その他の部族は、女だけの社会に住む者たちの残虐行為について語っている。彼女たちの土地に入ろうとした男は、弓矢で追い払われるという。あるいは、いくつかの物語によれば、気の強い女たちは男を自分のものにするために、男の体をずたずたにする。そればかりか、こういった女たちは男の子を育てようとしない。男の子が生まれると熱湯に入れて殺すが、ひとりだけは生かしておく。これは子孫を残すためだろうか。[288]

　体の構造上、これまで男だけの物語で見てきたような出産にかかわる問題は女たちにはない。体を変化させる必要がないのだ。女の肉体は妊娠するようにできているのだから。女人国の物語では、女たちが受胎する奇跡を起こせばいいだけである。どうすれば男なしでそうした奇跡を起こせるのだろう。前述したナガ族の話では、村の壁の辺りにいるスズメバチを利用する。スズメバチは飛んできて、女の乳房を吸う。そうすると、夫がいなくても妊娠するそうだ。別の伝説では、ある種の女たちには巨大な臍の緒の形をしたペニスのようなものがあり、勃起して女たちを妊娠させることができるという。

さらにこういう話もある。女人国に住む女たちは、子供が欲しくなると屋根の上か山に登ってかがみこみ、臀部を突き出す。そうして体を風にさらす（嵐が必要な場合もある）。風がヴァギナに吹き込むと、子供が腹に入る。女の子が産まれればめでたいが、男の子が産まれると女は嘆き悲しむ。赤ん坊は切り裂かれて死んでしまう。（インド、ワンチョ族、台湾、ブヌン族ほか[289]）

けれども、別の台湾の話は、そうした女たちが男なしで産む子供は女の子だけだったとしている。あるいは、そうして生まれた女の子は必ず体に障害があり極端に弱かったというもっとひどい話もある。インドのバイガ族の話では、男の子が産まれてもその子は生殖能力がない、とわざわざ述べられている。

ある物語では、そうした失望する出産をした女たちがもう一度山に登ったところ、突然どこからともなく見知らぬ男が現れて、木の陰に隠れる（シェレンテ族の男だけの物語に登場する女のように）。男は女たちがかがみこむのを見て好奇心にかられ、彼女たちを訪ねることにする。女たちはこの男がひどく気に入って、彼を捕まえて交わる。女たちはそうなって初めて男の子を持つことを受け入れ、男の子も可愛がるようになった。（台湾、パイワン族[290]）

こうした物語は、世界の始まりのときが舞台の場合もあれば、そうでない場合もある。けれど、どの話も男たちの恐怖感を表現している。男たちは自分が不要な存在であるとか、強い女たちの恐ろしい気まぐれの餌食になるのではないかといった恐れを抱いているのだ。このような物語を創作した人々は、男の子であれ女の子であれ、受胎には男の精子が必要だということを知っていたのだろうか。事実をはっきり認識していたにしろ、なんとなく察知していたにしろ、物語は女たちだけで暮らすことに警告を発している。女は御しがたいという恐れは世界中にあるようで、女の操縦法をあれこれ勧める格言は多い。サンスクリットの古い格言には「妻には絶対的な権威を見せるのが正しい」とあるし、ナイジェリアのイボ族は「夫は紐で、妻は荷物だ。紐がほどけると荷物はゆるむ」と言っている。[291]

女だけの物語には、矛盾するふたつの見解が存在する。ひとつは、女の持つ過剰な力を男たちに警告しようとするものだ。独力で暮らす女たちは男をめちゃめちゃにするので、手遅れになる前に厳しく制御しなければならない、と。物語の中で独立して暮らす女たちは好色で、嵐のような欲情と冷酷な母性にかられて男を追いかけ、殺す。ひどい場合には、男憎さのあまり、自分が産んだ男の赤ん坊を殺すという話にまで発展する。

もうひとつの見解は、女たちの持つ品性や能力をおとしめようとするものだ。女は自分だけでは何もできない、というのがそのメッセージである。女はあまりに弱くてひとりでは無事に出産できないとか、男に備わっている必要不可欠な能力が女には欠落している、などという。もし女だけで暮らしていたら、人類はとうの昔に滅んでいただろう。男がいなければ、女は健康な息子ではなく、虚弱で肢体不自由な娘しか産めないのだから。

女人国の住民に関する神話には常に奇異な記述がついてまわる。ある話には、女の支配者は太っていてひげを生やしており、女たちは木で体の器官を作って互いの「うずき」を慰め合う、とある。ちなみに、その結果子供が生まれても、赤ん坊には骨がなく数日中に死んでしまうそうだ。

ほとんどの文化で、妊娠能力がある女は立派だとされ、子供を持つことは女にとって名誉となる。ただしこれは夫がいればの話だ。女だけで妊娠する物語の場合は、行き過ぎがあったり、あるいはおかしなことになったりし、どちらの場合も社会の利益に反する。

> 昔、世界のある場所に、陰部がないために性交も出産もできない女たちがいた。別の場所には男の子しか産めない女たちがいた。さらに、獣や鳥の中には、雌の子だけあるいは雄の子だけを産む種類があった。「古き者」がこの人間たちに会いにきて、おごそかに告げた。「これからは、女はすべてしかるべき女性器を持つことにする。男と交わって子供を産むのだ。これからは、人間も獣も鳥も魚も、すべてほぼ同数の雌雄の子供を持つ。男だけや女だけという種族はなくなる」（カナダ、トンプソン族）[292]

言い換えれば、自然と神々は物事を今あるように定めたのだから、女だけでなく男も存在するという事実について、たいしたことはできないのである。男と女は危うい力関係を保ち、ひそかな恐怖感を相手に抱きながらも、良かれ悪しかれ、常に互いを必要とし、互いに固執してきた。

けれども、それなら雄や雌とは何なのだろう。男は何で女は何なのだろう。

両性具有

始まりのときには、男でもなく女でもない人間がたったひとりいるだけだった。この人間は美しい庭園に住み、申し分ないほど幸福だった。欠けているものはなかったが、人間にはそれがわからなかった。庭園の中ほどに、みごとなヤシの木が立っていた。この木は一本だけ、やわらかい草におおわれた明るい緑の広がりのまん中に生えていた。この庭園は純粋に楽しむために作った、と神は人間に話していた。ただひとつ、完璧な調和を乱すという理由で禁じられていることがあった。ヤシの木をぐるりと一周してはならないと言われていたのだ。

しかし結局は、予想どおりのことが起こる。完全に幸福だった人間が望んだのは、ただひとつ。ヤシの木を一周することだった。人間は別のことを考えようとしたが、明るい緑の場所にどうしても気持が向いてしまう。この考えにとりつかれてしまった人間は、ある日どうしても気持ちを抑えきれなくなり、静かに立っている木の周りを歩き始めた。歩き始めた地点に戻ったそのとき、この人間はまっぷたつになり、それぞれの半身がやわらかい草の上に倒れた。片方は男になり、もう片方は女になった。以来ずっと、男と女は失ったひとつの体にあこがれ、ときには互いの中に見出した楽園に恋い焦がれるようになった。（コンゴ民主共和国、ルバ族）[293]

ルバ族の神話では、非常に調和のとれた始まりのあとにつらい別れが訪れ、離れた相手を永遠に求め続けるようになる様子が語られている。西洋の人間は、この神話からプラトンの対話篇『饗宴』や、聖書の「創世記」に登場するエデンの園を連想するかもしれない。

前三八五年頃に書かれたプラトンの『饗宴』では、晩餐会に集った数名の人々が愛とは何かについて説く。そのひとりアリストファネスは男女の起源について語り、かつてひとつだった男と女が再びひとつに戻ろうとするのはなぜか、ふたりの人間が性別を問わずその間にある溝をたえず埋めようとするのはなぜかについて説明する。彼によれば、人間はもともと男と女というふたつの性に分かれていなかった。第三の性があり、その名は残っているが、性そのものは消滅してしまったのだという。なぜ三つの性があったのだろう。

始まりのとき、男は太陽から、女は大地から生み出された。ところが、男女の性を備えたものは月から生まれた。月は両性具有の性質を持つからだ。彼らは親に似て球形だった。

原初のアンドロギュノス（両性具有）の人間には、背中がふたつに脇腹が四つあり、球形をしていた。腕が四本、脚も四本あり、丸い首の上に頭がひとつあって、そこにまったく同じふたつの顔がついていた。この生き物はどこにでも直立して歩いていった。ところが彼らは非常に力が強く、神々を攻撃したいという野望に燃えていた。神々は会議を開き、どうすべきか悩んだ。巨人たちを打ち負かしたようにこの人間を滅ぼしてしまえば、人類からの崇拝と敬意を受けられなくなり、いけにえも捧げてもらえなくなる。ゼウスが最終的な決断を下し、彼らをふたつに分割して人間社会の力を弱めることにした。そうすれば、人間の力はずっと弱くなるだろう。そして実利的な点からすれば、この策にはほかにも長所があった。ふたつに分かれれば人数が二倍になり、そのぶん人間が捧げる崇拝といけにえは増えるのだ。これは神々にとって実に有益だ。それでゼウスの提案どおり、ふたつの性は半分に分けられた。それぞれの半身は男か女になり、同性であれ異性であれ、失われた片割れを求める。「彼らがひたすらに願うのは、愛する者とひとつになり、溶け合うこと。ふたりではなくひとりになることだ。理由は明らかである。われわれが元来まさにそのような完全な生き物だったからだ。『愛』とは、本来の完全なる姿への欲求と、それを追求する気持ちに対し、われわれが与えた名なのだ」（ギリシャ[294]）

聖書の「創世記」では、男と女の人間が作られる。ユダヤ教の解説書タルムードの時代のラビによると、神は当初、男と女のふたりの人間をつくるつもりでいた。ところが、プラトンの『饗宴』に影響されたのか、ラビたちはこんなことを言っている。「主は最初の人間をつくったとき、その男に顔をふたつ、生殖器を二組、腕と脚を四本持たせ、背中合わせにした。それからアダムをふたつに分割し、それぞれに背中を作った」。ところが、またもや神は考えを変えた。神はアダムの後ろ向きの顔を取り去り、その顔に合わせて女の体を作ったのだ。グノーシス主義の資料は、「父母」というように、神を男女どちらでもあるように描写していて（父と母というように）、「私たちは人を作ろう（Let us make mankind）」とus「私たち」という言葉を使ったのだから、神は二元的であったはずだと主張している。そして男でも女でもある神が自分の姿に似せて人を作ったということは、アダムも彼の体からエバが生まれる前には雌雄同体だったに違いないというのだ。アダムは最初男と女の肉体が背中合わせについていたとする説もある。もちろん、こうした構造では動くのに不便で、互いに話をするのも難しい。それで、神はこの両性具有の人間を分割することにしたのだという。神は人間を分割したあと、ふたりをエデンの園に住まわせたが、彼らが交わることは禁じた。[295]

世界両親についての神話には両性の結合をテーマにした物語がさまざまに登場するし、雌雄同体が重要な役割を果たす宗教も少なくない。そうした宗教では、宇宙の性質は二元的なものであると提示され、交わっている世界両親が空と大地に二分割される大宇宙的レベルの話と、両性具有者が男女に分割される小宇宙レベルの話にはよく似た点が非常に多い。「もし天も地もなければ、生命はどこから来たというのか」と、前三世紀頃の思想家、荀子は問いかける。しかし、雌雄同体の大宇宙に関する中国の一般的な見解は、さらに古く、少なくとも前一二世紀から前一一世紀頃までさかのぼることができる。こうした考えでは、万物を相反する両極にある実体と力とに分類した。これらは陽と陰という名前で呼ばれ、存在の根本原理になっている。陽と陰は相反するものだが、互いに依存し合ってもいる。[296] 万物が大宇宙レベルでも小宇宙レベルでも存在しているのは、陽と陰の相互作用のおかげである。実は、陽と陰は同じコインの両面であって、同じ力が宇宙と個人とを体現しているのだ。「初めは何もなかった。時が過ぎ、無から何かが生まれた。時が過ぎ、その何かがふたつにぱっくり分かれた。分かれたふたつは男と女だった」と、中国の盤古神話のあるバージョンは始まる。[297]

雌雄同体の話は、他地域の起源神話にも見られる。中央アフリカでは、ルバ族のもっとも古くもっとも重要な四人の神の筆頭であるムヴィディ・ムクルは、「偉大な両性具有の存在」[298] とみなされている。コンゴのヴィリ族の高位の神ンザンビは、ひとつの胴体に頭が三つあるとされている。この神は成長すると三つの存在に分かれる。一番上位のクイティ・クイティは男で、彼が最初にンザンビから出てくる。さらにふたり、弟のバティィが右側から、妹のムボゼが左側から生まれる。

また、さまざまな古代ヒンドゥー神話に登場する創造神ブラフマーのエピソードも忘れてはならない。

始まりのとき、創造神ブラフマーは寂しくて、そばにいてくれる誰かが欲しくてたまらなくなった。ブラフマーには両性が備わっていたので、彼が仮に使っていた肉体は、そう思うだけで二枚貝が分かれるように男と女の部分に分かれた。ふたりは夫と妻として見つめあった。それで今日に至るまで、幸せな結婚生活を送る男と妻は、ひとつの存在のふたつの部分のようなものになった。夫と妻のどちらにも、ブラフマーが内在している。（インド、ヒンドゥー）[299]

ひとりの人間に潜在する男性的可能性と女性的可能性を儀式によって結びつけると生命力が強大になるという強い信仰は、多くの社会で幅を利かせているように思われる。一プラス一は二よりもずっと大きくなる、と思われているのだ。しかし文化の中に存在する対立的な傾向のせいで、ふたつの性が敵対することも多い。前述した女性だけの物語は、その極端に否定的な例といえよう。世界のほとんどの宗教はこうした敵対心を強調することが多く、今日でも、規則によって女性を重要な役割から排除している。

しかし危機的状況が起こると、男たちは通過儀礼としての儀式を行い、女の装いをしたり、女として振舞ったり、あるいはその両方をすることによって変身を遂げる。これは前述したイヌイットの神話で見てきたとおりだ。ふたりの男性シャーマンが重大な局面で特殊な儀式として効力のある歌を歌うと、ひとりが完全な性転換を遂げて子供を産む。特殊な力のおかげで、ふたりのシャーマンは普通の人間にはできない役割を果たすのである。[300]

ひとりの人間に内在する男性的可能性と女性的可能性が儀式を通して結びつくと、その人の生命力が著しく活性化するという考えは根強く、多くの社会で過去にも現在にも見られる。両性具有的な儀式を行うと、男女の性に備わる魔術的かつ宗教的な力がひとりの人間の中で象徴的につながり、男と女の要素がもっとも効果的に発揮されるというのだ。生命力を加えてさらに活力を得るために、若者に擬似的な月経を起こさせたり、切断したクリトリスを男性が飲み込んだりするのは、その一例である。[301]

男性も女性も限界のある存在で、人間の肉体には曖昧なところもある。けれども、神話では不可能なことは何もない。ではなぜ、人間はふたつの頭と四本の腕と脚を持って、われわれよりもっと完璧な人間として生きていくことができなかったのだろう。人間はシャム双生児のような二者からなる存在であってはいけないのか。たとえばプラトンの『饗宴』に登場する原初の両性具有者のように、こうした二者からなる存在は恐ろしいほど強力で傲慢なため、節度を教えるために、神々によってふたつに分割された。そしてゼウスは最初に警告を発した。もし恥知らずの行為を続けるなら、もう一度半分に分割して、一本足で跳ねまわらなければならないようにするぞ、と。

半分の人間

神聖なる神は、神と同じ「一者」だけに宿る。では、人はどのようなときに「一者」と呼ばれるのか。男と女が性的に結びつくとき……。そこで私たちは気がついた。男は妻を娶らなければ、半人前なのだと。（カバラのラビ、エリヤフ・デ・ヴィダス）[302]

偉大な創造者はあらゆるものを作った。天空も大地も、太陽も月も星も、山も水も、空気、木、草、人間もすべて。人間は不死身だった。創造者は天空で、脚、腕、目、鼻孔、耳がそれぞれひとつしかない人間をつくった。彼らは地上の人間に会うために天界から降りてきた。地上の人間は驚いた。なんと、なんと、天空にはこんな人間がいるのか。脚も目も鼻孔も耳もひとつだけの人間が。天空に別の人間がいるとは思ってもみなかった、と。ところが、いるのだ。両方の人間は全世界を驚かすために、互いに何もかも教えあった。どちらも、そのままの姿で長い間生きていた。彼らが作られたそのときのまま、病気にもならずに。彼らはとても幸せだった。（タンザニア、ニャムウェジ族）[303]

なぜ半分の人間なのか。人は自分の体の構造を調べてみて、不思議に思ったに違いない。うーむ、耳も目も鼻孔も腕も脚も何もかもふたつある。ひとつだけでじゅうぶんではないのか、と。それでもっともらしい答えを考えたのだ。たぶん、始まりのときには今とは違っていたのだろう。人間は片側しかなかったのだ、と。そして物語は、片側だけだった人間がどうやって全部そろった人間になったかを説明する方向に展開していく。

コンゴで私は、半分の人間が登場する物語をいくつか収集した。コンゴ南西部のマヨンベに住むヨンベ族の起源神話では、最初の人間は半分の人間である。彼はンゾンドという名で、九つの氏族の最初の祖先だ。始まりのとき、神は半分の人間しか作らなかったが、完璧な女もひとり作った。彼女と最初の子供はとても美しかったので、神は以前に作った半分の人間を滅ぼすことにしたのだという。[304]

私が収集したコンゴの物語では、半分の人間は普通の人間よりも歩くのが速く、視力もよい。足りないことで得られる超自然的能力が、強調して語られている。半分の人間の物語はあちこちにあり、彼らにはふたつの種類がある。超自然の生き物（神々や精霊など）か、人間かだ。こうした物語はオーストラリアからアジア、アフリカ、ヨーロッパ、南北アメリカに至るまで、世界中に存在する。

はるか昔の始まりのとき、神は男と女を天界から地上に送った。女が産んだ娘はたいへん美しく、月の王ジャンガが噂を聞いて地上に降りてきた。そして娘の虜になった。彼女の両親はふたりの結婚を承諾し、まもなく娘は身ごもった。ジャンガは月に住み、新月が来るたびに妻の元に降りてきた。ところが、この別居生活が問題の原因になった。妊娠すると、新月のときに性交することは禁じられる。それで妻は夫を拒まねばならず、ジャンガは怒って妻のもとから去った。妻（名前は伝わっていない）は、身ごもった女を捨てるのは禁じられていると抗議した。そんなことをすれば、怪物のような子が産まれるだろうし、その子は父親の顔も知らないことになるだろう。しかしジャンガは構わず妻を捨て、ただ、あとになって子供が父親を探す手がかりだけは残していった。子供の父親が禁忌を犯したために、生まれた息子は体が半分しかない奇形だった。この子はシライと名づけられた。

成長したシライは父親のことを尋ね、見つける方法を教わった。危険で困難な長旅ののち、彼はようやく父親を探し当てた。ところが、父は息子を拒んだ。月の王である自分に、体が半分しかない化け物の息子がいるはずはない、というのだ。シライは数々の証拠を見せて、ようやく父親に息子と認めてもらった。ジャンガは特殊な効き目のある薬と生命の水を使って奇跡を起こし、息子を作り変えた。息子はうっとりするほどハンサムで完璧な男になった。そして、数々の冒険の末、母親のいる地上に戻り、白人の祖先になった。（インドネシア、南カリマンタン、ンガジュ族）[305]

　妊娠中も父親が必要なのは、妊娠中に性交渉がなければ胎児に深刻な結果を招くことになる、という考えからで、これは受胎についての知識が欠けた人々の間で広く信じられている。子供は母親の子宮にいる間、父親の種によって「栄養を与えられず」ことが必要不可欠で、そうしなければ五体満足にならないと考えられているのだ。

ンガジュ族の神話では、シライは父親からの栄養を与えられず、半分しかない人間のままで成長が止まってしまった。のちに若者となったシライは、父親にすっかり「作り変えて」もらう必要があった。ジャンガは息子を体外の子宮とも言うべき料理鍋に入れて、文字どおりすっかり料理し直す。この作業には、名もない母親の出る幕はまったくない。[306]

　両性具有者を分割する場合と同じく、半分の人間の話も、残りの半分がなければ痛ましい不備が生じるという生物学的な事実を物語っている。別の物語では、生意気な娘が結婚を拒み、自分以外は愛したくなかったので、ひとりで子供をもうけようとする。娘には罰が下り、稲妻に打たれて体がふたつに裂ける。一方は男になったが、もう一方は女のままで、ふたつの半身同士は結婚する。[307]（インドネシア、小スンダ列島、ロティ族）

ロティ族の物語で、娘の体は分割される前は雌雄を兼ね備えた完全体だ。完璧であるために娘は傲慢になり、男を拒否して罰せられる。ここでは、どちら側の半分が男と女になったかは述べられていない。

世界の多くの文化で、右側と右手は左側と左手よりも高い地位を与えられている。これはおそらく、ほとんどの人間が右利きだからだろう。それで、過去も現在も、右手は神聖な行事に使われ、左手は不浄な行為に使われる。しだいに右側と右手はおもに男性と、左側は女性と関連づけられるようになった。[308]ピグミーの間では、右手とペニスを表す言葉、左手とヴァギナを表す言葉はそれぞれ同じである。[309]

人間の肉体は空間を捉える出発点になる。垂直と水平、南北、東西、上下、左右、前後というように。こうしたふたつの対立する観念が、最終的に社会的上下関係と結びついていく。対立の結果、緊張と争いが生まれる。神話では、闇と光、あたたかさと寒さ、左と右といった対立する根本的な力から、破壊と創造が生まれる。神話に登場する片側だけの存在はほとんどが特殊な力を持っているが、両性具有の人間は完全な男性らしさと女性らしさからなっている。

起源神話に登場する神々と最初の人間は、必ずしも初めから男や女であるとは限らない。両方の性を持っている、性転換する、男の体から裂けて女ができるなど、どちらともいえない例もあり、最初は無性だという場合すらある。さまざまな人間のあり方が混在しているにもかかわらず、社会は人間が男か女でなければならないと強要してきた。こうした分類はその地方のあらゆる価値観や、その結果としての社会の現状を表してはいるものの、性そのものとはまったく関係がない。

第八章　それ自身が命を持つ器官

男の道具には磨きをかけなきゃ。
男性自身を大きくしろ。
愛をぶっ放す銃を増やせ。
巨大な竿を持った王のように生きろ。
ちっぽけなサイズの負け犬にはノーと言え。
一八センチのペニスを手に入れろ。
超特大のサイズを君に！[310]

今に始まったことではない。人々が知る限り、悩める男たちは今で言うバイアグラのような植物や根っこを飲み下してきた。自分の能力をもう一度強化し取り戻すにはどうすればよいのか、専門家の意見を求めもした。古代の呪文は今日のスパムメールとまったく変わらないように思える。たとえばこんな励ましの言葉はどうだろう。「奮い立て、奮い立て、勃起せよ。牡鹿のように奮い立て。荒々しい牡牛のように勃起せよ……」[311]。この刺激的な言葉は前七世紀もの昔にメソポタミアの粘土板に書かれたもので、男の精力を削ぎ取ろうとする魔法使いの攻撃から身を守るための呪文だ。今日の性産業と同じく、古代の神話にも性の好奇心を刺激するものは少なくない。

　下世話なジョークから起源神話まで、どの時代をみても、性や性的なものはさまざまな信仰や物語の尽きることのない源になってきた。今日のスパムメールと同様に、始まりのときの物語は男性の測り知れない不安を表している。女の神秘的な洞窟で女の意のままにされるのではないか、という不安だ。

　こうしたことはすべて、どこで始まったのだろう。ナイジェリアのイボ族には「ペニスが人を殺さんとばかりに勃起すると、ヴァギナが飲み込み、手なずける」という格言があるが、そのとおりだとすれば、それは誰のせいだろうか。古代の女のヴァギナ（ときには女性の恥毛）のせいで、男が大きくて立派なお道具を失ったと非難する起源神話は多い。その寸法が象の鼻よりも強く大きかったという物語もある。こうした巨大な男根が出てくる夢物語は、南アジアや東南アジア、太平洋周辺の起源神話に多い。たとえば、オーストラリア、ノーザンテリトリーに住むカカドゥ族の最初の男ウラカのペニスは、大き過ぎて肩に担いで運ばねばならなかった。しばらく歩いたところで、最初の女インベロンベラに一緒に来ないかと誘われると、彼はとても疲れてペニスが重たいので、ここに座りたいと答えた。[312]

　そんな大きさと比べると、現代の生殖器はやや小さめに見えるかもしれない。しかしよく考えてみれば、それほどまでに重くて大きな一物を持っていて、本人は幸せだったのだろうか？

巨大な持ち物

そこには三人、つまりジャンガウルと彼のふたりの妹がいた。上がビルジラロイジュ、下がミラライジュという名だった。だが三人ともジャンガウルと呼ばれていた。兄のペニスも妹たちのクリトリスも長くて、彼らはそれをひきずって歩いた。兄のペニスは包皮も長く、先端に向かってところどころに「隆起」があるのは普通のペニスと変わらない。上の妹のクリトリスのほうが、蛇に似た形をした下の妹のものよりも長かった。彼らが性器をひきずりながら歩くと、地面に痕跡ができた。兄が妹たちと交わる際は、クリトリスを横に押し上げて普通どおりに挿入した。当時は近親相姦が禁じられていなかったので、男は妹たちと交わったのだ。（オーストラリア、ウランバ族）[313]

オーストラリアのアーネムランド北東部に住むウランバ族の長い起源神話では、彼らの最初の祖先ジャンガウルが放浪しながらカヌーでこの地に到着するまでの経緯が物語られる。ここでは、もっぱら三兄妹の性器が巨大だったことが述べられている。

性器の大きさが徐々にではあるが確実に縮小していく様子を語った起源神話もある。そうした物語は、あの古き良き時代はどこに行ったのだろう、と疑問を投げかける。最初の男たちはペニスを腰に巻きつけることができたのに。そして、そのことを忘れないよう、子孫に繰り返し言い聞かせる。

トメナという男は男山のポマイから、コティナボという女は女山のフォコクから、フォグ地方のカムンダン川のほとりにやって来た。男のペニスは五〇メートルもあった。ふたりは船を作った。女は川を船で下り、男が川岸を歩いてついていった。男はしきりにペニスを船に投げ入れ、船が自分から離れないようにしたが、そのたびに女がペニスを少しずつ切っていったので、河口近くになるとペニスは小さな根っこほどになってしまった。それで、タフィアル族はペニスケースで性器を隠しているのだ。（インドネシア、イリアン・ジャヤ、タフィアル族）[314]

タフィアル族に限らず世界各地で、船は子宮のメタファーとしてよく用いられる。この物語の女は、文字通り男の強い活力を切っていく。他の物語と同じく、ここでも巨大な寸法は限りない豊穣さを表している。その頃の地上は空っぽだったからだ。しかしサイズは劇的に縮小していく。身の毛のよだつような出来事を語った物語もある。

セックスは男には危険なものだ、という警告は繰り返し発せられる。男の持つ無限の性的エネルギーは、女が邪魔しなければ永遠に続いただろうに、というのだ。いやというほど多くの物語が、大体は残酷な雰囲気の結末を迎える。こうした話では女が悪いとされる。女が男のあの大切な部分を噛んだり切ったりして、男の両手に納まるほど小さくしてしまったのだ。

男の不能への恐れおよび性欲は、多くの神話に反映されている。では、女はどうだろう。神話に女の渇望、歓び、恐れなどが描かれることはあまりない。男の視点から見たある物語は、古代の「超巨大」な男の持ち物で女がどんな目に遭ったかを語っているが、犠牲になる側への同情というものはまったく感じられない。

昔、ペニスはとても長かったので、男はそれを腰に巻きつけていた。あまりにも長かったので女はすぐに弱り、大人になっても数年しか生きられなかった。女が疲れ果てて死ぬと、夫はいつも代わりの妻を手に入れた。（インド、ガダバ族）[315]

ペニスとヴァギナという器官が人間の想像力をひどくかきたててきたことに疑いの余地はないが、人類の文化の歴史において、ペニスは「まさしく世代の象徴となり、どの文化でも、男は崇拝と身の毛のよだつような畏れとの混ざった思いでペニスについて考え、ときには……恐怖と嫌悪感を抱くようになった」[316]

だとすれば、性交渉にまつわる制約やタブーが数限りなくあるのも不思議ではない。

性器の欠落

男と女が一緒に暮らしていた。しかし、女には性器がなく、男は女と交わることができなかった。一緒に暮らしていたが、夫は妻といつも喧嘩して妻を殴った。創造者ドドは自分が何を作り忘れたのか、よくよく考えてみた。ドドは女に、入り江近くの森に行くよう命じた。女がそこで横たわると、すぐさまドドは女の下腹部を踏んで陰部を作った。それからウナギをつかまえて女の陰部に置いた。ウナギは女の体内に入り、その場所を内側からきれいにして仕上げた。ウナギのおかげで、最初の女はすぐにでも子供が産めるようになった。男は女のところに行き、女が変わったことに気がついた。こうして、ふたりは口論も争いもしなくなり、幸せに暮らした。（パプアニューギニア、トク・ピシン語）[317]

始まりのとき、人間は笑いも泣きもしなかった。まだ咳もくしゃみもしのび笑いもしなかった。あるいはいくつかの部分が欠けていて、最初の人々にはまだ目や耳がなく、髪の毛、鼻、口、乳房、乳首、肛門も恥毛もなかった。その一方で、余分な臀部や乳房が追加されている場合もあった。

体の他の部分よりも性的な道具が欠けている物語のほうが多い。あるいは、体の間違った部分についているという話もある。たとえば台湾のある物語では、当初、女性のヴァギナは額についていたが、これはとくに月経時などに不便だった。そこでヴァギナは首の後ろ、足首、肩、というように移動していって、最後に腿の間が一番好都合だということで落ち着いた。こうした物語はアフリカとアジアに多く、人が最終的に今の姿になり行動するようになった経緯を説明するためのものと思われる。[318]

最初の人間は、物事が現在とはまったく異なる世界や、極端な場合には正反対の世界に住んでいた、という考えは広く信じられている。女がひげといった男の性的特徴をすべて備えていて、男に乳房があった、という場合もある。こういう話は非常に紛らわしく、真面目な意図があるのかジョークなのか、またはその両方なのかはわからないが、人体と社会が現在のような仕組みになる前にどんなことが起こったかを説明しているのだろう。

もっともよく見られるのは性器（必ずしも初めからついているわけではない）にまつわる物語で、これは可動式（または取り外せる）である場合が多い。あるいは悪霊または女がやってきて精液や性器を盗むという悪夢のような話もあり、これは「絶頂の瞬間」に性的義務を果たせないのではないかという恐れを反映しているのだろう。

興味深いことに、精神分析学者の観察によれば、起源神話における性器の移動に似た現象が人の夢にも表れることがあり、夢では上下の移動が非常によく起こるそうだ。[319]

最初のふたりの人間は、今のような姿ではなかった。始まりのとき、女のヴァギナは腋の下にあり、男の道具も違った場所にあった。のちにアマが男と女の性器を入念に置き直して、うまく合うようにした。
（ナイジェリア、ジュクン族）[320]

さらに別の物語では、今の位置に落ち着く以前の性器や恥毛や乳房が、まるで人間のようにそれ自身が命を持った存在として振舞っている。[321] 物語の中では、体のさまざまな部分が動きまわり、互いに喧嘩するついでに、他の部分の成り立ちを説明している。

始まりのとき、体の各部分はどこにでも好きなところに自分で移動することができた。ある日、乳房は外陰と喧嘩をして、あげくの果てに世界中の外陰を全部丘に追い払ってしまった。その夜、神々と人間の男たちは驚愕し、翌朝、男たちは皆、妻の外陰を持ち帰るために丘に出かけた。しかし、外陰は捕まえにくく、持ち帰って元の場所に収めるのに大変苦労した。男たちが家に帰る前に死んでしまった老女もいた。男たちは残った外陰を細かく刻んで、女たちの外陰の上にくっつけた。こうしてクリトリス

が作られた。（インド中部、ラジュネンギ・パルダン族[322]）

多くの物語とは異なり、ここでは喜びだけが語られている。外陰の存在に恐怖をおぼえることはまったくなく、むしろ外陰がないことが問題になっている。しかし人間の性器の起源に関する物語では、喜びが主題になることはめったにない。子孫を作ることが第一の鉄則なのである。ゆえに最初の人間は自分たちの道具をそのためにどう使うかを学ばねばならない。

「人作りの魔術師」は、自分そっくりの人間をふたり形作ったが、そんな方法では人間が増えていかないことに気づいた。彼らには最初、性がなかったのだろうか。わからない。わかっているのは、魔術師が片方の人間の股間を少し引っ張り、もう片方には爪で小さな割れ目を作ったということだ。それから魔術師は、彼らがすべきことを確実になすように、両方に快感を与えた。こうして、窯で焼く準備がすっかり整った。（アメリカ、ピマ族[323]）

最初の人間が生殖を仕事や義務として行なった、という話は世界中に見られるが、微妙にほのめかす程度ではないことが多い。ブルガリアの物語は実にあからさまで、神はアダムとエバを作ったのち、アダムの体には土塊をくっつけ、エバの下の部分には斧を当て、ふたりがなすべきことをする準備を整えたという。[324]

神の斧が登場する話はインドにもある。この物語では当初地上に誰もおらず、最高神パン・ニンサンとその従者であるマトゥム・マッタがヒョウタンを見つけた。肝心なのは、ヒョウタンが「人間の形」をしていたという点である。

> 神がヒョウタンを壊すと、小さな人間が大勢出てきた。ところが、彼らには男女を見分けるものが何もない。パン・ニンサンは斧で女に乳房を彫った。マトゥム・マッタは臍がふたつある人間が多いのに気づいて、臍のひとつを男性器に変えた。こうして彼らは男になった。（インド北東部、ジンポー族[325]）

最初の人間の男女どちらか、または双方に必要な器官が備わっていなければ、創造者は遅かれ早かれ手違いに気づき、必要な処置を進んで施す。その際、神々は事を正すのに独創的な方法を取る。カオンデ族の神レザは、ムロンガとムウィナムブズィという性のない人間をふたり作った。彼らには性器も肛門もなく、こうした欠陥のためにふたりはとても居心地の悪い思いをしていた。それで、ムロンガがレザに相談しにいったところ、レザは創造の際に手落ちがあったことを認めた。

> レザはムロンガにふたつの包みを渡した。「これを持っていきなさい。ひとつはおまえ用、もうひとつはおまえの連れ合い用だ。夜になったら、それを股の間に置きなさい。連れ合いにも同じことをさせるのだよ」地上に戻る道のりは長く、ムロンガは途中で眠らざるをえなかった。横になって、言われたとおりに包みを脚の間に置いた。朝になって目が覚めると、彼は自分がどこから見ても男になったことに気づいた。しかしもうひとつの包みを調べたところ、ひどい匂いがしたので捨ててしまった。

家に帰ると、ムウィナムブズィはムロンガが変わったのに気づいて、わけを知りたがった。彼はレザが自分を変えてくれたと話したが、二番目の包みのことは言わなかった。すぐに、ムウィナムブズィもレザのところへ行って治してもらうことにした。レザは何も言わずに新しい包みをムウィナムブズィに渡し、まったく同じ指示を出した。翌朝ムウィナムブズィが目覚めると、女になっていた。

彼女が家に帰ると、ふたりともむらむらと欲望が沸くのを感じたので、交わった。しかしそのうち、彼らはともにこの情熱的な感情に不安と恐れを抱くようになった。ふたりはもう一度レザのところに行き、自分たちの疑問をぶつけてみた。レザはじっと耳を傾けていたが、恐れることはないと請合った。思うところがあってあの包みを渡したのだ、と。そして、ムロンガに言った。「おまえはムウィナムブズィに渡すはずの包みを捨てるという誤りを犯した。だから、彼女と交わった代償に、ムケト（結婚の贈り物）を払わねばならない。おまえたちの男の子孫は皆、女の子孫にムケトを払うことになるだろう」。それ以来、どの男も結婚するときにムケトを払わねばならなくなった。（ザンビア、カオンデ族[326]）

ここまでは問題ない。ようやく最初の人間たちの体は完璧になったが、多くの場合、これでハッピーエンドというわけではない。まだ避けて通れない問題がある。どうやって事を進めるかだ。

交合

「最初の女」は、どうすれば男と女の絆が強まり、一生惹かれ合うようになるだろうかと考えた。彼女はトルコ石でペニスを作った。そして、ある女の乳房から皮膚をこすり取ってユッカの実と混ぜ、トルコ石のペニスの中に入れた。白い貝殻でヴァギナも作り、その中に赤い貝殻でできたクリトリスを置いた。今度は男の胸のはがれそうな表皮をこすり取ってユッカの実と混ぜ、クリトリスの中に入れた、さらに、さまざまな種類の水にハーブを混ぜたものをヴァギナの奥に入れて、妊娠するようにした。

それからヴァギナとペニスを並べて地面に置いた。彼女は口に含んだ薬をこのふたつに吹きつけ、ペニスには次のような言葉を唱えた。

「考えろ！　左にあるもののことを考えろ」。ペニスは言われたとおりにし、思いを遠くまで馳せた。「最初の女」は次にヴァギナに話しかけた。「おまえも考えろ。右にあるもののことを考えろ」。

ヴァギナも従ったが、こちらの思いはペニスの半分のところまでしか届かず、最初にあった場所に戻ってしまった。それで今日までずっと、女の思慕は男ほど遠くまで届かなくなった。

最初の女は、今度は両方に言った。「どちらも叫べ！　ペニスよ、ヴァギナがおまえの声の力を感じるように叫べ。ヴァギナよ、ペニスがおまえの声音を感じるように叫べ」

どちらも叫んだので、「最初の女」は満足した。これからは男と女が互いを気にかけ、子供を持ちたいと願うようになるからだ。「最初の女」は、女も男も一定の年になったら彼女が作った道具を持つように、と命じた。男はペニス、女はヴァギナを。（アメリカ、ナヴァホ族）[327]

起源神話は、物語の展開をより生き生きと魅力的に見せるためか、人々を怖がらせるためか、あるいは男女の関係はとても複雑だと言うためなのか、いずれにせよ、最初の子孫を残さねばならない者たちに対し、実にさまざまな障害を作り出した。彼らが繁殖のための道具を完璧に備えている場合も例外ではない。ときには、単純にどちらかの性の人間がいなくて困るという場合もあるが、たいていは両方の性の人間がそろっている。

では、最初の人間が子孫を残すのを妨げているのは何なのか。彼らの無知、無関心、小心さや恐怖感、性器の欠落、欲望や性愛の技術の欠乏、その他ありとあらゆる障害のために、神々は悲観して気を揉む。なぜ、このふたりは人生につきものの愛情や性生活に無頓着なのだろう、と。人間に性的欲望がないのであれば、どうしても神が介入することになる。そうすると必ず大成功に終わるのだ。

> 最初のふたりの人間、アププルワとムイニは一緒に寝ることにまったく興味がなかった。偉大なる神サジャ・サンゲは落胆して首を振った。「このふたりが一緒に暮らすのを嫌がったら、人類が生まれないではないか」。そこで神はポングマという男の精霊とドゥイマという女の精霊をふたりの元に遣わした。彼らの仕事は、ふたりの人間の欲望をかきたてることだった。その結果、アププルワは食事やビールや煙草よりも女性を強く求めるようになり、ムイニも同じ欲望を男に感じるようになった。ふたりはとうとうひとつになり、彼らからすべての人類の子孫が生まれた。（インド、ブグン族）[328]

ブグン族は欲望をもたらす男女の精霊を今も変わらず重要視している。ポングマの助けを得られない男は性的不能者になる運命にあり、ドゥイマの助けを得られない女は不妊になる運命にある。悲しいかな、こういった有能な欲望の精霊はどの文化にもいるわけではない。場合によっては、博識な専門家がその人間（そして人類）を助けに来て、実用的なトレーニングをする必要もある。こうした（元は口承の）物語の聞き手には性の知識のある人と（まだ）ない人が混じっていて、知識のある人はない人をからかう。その一方で、こうした物語は、セックスは単なる楽しみのためにするのではなく、いつの時代にも、そしてまだほかに誰も住んでいない世界ではとりわけ、人類を存続させるための緊急事項なのだと大いに強調している。それから物語の語り手は、助言をくれたり模範を示したりしてくれる先人のいなかった人間の苦しい状況を想像し、物語を発展させていく。

大地を作ったワタリガラスは自らを創造した自信家だったので、最初の人間たちに性教育を授けようと考える。最初の男のひとり（天地がこすれあって生じた塵から作られた）は、「蜘蛛女」の最初の四人の娘のひとりを娶る。ふたりは天幕で生活を始めることにするが、ワタリガラスは中をのぞいてがっかりする。ふたりが別々に眠っているからだ。ワタリガラスは男を天幕から出し、自分が代わりに中に入る。そして裸の女のそばににじり寄ると、女の腕の匂いを吸い（女への接吻として）、女の脚を押し広げて交わる。もう一度これを繰り返す。男は外で寒さに震えながら立っている。「俺をばかにしているのかい？」と男は尋ねる。

「そんなことはないさ。中に入りなさい。どうしたら人の数を増やせるか、学ばなくてはいけない」。男が入ってくると、女は言う。「とてもいい感じ。もう一度してほしいわ」

「やり方がわからない」と男はしぶる。

「もっとこっちに来て」

「こうやって、ああやって。これとあれと」

「すばらしい」、男はしばらくして言った。（ロシア、シベリア、チュクチ族）[329]

経験者は現実の人生でどのように事を進めるかを、何も知らない初心者に教えなければならない。悲しいかな、最初のふたりにはそんな経験を積んだ人生の先輩がいない。それで、如才ない神からの助言や励ましが必要な場合には、伝授する人や手伝ってくれる人を外部や天界から連れてくる必要がある。効能のある食べ物や特別な飲み物など、独自の手段をとる必要があるかもしれない。最初の人間が初めて交わる事態に直面して、彼らがあまりに稚拙であることに驚く神もいる。

ムワリは「母なる大地」の腹から自分の姿に似せた最初の人間をつくり、支配者としての力と子孫を残す命の力を与えた。新しい生き物を作る作業がもうすぐ終わるというところで、大地が尋ねた。「なぜおまえは私に全然似ていない人間をつくるの？　私に似た人間をもうひとり作って、その人間にも命を生み出す力を与えておくれ」。それでムワリは残った土から女を作った。大地の要望どおり、こちらの人間には大地の属性をすべて少しずつ与えた。まずは火と水。火は女の心に灯る愛情であり、水は子宮の中の羊水である。そして、川や山を少し取って、女の性器と乳房にした。「母なる大地」は草と花も差し出して、自分の持てる最良のものを使って女を美しく飾った。

ムワリは男の美しさについても思案した。「どの山にも草が生えている」と彼は言って、草を少し男につけてひげにした。さらに「どの木にも根っこが生えている」と言って、木の根と同じように男にペニスをぶら下げた。また、川で泳いでいる魚のように、男にも無数の種を与えた。男はムワリが火と水に注いだのと同じ力を与えられ、それで男に愛の力が宿った。それでも、最初の男はとまどいながら尋ねた。「あなたは草や木に種を与えましたね。でも私はどうやって子供をもうけたらいいのですか」。ムワリは答えた。「心配するな。おまえにも子孫を残す力がある。体の中にある種は女の子宮に入らなければならない。草や木の種が大地という子宮に入るのと同じだ。（ジンバブエ、カランガ族[330]）

この物語の語り手は、草や木の種と男の種が同種のものだということがわかっているようだ。彼は精子が子孫繁栄に不可欠な源だと知っている（しかし最初の女の子宮内の卵子については触れられていない）。無名の最初の男女は、かなり簡単な性教育を受けただけで彼らの人生を始めた。別伝では、最初のカランガ族の男にムシカヴァンフという名前がついている。

ムシカヴァンフはひとりぼっちだった。ある日彼が眠っていると、蛇が股のところに這い上がった。目が覚めると、彼は妙な気分になった。息苦しく、ペニスが蛇のように動く。彼の耳に、水辺に行けば楽になるという声が聞こえた。水辺に行くと、目の覚めるような少女が岸辺の石に座っている。女は彼に似ていたが、話すことも動くこともできなかった。不思議な声は、女に手を触れてみろと言う。言われたとおりにすると、女はたちまち命あるものになった。今度は蛇が女の股のあたりを這いまわり、女も先ほどのムシカヴァンフと同じく奇妙な興奮を呼び起こされた。「そういうわけで、男は女の体に触ると妙な気分になるのだ」（ジンバブエ、カランガ族[331]）

いくつかの物語では、最初の人間が互いの体を探って試してみて、性に関する体の構造を理解する。台湾の起源神話では、最初の人間は生まれ出てから、自分たちの種族を増やす方法を見つけようとあれこれ試し始める。

始まりのとき、われわれアタヤル族は巨大な岩を割って出てきた。突然岩が割れて、男がふたりと女がひとり出てきてあたりを見まわした。目に入ったのは原生林と野生動物ばかりで、男のひとりは地上に住むのがたちまち嫌になって、岩の割れ目に帰ってしまった。残されたふたりは、どうすれば人数が増えるかを考えた。この問題はふたりの頭から離れなかった。まず、女は山に登って股を広げ、風にさらしてみた。こうすると子供が授かるかと思ったのだ。けれども何も起こらない。それから少したったある日のこと、ふたりは交われば子供ができるのではないかと思い当たった。だが、どうすればよいのだろう。ふたりは体のさまざまな穴を試してみた。尻、鼻、耳、口と。しかし、どの穴も役に立たない。ところがある日のこと、蠅がぶんぶんいいながら飛んできて股にとまった。これは神々からのお告げだろうか？試してみると、ふたりの欲望は満たされた。やがて女の腹は少しずつ大きくなり、月満ちて女は子供を産んだ。両親の喜びはこのうえなく大きかった。こうして、われわれアタヤル族はこの世に生まれ、地に満ちたのである。（台湾、アタヤル族[332]）

最初の人間の中には、動物を見てそうと気づく者もいる。動物が何をどのようにするかを見ているうちに、自分たちも真似してみたくなるのだ。前述したサオラ族の物語は（190頁）、この点をはっきり述べている。創造者キットゥングの名前のわからない娘は、生まれてからずっと父親の肩に座ったままだったが、ある日、父親が眠っている隙に肩から降りてみた。娘が野原で何を見たかって？　牡牛が牝牛とつがい、おんどりがめんどりとつがい、雄猿が雌猿を、雄ヤギが雌ヤギを、雄豚が雌豚を、雄のキリギリスが雌のキリギリスを追いかけているさまだった。動物は皆、連れ合いと交わっている。それで娘も急に相手が欲しくなった。一途に思いつめた娘は、眠っている父親の姿を手本にして、自分の相手を作り始めた。他に手本になる男は誰もいなかったからだ。[333]

聖書の「創世記」にも、エデンの園につがいとなって住む動物たちが描かれている。神が作った動物に名前をつけるのはアダムの役目だった。そうするうちに、孤独なアダムは動物がすべて雄か雌であるのに気づいた。アダムはその中に自分に合う者がいないかと探したが、見つからない。中東では男が女とではなく動物と性交する習慣がまだ容認されているらしいが、これはその最初の例を述べているのかもしれない。もっとも、聖書はこれを「大罪」だとして禁止しているが。[334]

最初の人間は「生まれつき」性交することを知っているか、まったくそんな気がないかのどちらかである。そして始まりのときの多くの物語が熱心に語るのは、あらゆる困難や制限をものともせず、最初のやる気のなさやためらいや「奇妙な気分」からは想像できないほど、最初の人間が相手への欲望を募らせ、性交に快楽を見出すようになることだ。

神の努力と策略、手助けしてくれる精霊、神が遣わした指導者や有望な助手たちのことを想像してみてほしい。彼らは最初の人間がひとつになれるように、特別な呪文や興奮剤を使った。インド中部の物語には、「(性的な)力がみなぎって彼らが抱き合うように」特定の食べ物や飲み物を使った、とある。この話に登場する最初の男女は、熊のペニスを飲み込んでようやくひとつになる方法がわかった。「女のほうがたくさん食べた。それで、女のほうが精力的で、歓びも強く感じるのだ」[335]

また神々は人間を心配するあまり、男と女の道具を作ってそれぞれの正しい場所に備えつけるだけでなく、性の快楽も与えた。人間に手を貸す神々の一番の目標は、もちろん、最初の人間がもっとも重要な仕事、つまり全人類を作り出すという偉業を、いかなる障害が立ちはだかろうともやり遂げることだった。それなのに悲しいかな、最初の人間が幸せな性的結合を果たすまでには、さらなる困難が待ち受けているのである。

どちらが上になるか

アダムとリリスの暮らしは決して平穏ではなかった。なぜか。アダムがリリスと寝ようとすると、決まってリリスが上になりたがり、譲らなかったからだ。リリスはアダムと対等だと思いたがった。「私に偉そうにするなんて、あんたは何様？　ふたりとも塵からできたんじゃないの」とリリスはわめいた。アダムが拒み、自分が上になって交わろうとしたらリリスが激怒した、という話もある。彼女は神の魔法の名を唱えてエデンの園から空中へと飛び出し、紅海へと去った。神はリリスを捕らえてアダムの元に連れ戻すため、天使を遣わした。そして、一緒に来なければ、彼女が産む悪魔の子を毎日百人死なせるぞ、と脅した。けれども、アダムのところに帰るぐらいならそのほうがましだ、とリリスは答えた。物語によると、それ以来、リリスは赤ん坊の首を絞め、ひとり寝の男の精液を飲んで、あとから作られたライバルのエバに復讐しているという。リリスが悪魔たちと住むようになったので、神はアダムに同情して今度は善良な女を作ることにした。（ユダヤ教外典）[336]

神はアダムを深く眠らせると、彼のあばら骨を一本抜き取って、その跡を肉でふさいだ。そしてあばら骨で女を作り、アダムのところに連れていった。エバは女（イシャー）と呼ばれた。「男（イシュ）から取られたものだから」だ。そしてこの結果、男は「父母を離れて女と結ばれ、二人は一体となる」。（「創世記」二章一九～二五節）

ラビによる別伝では、アダムがエデンの園の東と北にある植物と雄の動物をすべて支配し、エバが南と西にいる雌の動物を支配したことになっている。アダムとエバは裸で歩きまわっていたが、神の神聖な名を刻んだ帯だけは肩にかけていた。この頃のふたりは紛れもなく純潔な生活を送っていた。しかし、サマエル（悪魔が姿を変えたもの）とリリスは忙しく頭を働かせて、善良なふたりを惑わす企てを考えていた。[337]

どちらが上になるかが重要な問題になっているのは、リリスの物語だけではない。カバイル族の創世神話にも同じような話がある。その中で最初の男女はもともと地下に住んでいた。ふたりは井戸に水を飲みに来て出会った。

男が女を押しのけようとすると、女は男を叩いた。争っているうちに女が倒れると、衣服が片側によじれ、太腿が露わになった。男はそこにある女の奇妙なむき出しの部分を見た。女にはヴァギナがあった。男は、自分にはペニスがあると気づいた。男は目を向けると言った。「それは何のためにあるんだね」。女は答えた。「いいことをするためよ」。男は女の上になり、ふたりには五〇人の娘と五〇人の息子が産まれた。ふたりはどう扱ったらよいのかわからなくて、子供たちを放り出した。

娘たちは一緒に北に向かい、息子たちは東に向かった。娘たちは地面に穴が開いているのを見つけた。彼女たちは初めて空を見て、地上に上った。五〇人の息子も地殻に穴が開いているところに来て、地表に上ってきた。娘と息子の集団は相手の集団がいることを知らずに、それぞれ地表を旅していった。ある日、息子たちは泉にやってきた。彼らは衣服を脱ぎ捨て、水浴びをした。五〇人の娘たちは離れたところから若者たちを見ていた。ある勇敢な娘が言った。「一緒に行って、ほかの人間が何をしているのか見てみましょうよ」。他の娘たちは皆、嫌がった。

娘は茂みの陰から裸の若者たちを覗いた。注意して見ると、彼らが自分たちとは違うことに気づいた。若者たちが衣服を着たので、娘はしのび足で仲間のところに戻った。「あそこの人たちは私たちとは違うわ。乳房があるところには何もない。ヴァギナのところには何か別のものがある。髪は私たちみたいに長くなくて、短いの。あの人たちが裸でいるところを見ると、どきどきして抱きしめたくなってくるのよ」。他の娘たちは答えた。「そんなの嘘よ」。「それなら自分で行って見てごらんなさい」。けれども、他の娘たちはこう答えた。「旅を続けるわ」。ゆっくりと進んでいた五〇人の若者も、旅を続けた。ふたつの集団は非常に近い場所に野宿した。

若者たちは木を切って家を建て始めた。娘たちはこれを遠くから見ていた。勇敢な娘が言った。「こっそり行って何をしているか見てくるわ。一度裸のところを見たら、もう一度見たくなったの」

娘たちの中に奔放で我が強い者がいたように、若者たちの中にも奔放な者がいた。彼は家の中に住むのを嫌がった。彼は非常に荒っぽくて、他者を殺して食べることしか考えていなかった。勇敢な娘は茂みの中を這って家のほうへと進んだ。荒々しい若者が近くに来て、娘の匂いに気づいた。彼がどなり声をあげると、娘は悲鳴をあげ、走って仲間のいる場所に向かった。若者たち全員が娘の悲鳴を聞きつけ、立ち上がると娘を追いかけた。娘は茂みの中を走り、悲鳴をあげた。他の娘たちもこの娘のほうに行って助けようとした。娘たちは茂みの中で若者たちと鉢合わせになり、戦った。大胆な娘も荒々しい若者と出くわした。

彼らは暗い茂みの中で一対一になって戦った。どの男女も横にいる組が見えない。娘たちは強かった。彼女たちは五〇人の若者を地面に投げ飛ばして、彼らを組み敷いた。そして「それでは、見てみよう」と心の中でつぶやき、若者たちの股間を押さえつけた。娘たちがペニスに触るとそれは大きくなり、若者はおとなしくなった。ペニスに触っているうちに、娘たちの気持ちは高まっていった。彼女らは服を脱ぎ捨て、ペニスを自分たちのヴァギナに挿入した。若者たちはおとなしくしていた。娘たちの行為に若者たちはうっとりし始めた。こうなると五〇人の若者は娘たちより積極的になり、ひとりずつ娘を連れて自分の家に行った。ただ、荒々しい若者と大胆な娘だけが残って森に行った。ふたりが森から出てくるのは、子供を盗んで食べるときだけだった。他の若者と娘は夫婦になった。

家の中で、若者たちは言った。「女が男の上に乗るのは正しくない。これからは、男が女の上になる。そうすれば、俺たちはおまえたちの主人になれる」。以来ずっと今に至るまで、カバイル族はこのように交わることになっている。こうすることによって若者は娘よりも活発になり、皆が満ち足りてともに幸せに暮らした。（アルジェリア、カバイル族）[338]

アダムと最初の妻が登場するユダヤ教の外典はよく知られているが、ここではリリスがアダムを上に乗せるのを嫌がり、アダムを不快にさせている。ところが、カバイル族の物語は最初の娘たちが完全に性的主導権を握ることを認めていて、彼女たちを少しも非難していない。娘たちは「おとなしくしている」男たちを組み敷く。「おとなしくしている」という言葉は二回繰り返される。しかし娘たちが若者と夫婦になって男が建てた家に住むようになると、役割は逆転する。さらに驚くべきことに、娘たちは家の建築にはまったく手をださない。娘たちは何もしないで、忙しく働く男たちをおとなしく眺めているだけである。最終的に、男が女の上に乗ることは男が家を建てたことと直結していて、それゆえ、家だけでなく女の「主人」にもなるのだ。終りよければすべてよし、である。若者たちが「活発になる」と力関係は逆転し、皆が「満ち足りて」暮らす。けれども、ここでの語り手は誰なのだろう。

オロモ族の格言にあるように、「おとなしく横になる」のは女の役目だろうか。アダムの最初の妻リリスはこうした受身の役割に抵抗し、そのために強く非難される。女は上になるべきではない、というのだ。広く知られた馬と乗り手の比喩も、優先的地位に立ちたいという同様の気持を反映している。南米でよく言われる格言に「乗り手が命令する」というものがある。また、アラブにも「馬は乗り手に頼り、女は男に頼る」（アラビア、マグレブ地方）という格言がある。それにしても、なぜふたりのうちのひとりが命令しないといけないのだろう。そして、なぜ片方だけが相手に頼らねばならないのか。

　こうして、交わる際に上になるということが、別の潜在的な権力を象徴することになった。たとえば、男は子供を所有し同様に妻も所有して一家の長となる、といったことだ。

　それにしても、なぜ上になることと子供を所有することが関係あるのだろう。ダル・エス・サラームにいたときに同僚たちが、離婚した夫婦のどちらが子供を引き取るべきかと議論しているのを聞いたことがある。父親かそれとも母親か。ひとりの男性がこう言った。「もちろん男だ。子供を作るときに上にいるのは男なんだから」。皆、大笑いしたが、私がそれはまじめな話かと尋ねると、彼は答えた。「私のほうの習慣では、離婚すると子供は男の側に行くと決まっているんだよ」。ケニアで何人かの女性に聞いた話では、不実な夫と性交すればＨＩＶエイズに感染する可能性が高いが、夫と寝るのを拒否しない、という。なぜなら、拒否すれば確実に離婚され、そのうえ子供を失うからだそうだ。こうして、「正常位」というヴァチカンが認可する唯一の体位[339]は、性交渉を持つ際の一般的な体位以上の意味合いを持つことになる。

　この定められた順番は、もう一つの書かれていない性的ルールを含むことになった。それは、女はつつましくあるべきで、先に立ってはいけないというものだ。ほとんどの文化では、最初に意思表示をして求愛するのは男だとされている。これは、古代日本の起源神話における中心的主題になっている。主要登場人物はふたりの若い神々で、彼らは自分たちが作った島に天から降りてきた。ふたりの名前も象徴的で、それぞれイザナギ（「招く男」）、イザナミ（「招く女」）という。

ふたりの神は夫婦になりたいと考え、必要な儀式を行った。国の中心にある柱をイザナギが左から、イザナミが右からまわった。出会ったところでイザナミが先に言った。「なんとうれしいことよ。立派な若い男と出会えた！」イザナギは不快に思い、こう言った。「男なのだから、私のほうが当然先に言うべきだろう。どうして女であるあなたが先に言うのだ。そんなやり方は不吉だ！　もう一度まわるところからやり直さなくてはならない」。ふたりは儀式をやり直し、出会ったところで今度はイザナギが先に言った。「なんとうれしいことよ。すばらしい娘に出会えた」（日本）[340]

この物語に登場するのは神々だが、込められたメッセージは誰にも馴染みがあるように思える。性に興味を示す女は不謹慎、あるいは災厄とまで言われるのだ。同様のメッセージはベニンのヨルバ族にも見られる。物語の中でマフ神は、最初のふたりの人間が一緒になり、彼の意志に反したやり方で性交渉をもったことを非難する。女のほうが積極的にことを運び、自ら進んで男のところに行ったからだ。彼女の罪を罰するために、こういったことは決して繰り返されなくなった。女が夫を選ぶことは絶対になく、夫から命じられない限り妻が夫とベッドを共にすることはなくなったのである。[341]

ほとんどの文化において、勇敢で自信に満ちていなければならないのは女ではなく男だとされる。だが男がすべての行為の重荷を背負うことになれば、自分の実行力に大変な不安を抱くのも男ということになる。性の始まりに関する物語に喜びよりも恐れの感情が非常に多く見られるのは、こうした理由によるのかもしれない。女が持つとされる貪欲さに対する恐れ、性的能力への不安感の表れとして、物語の中でヴァギナはかなり不気味なものとして描かれている。

歯の生えたヴァギナ

昔、男のペニスは巻いておかねばならないほど大きかった。あまりに大きいので、男はペニスを肩にかけた袋に入れていた。女のヴァギナも非常に大きかったので蓋つきの籠に入れていたが、あまりに重くて持ち運びができなかった。男と女は余計な部分を切り取ることにした。だが、まだ深刻な問題があった。女のヴァギナには歯が生えていて、性交するとこの歯が嚙みつくのだった。結婚するといつも男は死んでしまった。それで、男たちは女たちに酒を飲むように勧め、女たちが酔っぱらった隙にヴァギナから歯を取り除いた。こうしてようやく人間の数が増え始めた。ヴァギナに生えていた歯は数珠として使われ、ついにどの夫婦も幸せになった。（台湾、ルカイ族[342]）

起源神話に出てくる最初の人々の性的関係は、多くが気楽なものとは程遠い。そもそもの初めから、敵意がむきだしになる。男は女の性器が悪意に満ちていて、最初の性体験をするそのときに相手の男を殺そうとするのだと疑い、とがめる。ヴァギナの中では激しい炎が燃えている、とする物語もある。マオリ族は女性器を「死の家」とさえ呼ぶ。

起源神話では楽園や愛の夢物語よりも、ペニスを飲み込む子宮という恐ろしいイメージのほうが強いようである。さらにひどい場合もある。悪名高く恐ろしい「歯の生えたヴァギナ」が登場する物語は世界中に見られる。シベリアのユカギール族の話では、ヴァギナに生えた歯が女のスカートの中で歯ぎしりする音まで聞こえる。ひどく心配した男はこの女を寝かしつけ、巨大な歯が生えた危険なヴァギナを探ってみた。男がヴァギナを丸ごと切り取ると、その下にもうひとつ「普通の形をした」ヴァギナが見つかった。それで男はこの女を家に連れていき、奴隷にした。[343]

この物語で語られているのは誰の恐怖だろうか。答えは語り手の視点から考えなければならない。たとえば、インドのコンド族の物語では、女たちは人間ではない生き物とされている。「昔、女には乳房が四つ、ヴァギナがふたつ、前と後ろにあった。しかし、顔はひとつだけで前を向いていた。ほとんどの人間は女たちを怖がっていたので、絶対に夫婦にならなかった」（傍点は筆者、インド、コンド族[344]）

歯が生えたヴァギナの神話は、男の恐怖感を表している。アメリカ大陸からアジアまで、数え切れないほど多くの物語が同様の話を伝えている。とくにインドにはさまざまなヴァリエーションが見られるが、中央アジア、東アジア、東南アジア、台湾、サモア、フィリピン諸島などにも多い。アメリカ先住民の文化でも目立つ話である。たとえばニューメキシコのヒカリヤ・アパッチ族の物語では、この世でヴァギナを持っているのは残虐な怪物の娘四人だけだった。

彼女たちは女の姿をしていたが、実のところヴァギナでしかなかった。それでも、四人の娘は体の各部がそろった完璧な肉体を持っているように見えたし、脚で歩きもした。娘たちは性交をしたがり、男に抱きついて彼らを食べた。男たちが娘たちを訪ねてくると、「蹴飛ばしお化け」に家に蹴り込まれ、二度と戻ってくることはなかった。最後に若き英雄が現れた。彼は娘たちに酸っぱいベリーを与えた。それを食べると、娘たちは彼と性交しているような錯覚に陥った。彼女たちはこのベリーがとても気に入り、恍惚となって意識を失いかけた。この薬がとてもよく効いたおかげでヴァギナの歯はすっかりなくなり、彼女たちのヴァギナは正しく用いられるようになった。[345]

名は体を表すというべきか、この若者の名前は「敵を殺す者」である。また、こうした物語は、若い英雄が試練を受けるというテーマに沿ったものである。広く伝わっている家父長的な神話には、女を手なずけ、その力を弱めようとする話が出てくるが、これもその中に含まれる。そうした物語では、最初は奔放で、性交渉でも積極的で上に乗っていた女が、結局は男に危険をもたらす女の力を抑え込まれる。想像上の「歯の生えたヴァギナ」にも同様のメッセージが感じられ、なかには「普通の」歯が大きくなって、恐ろしい蛇や猪の歯、あるいは象の牙にまでなるという話もある。では、肝心の部分の大きさはどうなのだろう。

世界が始まったとき、パンヤの木のうろからダカパジとスジャマジェンジャが出てきた。そのときスジャマジェンジャのヴァギナは馬小屋の扉ほどの大きさだった。下には取っ手がついていて、上には歯が二本生えていた。歯が見えるのは夜だけだった。夜には歯が明るく輝いた。（インド中部、コンド族）[346]

最初のふたりの人間がパンヤの木から生まれるというのは興味深い。この木の枝は、他の「歯の生えたヴァギナ」の話にも登場する。なぜパンヤなのだろう。たぶん、「パンヤの木の皮をむいて叩くと、男の精液のような汁が出る。妊婦がこの木の下に行くのはとても危険だ。棘が歯のように曲がっていて、非常に厄介なものだから」ということだろう。女がこの木の助けをかりて、ヴァギナの歯を自分で取り除く話もある。

> 男たちは女を怖がって決して近づこうとしなかった。すると女たちはますます貪欲になった。あまりに男が欲しくてたまらなくなったため、女たちはとうとうジャングルに行きパンヤの木を見つけた。どの女も小枝を切って自分のヴァギナに押し込んだ。歯は木にささり、それが今でも木についているのが見られる。（インド、ブーイヤ族[347]）

だが、ヴァギナに隠されているのは歯だけではない。歯の陰にまだ危険物が潜んでいるかもしれないのだ。オリノコ川北岸に住むアメリカ先住民に伝わる話では、「空の場所」に住んでいた最初のワナディ（太陽神）が、同じくワナディという名のシャーマンを地上に遣わす。地上に降りたワナディは釣りに行き、水中に住む生き物を捕まえた。この生き物は水中では魚の姿だが、水から上ると大変な美女カウェシャワになる。ワナディは彼女を見て夫婦になりたいと思った。だが、彼女は危険に満ちていた。この女は歯の生えたヴァギナにピラニアを隠して育てていたのである。それでも、ワナディはカウェシャワを手に入れたいと思った。まず、ワナディのふたりの助手のひとりがペニスに鉄針をつけて武装し、カウェシャワと交わった。ピラニアは針に食いつき、歯は割れて抜け落ちた。しかし、ピラニアはまだヴァギナの中に残っている。

ワナディは特別に調合した薬を使い、ピラニアをすべてヴァギナから追い出すことに成功した。魚は眠って浮いてきたので、あとはすくい上げるだけでよかった。ふたりは籠いっぱいに魚をとって三日分の食料にした。ワナディは喜んでカウェシャワに言った。「もうおまえはすっかりよくなったから、私の妻だ」（ベネズエラ、マキリタレ族[348]）

こうした物語で描かれる性のイメージは、精神分析医に打ち明ける神経症的な夢を連想させる。美しいが危険を孕《はら》んだ娘の立派な夫が新婚初夜に死ぬ、といった話だ。英雄または娘の母親がヴァギナを調べて、恐ろしい歯が並んでいるのを見つける。あるいは、毒蛇が突然中から首をもたげる（台湾、アタヤル族[349]）。危険が去り、歯が砥石か何かで削り取られると、次の夫は去勢される恐れもなく、ずっと幸せに暮らすことになる。

こうした恐ろしいイメージは、他の物語と同じく創世神話にも見られる。心理学者は性的不安と人間心理とを結びつけるが、人間の肉体の構造が関係することも否定できない。

最初の女のヴァギナや腹や口に蛇がいると、当の女よりも男にとって危険が大きい。悲しいことだが暗黙の前提として、女は男を亡ぼそうとするものと決まっているからだ。現実の女たちが経験する暴行などの性的暴力が、物語の中で女の視点から語られることはめったにない。たまにそのような話があっても、危険にさらされる男の観点から語られる。

最初の頃、女のヴァギナには歯が生えていて、勇敢な男が思い切って女のもとに行けば、ペニスを失うことになった。ある日、ひとりの男がヤギの番をしていた。男のペニスは非常に長く、先端に棘が生えていた。この男はある娘に欲情を抱き、自分の実った小麦畑に彼女を投げ倒した。男は棘を使ってヴァギナの歯を砕いた。歯を投げ捨てると、木になった。しかし娘は腹を立て、痛みも感じたので、ペニスをつかんで切断し、地面に埋めた。やがて、それはパンヤの木に成長した。（インド、ジュアング族）[350]

歯の生えたヴァギナの話に比べると、棘でおおわれた恐ろしいペニス（正式には penis aculeatus）のことを述べた話は驚くほど少ない。こちらは、女性の側から見た性にまつわる危険を象徴しているのだが。性的関係にまつわる起源神話のうち、女に対する男の恐怖をあからさまに伝えているもののほうが圧倒的に多い。中心となるメッセージは、子孫を残すのは男（とくに最初の男）の義務だが女と交わるのは恐ろしい冒険だ、ということである。それから物語は、女からの性的脅威を取り除き、男の性的な勇敢さを立証するという方向に展開していく。

女と平穏に暮らすにはどうすればよいのか。ナイジェリアのヨルバ族の祭では、男が女の力を認識しており、それをなだめようとしているのだということを、仮面の男が太鼓奏者と男性コーラスの助けを借りて表現する。男たちは生命を維持する「母親」の権威に敬意を表する。「母親」は、「年長の、祖先の、あるいは神になった」女の特別な力に対する恐れに満ちた敬意を、総体的に表すものなのだ。

褒め称えよ、ウー、今日こそ褒め称えよ、ウー
破壊する母親を、私は、私は今日褒め称えよう
……
褒め称えよ、今日こそ褒め称えよ、ウー
母に栄えあれ
母に栄えあれ
そのヴァギナが誰もの恐怖の源になる母よ
恥毛が塊になって巻き上がる母よ
罠をしかける、罠をしかける母よ……[351]

こうした事柄をすべて考慮に入れたうえで、女と平穏に暮らすには（この逆もあるが）どうすればよいのだろう。男が感じる去勢不安は他の男からではなく女からもたらされる、と観察したのはフロイトである。人類学者マリノフスキーが調査した東ニューギニア沖にあるトロブリアンド諸島の島民は、フロイトの説など知らないし、歯の生えたヴァギナについても述べていないが、島の南部に住む女たちに同様の恐怖を感じている。庭の草むしりをする女たちが興奮して通りがかる男を誰かれなく捕まえて犯し、恥知らずなほど屈辱的な行為をさせると信じているからだ。島の北であれ南であれ、

草むしりをする女たちが男たちに正確に何をしたのか、男たちの行為でどういう目にあったのかを、誰かが実際に彼女たちに聞いたのだろうか。それとも、こういう恐怖感は語り手の心の中だけにあったものなのだろうか。

西洋の精神科医はといえば、同様の厄介な考えが男性患者の頭を占領していることを認めている。男性患者たちは知りあいの女たちについてセラピストに話す際、「女たちは守ってやりたい内気な存在などではなく、海のように強く、運命のように逃れられない存在なのだと、恐怖と戦慄と畏れをこめて」語るという[352]。

起源神話は、最初の男の行動と主導権、そして彼が感じる恐怖と喜びを述べることにひたすら専念している。男と女が創造された直後に、男が勇気を出してできたての性器を、参考にする人間の先例もないまま、まさに初めて最初の女に試す姿が描き出される。

禁断のパートナー

世界が作られる前には大きな海しかなく、そのまん中に蓮が生えていて、そこにマハプルブが住んでいた。彼の腹から男の子と女の子が産まれた。ふたりは蓮の中で遊んだ。ふたりが大きくなって喧嘩をすると、うんざりしたマハプルブは彼らをつまみ上げて殺した。彼らの肉は大地になり、骨は石に、血は水に、髪は草になった。こうして世界ができた。

しかし世界ができたのち、マハプルブが思索にふけると、また彼の腹から男の子と女の子が産まれた。

ふたりは罪を犯したくなかったので、相手を見ないように目を閉じていた。マハプルブに拳で叩かれると彼らは目を開けたが、夫婦になることは拒んだ。それでマハプルブはふたりを追放し、彼らは反対の方向へと一二年間さまよい続けた。彼らがどこに行ったのかはわからない。しかし再び顔を合わせたときにはもう、相手が誰だかわからなくなっていた。ふたりが夫婦になるとマハプルブは喜び、彼らの王国として、ふたりにこの世界を与えた。（インド中部、クルク族）[353]

世界にたったふたりしかいない人間が、たまたま近親者だったらどうなるだろう。前述したさまざまな障害に加えて、これも非常に深刻な問題として提示されている。多くの物語において、この問題は最初の人間が性的関係を結ぶ妨げとなる。こうした物語では、父親とひとり娘、母親とひとり息子、あるいは男女の兄弟というカップルが、この解決不能の苦しみ、すなわち近親相姦というタブーと、空っぽの地球を人間で満たすという神聖な義務とのジレンマに対処する様子が語られる。

なぜ近親相姦をこれほどまでに嫌悪するのだろう。人間の第一の責務は繁殖である。生物学者によると、近親交配も異系交配も繰り返しすぎると同様に害をもたらす可能性があるという。おそらく人が近親相姦を嫌悪するのは、文化的規範が「遺伝子と人間意識の間の」遺伝学的メッセージとして少しずつ定着していった結果なのだろう。[354]

伝統的な精神分析の学説はこれと正反対で、親族内での交配と性交こそが自然な性向で太古の禁忌以前から存在しており、その後普遍的ともいえる心理的タブーが生じたと主張している。近親相姦的なパターンの痕跡は空想や夢、神話にも見られ、もっとも有名な例はオイディプスの物語だろう。[355]

起源神話には、太古の近親相姦がよく登場する。最初の人間がふたり目の人間をなんらかの方法で自分の体から生み出し伴侶とする場合も入れると、その例はさらに多くなる。結局は神聖な責務が常にタブーに打ち勝つ。人生の最重要事項に対処するためには、近親相姦は一度だけは許されるべきだというメッセージが、直接的もしくは間接的に込められているのだ。

ふたりの主要登場人物のどちらか（または両者）は、自分たちが近縁にあると知ると、最初は性交をためらう。だが、この世にひとりしかいない相手との性交を断固として拒めば、歴史は始まる前に幕を閉じることになっただろう。

近親相姦の物語は東アジア、東南アジア、太平洋地域に非常に多い。こうした地域では男女の兄妹のどちらか（または両者）が気の利いた策を考えて、近親相姦を受け入れられるようにする。こうした成り行きは、劇的な洪水ですべてが破壊され、残ったのは浮遊するヒョウタンや木製の太鼓につかまって助かった男女の兄妹だけという場合に多い。このふたりは通常名をもたない。

> 兄妹が命拾いさせてくれたヒョウタンから離れると、荒れ果てた地上にいるのはこのふたりだけになった。しばらくすると、寂しい兄はたったひとりの妹と寝たくなった。しかし、妹はいつも拒絶して逃げ出した。ある日、妹はまたもや逃げ出し、木のまわりをぐるぐると、だんだん速く走った。兄の頭によいアイデアが浮かんだ。彼が向きを変え逆方向に進むと、当然妹は兄とぶつかった。こうしてふたりは一緒に寝るようになった。

それからどうなったかって？　しばらくすると、妹は出産したが、産まれたのは赤ん坊ではなく肉の塊だった。両親はこの生き物をとても妙だと思い、細かく切り刻んで袋に入れた。すぐに一陣の風が吹いて袋の口が開き、肉片は空中に舞い上がった。ところが、地上に落ちてくる際に肉片はすべて男と女になり、彼らは地上に降り立つと、その場にちなんだ名を自分たちにつけた。葉の上に降りた人間は葉、森に降りた人間は木という名で呼ばれた。こうして、地上には新たな男たちと女たちが住まうようになった。（中国南西部、中国人[356]）

よく似た物語はベトナムにもあり、そこではヒョウタンに入って洪水を生き延びた兄妹が、性交する許しを得るため、神にしるしを求める。妹は皮袋を産み、そこから男の子が一〇人と女の子が九人出てくる。これが人類の祖先となる（ベトナム、ヤオ族[357]）。前述した中国の話と同じく、ここでも兄妹は正常な子供を持つことができない。これはふたつの課題を両立させるのは不可能だということを示している。前述した兄妹の例では、若者たちが自分で対処しなければならない。最初に述べたインドのクルク族の物語では、創造者が解決策を考え出した。

あるアフリカの物語では、最初の母と息子は近親相姦を犯していないと強く主張している。

サニンは独力で生まれ、独力で息子を産み、その子にコントロンという名前をつけた。ふたりは藪のなかに住み、コントロンは狩りの名手になった。彼は童貞のままだった。それでも、ある日彼の腿に腫れ物ができ、どんどん大きくなっていった。とうとう苦痛が耐えがたいほどになったので、コントロンは狩用のナイフで腫れ物を切開した。中から女の赤ん坊が出てきて、たちまち若い娘になった。それで、ふたりは夫婦になった。（マリ、マンディンゴ族）

この女の子は、コントロンの産まれていなかった双子の妹なのか、それとも娘なのだろうか。それに、ふたりは最初にどうやって結ばれたのだろう。互いに魅力を感じたのだろうか。それとも、コントロンが自分の腿から産まれた少女を強姦したのだろうか。この物語を語った狩人はよく知らないようだ。はっきりしているのは、サニンもコントロンも奇跡的に妊娠したのだから、特別な力を自由に使えるということである。今日に至るまで、この母親と息子は、彼らの子孫を自認するマリの狩人たちの最古の守護者である。[358]

最初のカップルや彼らの最初の子供たちが、自分たちが夫婦になるのを必ずしも恥じるとは限らない。あるイヌイットの神話では、最初の男と最初の女から生まれた男の子は三日で大人になった。次に生まれた女の子も三日で大人になった。自らを創造したワタリガラスの助言により、男女の兄妹はすべきことをした。ふたりは時間をまったく無駄にせず、「地上に、より早く人が満ちるように」ただちに夫婦になった。（アラスカ／シベリア、ベーリング海峡、イヌイット）[359]

ヒンドゥーの神話によれば、宇宙の始まりはプルシャの姿をした孤独な魂 **(ātman)** で、彼は仲間を欲しがっていた。原初の両性具有者だったプルシャは、ふたりに分かれたのち、再び結合する。つまりふたりは再び「ひとつの身」となったのだ。始まりのときには、近親間の「結合」は当然避けられないのだが、女である半身は戸惑い、あきれる。「彼は自分の身から私を作ったのに、どうして私と結ばれるなどということができるのだろう。恥知らず！　私は身を隠そう」。彼女はさまざまな雌の動物に変身するが、もう一方の半身も変身して同じ動物の雄になり、彼らは結ばれてさまざまな動物を生み出した。[360] ここでも、ひとつの体がふたつに割れる。そしてやはりここでも、彼らが父と娘なのか、男女の兄妹なのかははっきりしない。とはいえ、女が男の体から出てきたのは事実だから、近親者であることに違いはない。プルシャは神の特質も備えており、最初の人間よりも神々のほうが近親相姦をずっとうまくやってのけることもある。しかし最初の人間が分裂によって生まれる場合には、これが近親相姦に当るのかどうかを見極める必要がある。

とはいえ、最初の人間のカップルはいったいどうすれば近親相姦を避けることができるのだろう。そして、どこで線引きをすればよいのだろう。最初の女性たちは男性たちの体から現れたり分離したり、あるいは男性の体の一部から作られたりする。この逆もありうる。このような「分離して現れた」最初の人間の血縁関係は、正確にはどうなっているのだろう。神話は異なる観点から異なる意図をもって語っている。

> メベレは最初の男ンザメを作った。その後、ンザメの足の親指から女を作った。女はオイェメ・マムといい、ンザメの妹だった。ふたりは性的関係を持ち、これが最初の近親相姦となった。ファン族は今でもこれを最大の恥辱としている。まさにそのせいで、メベレは地上から去った。オイェメは八組の子供を産み、それがファン族、ピグミー、海辺の民族、白人、チンパンジーの祖先になった。（ガボン、ファン族）

神が地上から去ったのだから、原初の性交渉はファン族に悲哀をもたらしたことになる。けれども、なぜオイェメ・マムはンザメの娘ではなく妹とみなされたのだろう。ふたりが兄妹だと考えられたのは、オイェメ・マムがンザメの親指から作られたからだろうか。子供は親の体や体の一部から作られるもので兄弟の体からは産まれない、という主張も成り立つはずだが。

最初のふたりの人間が同じ材料から別々に作られた場合には、近親相姦と言われることはない。材料が同じであることについては、まったく問題がないようである。聖書の「創世記」にはふたつのバージョンがあるが、これについてはどうだろう。ひとつの話ではアダムとエバはどちらも土から作られ、もうひとつの話ではエバはアダムのあばら骨から作られる。「あばら骨」説では、アダムとエバは近親者ということになる。この話にせよファン族の話にせよ、次のようなことは言えるだろう。つまり、最初の男の体から作られた最初の女は、男の娘か、風変わりな方法で生まれた双子の妹であると。いずれにせよ、彼らは血縁関係にある。エバが生まれる前のアダムは両性具有だった。なぜなら、神は雌雄同体の生き物を作ってそれを分割する心づもりだったからだとする説もある。[362]

中国に住むイスラム教徒の神話では、アッラーが最初の男を土と水から作っている。この男はアダムという名だった。「しばらくすると、アダムの三番目のあばら骨に不思議な塊ができた。塊はだんだん大きくなっていった。どれぐらい経ってからかは不明だが、塊が破裂して、ひとりの女が生まれた。理由はわからないが、アッラーはこの女にハイエルマという名をつけた」（中国、回族）[363]

最初の女の誕生を描いたヨーロッパの宗教画の多くで、エバは穏やかに眠っているアダムの体から出てくるように見える。彼女は神の助けを得てアダムの右脇から現れる。楽園には産みの苦しみはまだなかったのだ。

アダムとエバが近親関係にあったことは、本人たちも子孫も気にしなかった。現代でも、アダムとエバの近親相姦を問題視する創世記研究者はいない。彼らの場合は、神自身がふたりの結合をお膳立てしたのだから特例だ、と単純に考えられている。[364]これでは誰も彼らを非難しまい。ファン族は、最初の男が自分の親指から生まれた女と夫婦になったとして、自分たちを責めている。だが、「創世記」にしても他の原初の物語にしても、最初のカップルの子供たちが近親相姦を犯すのはいずれにせよ避けられないのに、なぜ最初の人間たちばかりが非難されるのだろうか。そして実際、何世紀もの間、カインとアベルが姉妹と交わったことについては激論が交わされてきたし、神学者たちは、人類の歴史がそのような恥ずべきやり方で始まったことを気に病んでいる。しかし、繁殖し地に満ちよという至上命令を人類が達成するために、ほかにどんな方法があったというのか。

アダムとエバの問題をもう一度考えてみよう。彼らの物語はタルムード、コーラン、ハディース、新約聖書、キリスト教その他の注釈書で、数知れないほどの正統、反正統、異端の考えにより読み込まれ解釈されてきた。こうした解釈の中には、「創世記」に対するわれわれの見解の一部になっているものもある。

精神分析の理論はアダムとエバの物語に新しい視点を加え、いくつかの点でこれまでの説を覆し、エバはアダムから作られたのではなく、アダムを誘惑したのはエバではないと主張している。精神分析学者に言わせれば真相はその逆で、物語はあえて認めたくないことを隠しているだけなのだ。もしエバがすべての生き物の母というのなら（この解釈に強い疑問を持つ研究者もいる）、彼女はアダムの母でもあるはずで、アダムはエバから作られたことになる。アダムこそがエバを誘惑するのだ。となると、この話はオイディプスの物語のようになる。その中でアダムは母親と近親相姦を犯し、ふたりは堕落して父なる神への冒瀆行為を犯す。林檎は女の乳房を表し、それを食べるのは性交することを意味する。「食べる」という経験は自覚につながり、人間の目覚めである堕落は、人間の自意識の始まりを表している。大部分の注釈書ではエバのあるまじき行為に焦点を当てているが、精神分析学ではこれはアダムの物語、すなわち彼と父なる神との戦いの物語、土を耕すことによって母親と再結合する物語となる。蛇は明らかに男根を表し、罰の持つ意味は「女を蛇の対極に置くことである。地面は母なる大地であり、蛇は地上を這うように定められたとき、性交するように定められているのだ。蛇とアダムは地を這い耕すことによって、大地と関係を持たねばならない」[365]

　言い換えると、アダムの「堕落」とともに人間の歴史は始まる。これは個性化の歴史であり、その中で抗争と戦いが調和に取って代わるのは避けられない。では、こうした状況においてエバをどう見るべきか。彼女にはペニスがなく、土を「耕す」ことはできない。これはエバには文明の創造において果たす役割がないということを意味する。非常に多くの起源物語に登場する最初の女と同様に、ここではエバには何の重要性もない。彼女は男の物語の中での単なる脇役にすぎない。

　最初の息子と最初の母親との近親相姦的つながりを最初の人間関係だと解釈すると、物語は逆転する。母親との親密な関係が擁護されるはずもなく、息子は罰せられる（母親に食べられたり傷つけられたり、あるいは父親に殺される）恐怖に直面せざるをえない。息子は絶望し、母親に愛情あふれる愛すべきイメージを持つ代わりに、その逆、つまり信頼できない脅威的な女というイメージを持つようになる。これはそのまま、母なる女神が持つ両面のイメージ、つまり愛情あふれ寛大でやさしい一面と、押しつけがましく気まぐれで残酷な一面とを示す。

「創世記」を精神分析の見地から考えると、男性の性に対する恐怖と渇望が軽蔑と攻撃に変わる経緯をより深く考えることができる。暴力はストレスが表面化したもので、自分自身の性的な無力さと欲求不満を抑制できないことに起因し、自分よりも弱い相手に向けられる。

しかしながら「創世記」の解釈のほとんどでは、エバが非難の的になっている。楽園を追われ、人間の苦難が続く責任は彼女にあるというのだ。悪と罪、喪失と死は、破壊をもたらす唯一の原因である女と関連づけられ、非難される。母親との強い近親相姦的つながりを抑圧している起源神話は、数え切れないほど多い。こうした神話では神話が持つ破壊的な願望を「女が犯され、肉体を傷つけられ、殺されるという神話的状況の形で」表現しているのである。[366]

近親相姦を扱った神話は世界中に存在し、タブーを破るなと警告する役割を担っているが、始まりのときの物語の根本にあるのは、繁殖こそが人間の第一の義務だという原理だ。

強さ、弱さ、盗まれた秘密

ジャンガウルの兄のペニスと妹たちのクリトリスは神聖な象徴だった。彼らがオーストラリア本土にいた間、兄が妹たちと交わったかどうかについては何も触れられていない。しかし、ここンガンマルウィに来て暮らし始めると、兄は上の妹ビルジラロイジュに「おまえと交わりたい」と言った。彼女は尻込みし、理由を知りたがった。

「ここに何人かの人を住まわせたいのだ」と兄は答えた。彼はまず上の妹のクリトリスを持ち上げて長いペニスを挿入し、その後、下の妹にも同様にした。男は夫が複数の妻と性交するように、姉妹の両方と交わった。（オーストラリア、ウランバ族）[367]

ジャンガウル兄妹はアボリジニの最初の祖先である。ふたりの妹は社会と生活に秩序をもたらすべく積極的に活動していたが、ある日、神聖な持ち物を無防備に手放す。これはンガインマラという神性な敷物または袋で、中にはペニスの象徴であるランガーという棒が入っており、これは妹たちの多産な子宮から出てくる子供のシンボルでもあった。ふたりの妹はいつもランガーというシンボルを、実は子宮であるンガインマラに入れて運んでいた。一方、男たちは何も持っていなかった。

果てしない豊穣と創造を表すこの強力で神聖な持ち物を、兄とその仲間（彼らも妹たちの子宮から現れた）は妹から盗んだ。神聖なシンボルを持たない男たちは、女のために食料を集めたり、パンを作るために木の実をすりつぶしたり、子供の世話をしたり（赤ん坊に授乳したという話まである）していた。これが盗まれたということは、女が力を失ったということを意味する。すると役割はまったく逆転した。以来、女たちは食料になる野菜を集めたり、子供たちの世話をしたりしなければならなくなった。男たちが神聖な力を掌握したからである。

「お姉さん、どうしようか」と妹が尋ねた。「袋はどこにあるのかしら」

「あそこに行って男たちに聞いてみよう」と姉は言った。ふたりが走っていくと、ジャンガウルの兄と妹たちの子宮から生まれた仲間は、物陰から姉妹を見上げた。男は姉妹を見ると歌い棒を取り上げ、仲間が歌うのに合わせてリズムをつけて彼らを叩いた。

姉妹は歌い棒と男たちの歌声を聞いて立ち止まった。ふたりは男たちが怖くはなかったが、神聖な歌の力を恐れた。こうして男たちは姉妹からこの歌と神聖なシンボルを奪い、同時に神聖な儀式を司る力も奪った。この力はそれまでは姉妹だけが持っていたものだったのに。

妹がもう一度姉に尋ねた。「どうしましょう。袋は全部なくしたし、シンボルも全部なくなった。神聖な儀式に使う力もない！」

姉は答えた。「本当は何もなくしてないわ。私たちは全部覚えているもの。あの人たちに少し分けてあげましょう。あの袋をなくしても、私たちはまだ神聖よ。まだ子宮があるじゃない」。妹はそのとおりだと言った。[368]

大切なのは命を生み出すということなのだ。女たちの意見はこれをよく物語っている。確かに、彼女たちにはまだ子宮があった。[369] それでも、盗むという行為は明らかな転換点を示している。男は力を手に入れると、姉妹の性器を短くしたのである。

しばらくの間、兄妹は旅を続け、やがてバルダングルに着いた。この地名は妹たちのヴァギナから流れる白い液体にちなんでつけられている。というのも、姉妹はここで非常に多くの子供を産んだからだ。

ジャンガウルの兄は妹たちに言った。「おい、おまえたちふたりをここで見てみたい。それからふたりを切ろうと思う」。彼は最初に上の妹のクリトリスを持ち上げて切り取った。あとには腿までの長さの短いクリトリスしか残らなかった。それから、男は下の妹のクリトリスも同様に切り取った。

「ああ、これでより女らしくなった。こうすると、入り口から裂け目が見えやすい。どんなものかやってみよう」。兄は最初に下の妹と交わった。男は「いい具合だ」と言って、今度は上の妹のほうに行ってこちらとも交わった。「とても気持ちがよい。クリトリスの短い先がペニスに当たるのがわかる。前はこうではなかった」。兄が切り取った長いクリトリスは、ランガー棒に似ていた。ジャンガウルの兄は自分の長く伸びたペニスはまだ切り取っておらず、それを肩の上に振り上げて首に巻きつけて運んでいた。（オーストラリア、ウランバ族）[370]

力関係の象徴的な逆転は、毎年豊穣の祭りで祝われる。祭りではアボリジニの男たちがンガインマラの敷物の周りを踊りながらまわり、ランガーの棒で敷物をつつく。一方、女と子供たちは敷物の下で身をくねらせ、誕生前の赤ん坊をまねて、最後にそこから出てくる。ジャンガウル姉妹の多産な子宮の中から祖先が現れたように。力関係が逆転したことを記憶しなければならないのだ。こうして、アボリジニは最初の祖先の役割を自らのものにした。棒でつつく男たちは、自分たちが豊穣の儀式の主催者だということを示しているのである。その一方で、アボリジニの解説者は（こちらも男だ）、本当は「女たちが儀式の先導者であるべきだ、女には何もかも備わっているから。男たちがそれをすべて盗んだのだ。それでも、本当の先導者は女だと誰もが知っている」と言う。[371]

力の象徴である道具や秘密が盗まれるのは、神話の主要テーマだ。盗みに暴力沙汰が加わることもある。生命の秘密つまり象徴は女たちのものだったのだから、初めは女たちが地上の支配集団だったと主張されることが多い。そうした神話のほとんどは、はるか昔に女たちが元々持っていた力を男に奪われたとしている。その結果、以後、男たちは当然ながら社会での力のある地位を占めるようになった。その力を維持するために、男たちは女から注意して身を守らなければならない。男だけの秘密の社会を作り女たちをそこから締め出す、というのはその一例だ。

こうした話は、その社会で確立している性による人間関係を正当化し確認するものだが、それでもそこには恐怖感と不安定感が透けて見える。女に出産能力があるという不公平感はおもしろくないもので、家の周辺で行われる農業によって、狩猟の重要性が徐々に失われていくにつれ（およそ一万年前に）、その感覚が増幅したのではないだろうか。さまざまな神話で、女性の出産能力は農業発展に伴う豊穣さと直接結びつけられている。豊かさの象徴を盗む神話は、無用者意識や劣等感の埋め合わせをするもので、男が抱く象徴的優越感を生み出しているように思える。[372]

道具、笛、ラッパ、仮面といった力の象徴が盗まれる話は、世界各地に見られる。北オーストラリアのウランバ族以外にも、たとえば西アフリカのドゴン族、ニューギニアのケラキ族、フエゴ諸島のセルクナム族や他のアメリカ先住民の起源神話に登場する。セルクナム族の若者たちは成年の儀式の際、男小屋で、心の底に秘めた思いを妻に知られてはならないと教わる。「そんなことをすれば、女たちが昔の力を取り戻す」というのだ。[373] 女の持つ秘密の力を盗むまでは、古代の男は女に比べて無力だったというのがおもな図式である。母親は子供が母親を圧倒するようになるまで全権を掌握しており、幼い息子を支配するという説があるが、先の考えは、こうした母親象にも間接的に言及しているのだろうか。

秘密つまり物体を盗む目的は、女を威嚇することにある。アフリカやアメリカ先住民のさまざまな文化では男が優位な立場にあるが、この優位性は、秘密や道具や仮面の形をした力を男が女から奪ったという、女の側の思い込みと受容に基づいている。そういった神話の中には、女が盗まれたものを一時的に奪い返すという話もある。大変だ！　そうした道具や秘密の所有者がほかにもいるとなれば、男たちはどうなるのか。森の中での成人式で、若者たちは仮面ダンスを目にし、精霊だと信じていた踊り手が実は普通の男だと初めて知らされる。だが、仮面をつけた精霊が村の広場に現れると、女たちは敷物の衝立の後ろに隠れ、なかには死の恐怖に怯えて地面につっぷす者もいる。精霊を見ると死ぬ、と思い込んでいるからだ。

男たちは秘密を確実に自分たちの専有物にしなければならなかった。成人式を過ぎれば、若者たちにはこの秘密を共有する資格ができる。これを知った女は自殺を強いられるか、あるいは処刑されねばならない。アメリカ先住民チャマココ族の物語はやや粗野なうえ暴力的で、彼らの神話における過去に、女たちが秘密の情報、つまり仮面の秘密を知ったという物騒な話が語られる。どのようにして知ったかが重要だ。母と息子の近親相姦によるのだ。

息子は母を誘惑したあと（強姦したという別伝もある）少し気が緩み、母親に男の秘密を漏らした。

母はこれを他の女たちにも知らせた。秘密の漏洩は非常に深刻な問題と思われたので、男たちはただちにすべての女を殺害した。ところがたったひとりだけ、木の陰に隠れて難を逃れた女がいた。ある日、ひとりの男が女のいる木のそばを通りかかった。男の気を引くため、女は男に唾をはきかけ、誘った。男は木に登ろうとしたが、勃起したペニスが邪魔になる。男は登るのをあきらめ、幹に精液をかけた。他の男たちもやって来て登ろうとしたが、やはりうまくいかない。男たちは近くの木から、ようやく女のところに行くことができた。男たちは女を強姦して切り刻み、精液に浸した。男はそれぞれ女の肉片を家に持ち帰り、それから釣りに出かけた。男たちが家に戻ると、村には大勢の女と子供がいた。こうして、どの男も女の死体の断片から生まれた妻を持つことになった。腿からは太った女、指からは痩せた女が生まれた。（ブラジル、チャマココ族[374]）

以後、女たちが男の秘密を知ることはなく、男たちは大いに安堵した。秘密が盗まれたものや情報とは限らない。秘密とは、片方の性が異性に及ぼす力の象徴のことだ。チャマココ族の物語のように、男たちが直接秘密を創造する文化もある。これと異なり、別の解決法を探る神話もあるが、目指すところは常に、異性間にあるとされる明らかに脅威となる不公平の解消だ。

時代の黎明期には女たちが力を持っていた。女たちは鉄拳で支配した。彼女たちは残酷で情け容赦なく、不公正だった。女は何もかも男にやらせた。男たちは畑を耕し、料理をし、子供の世話をし、狩りに出かけ、家を守った。女がしていたのは、ただ命令を出し気に入らないことがあれば罰を下すことだけだった。男たちは言われたことを従順にやり、奴隷のように扱われたが、せっせと働いた。女たちは決して満足せず、あまりにも要求が多くなったので、男たちはこのままではいけないと決意した。彼らは策略をめぐらし、女たちを同時に妊娠させることにした。そうすれば、女を弱らせ、不公平な支配を転覆させるチャンスが生まれるだろう。そして、そのとおりになった。男たちは新しい世界秩序を作り、力を確実に掌握した。以来、キクーユ族の社会は公正で平和になった。（ケニア、キクーユ族）[375]

キクーユ族の物語は、神話が持つ重要な機能、つまり特定の利益と特権を保護するという機能を明らかにしている。他の盗まれた秘密や象徴の物語と同じく、ここでも女に対する男の権威が、特定の起源神話を創作し語ることで正当化されている。

なぜ、男は女から「秘密」、つまり権威の象徴を盗もうと躍起になるのだろうか。女たちが常に「すべてを」持つ人間だからだ、という説もある。彼女たちは出産能力を持ち、クリトリスを持ち（小さなペニスと考えられた）、ヴァギナも子宮も持っている。そして子宮からは女だけでなく男も生まれる。「男だけ」が所有する何かを保護することが、こうした不公平感の埋め合わせになるのだ。[376]

神話は男も女も尊重すべき行動規範を確立する。始まりのとき、しばらくは女性が優勢なこともあったが、どの物語でも最終的に男が力を持つようになる。原初から重大な秘密、つまり力の象徴を所有する者たち、あるいは必然的結論としてその力をすぐに適切に処理した者たちが権威ある地位を得るようになったのは当然であり、より高い地位を占め、よりゆとりある人生を過ごす資格があるのもそのためなのだ。

第九章　血液

> 最初の人々には肉と骨しかなく、その体に血は流れていなかった。太陽があまりに熱く照りつけたので、人々は干上がってしまった。弱々しくしなびてしまった人々は、キットゥングのところへ相談に行くことにした。キットゥングは話を聞き、解決策を見つけた。疲れきった人々は、赤土に水を混ぜて飲んだ。それは人々の体の中で血液になり、人々は二度と干上がることはなかった。以来、人間は血液と水分で満たされるようになり、それが多過ぎると太った。そして血のおかげで子供が生まれた。（インド、サオラ族[377]）

血液は人体を流れる神秘的な液体のひとつだ。唾液、精液、母乳、尿、涙といった他の液体と同じく、血液には生命力があり、人体のためになる。しかしこうした液体、なかでも血液は、とくに体のもっとも弱い部分である開口部にとって危険なものだとも思われている。多くの文化において、異性間の接触、とりわけ体液が混ざり合うことは非常に大きな影響を及ぼすので、社会がカオスへと逆行するのを防ぐために厳しく規制しなければならないと考えられている。

血液はもっとも強い生命力を表し、そこにはあらゆるプラスとマイナスの意味が含まれている。血液は前述したサオラ族の話のように、隆盛と衰退、生と死の違いを象徴する。アメリカ先住民のデサナ族によれば、赤は多産の色であるとともに生物の血の色である。神話において、血液の喪失は社会的、文化的に重大な結果を伴うことが多い。

血液の力

太陽の「目の中の目」から涙が流れていた。一滴の涙が大地に当たると、血の塊（ウェ・オタ）に変わった。初め、それはただの影にすぎなかったが、四世代を経るうちに、つむじ風のおかげで大きくなっていった。つむじ風は影を包んだり、影にぶつかったりして、影が体になるのを助けた。こうして血の塊は身長二メートルほどの「血の塊の少年」（ウェ・オタ・ウィチャシャ）になった。つむじ風が少年にもう一度ぶつかると、話す能力や言葉の知識とともに超自然的な知識を少年は授かった。こうした力によって、「血の塊の少年」は人間の男になった。

太陽は満足して言った。「この大地を管理する世話人ができた」。この男はわれわれの子供のように九ヶ月ではなく、何百万年もかかって生まれてきた。この男は特別で、われわれとは違っていた。それでも彼の稲妻の力と星の息は、われわれの赤ん坊たちにもわずかながら受け継がれている。

次に動物たちがつがいで作られ、その肉を男は生きる糧とした。そして女を創造するときが来た。当時、月はなかった。まだ神聖な新しい状態だった。太陽はすべての惑星を集めると、一瞬の輝きの中で自分の目を片方取り出した。太陽の視線の風に乗ったその目はとどまって月になった。そしてこの目でできた新しい星に、太陽は女を作った。「おまえは星の処女だ」と太陽は言った。「おまえは月の乙女だ。私はおまえに触れ、私自身の影からおまえを形作った。さあ、行って地球の上を歩いておくれ」

これはすべて新月のとき、つまり暗闇の中での出来事だった。女はどうやって地上へ歩いていこうかと考えた。そこで太陽は女に女性の力と女性の知力を授けた。女は月と地球の間に架けられた稲妻の橋を、長い時間をかけて歩いて渡った。宇宙の創造者は女に仕事を教え、女はそれを自らの夢や洞察力や特殊な力によってやり遂げた。女は月から地球へ至る稲妻を歩いて降りたが、それはまた血管でもあった。その血管から「偉大なる精霊」は血を女の中へしたたらせた。この血管は臍の緒の役割を果たし、女の体内に入って、女と月を永遠に結びつけた。

女はゆっくり、ゆっくり歩いた。男とゆっくり、ゆっくり、近づきにならねばならなかったからだ。ふたりが互いに理解し合い、世話をして生きていくためである。ふたりの互いへの愛情は、ふたりの体が形作られたのち、ずいぶん経ってようやく芽生えた。

男の知力は稲妻によって、そして男の体内にあった太陽の血によってもたらされた。女の知力は彼女と月をつなぐあの臍の緒によってもたらされた。臍の緒の力を女性は今も月経の際に感じている。

太陽の円蓋はふたりの住まい、空の丸天井はふたりの屋根だった。だからわれわれ赤い人、つまりイクチェ・ウィチャシャが、始まりのときからここに住んでいる最古の人々なのだ。（アメリカ、スー族）[378]

血液は命をもたらす。スー族の神話では、太陽と月の血が最初の人々の誕生に重要な役割を演じたと語られている。多くの文化において、人々は血管を流れる血から、この生きていくうえで不可欠な物質とその神秘的な役目について考える。人が生きるためには血が必要であり、殺人行為や病気や事故で血液を大量に失えば、人は地に倒れ、動くことも話すこともできず、永遠に命を失う。しかし同じ理由から、他者の犠牲や流血によって新たな命が力強く始まるとも考えられてきた。血液が体から出ても力を持つという考えは広く信じられていたようだ。血液は他者の体を活気づけたり、新たな命をもたらしたりすることができる。たとえばメソポタミアの創世神話『エヌマ・エリシュ』では、最初の人間たちは、謀反をそそのかしたとして殺された神キングの血から作られた。

彼の血管は断たれ
その血からエア神は人間をつくった。
エア神は人間たちに神々の用を負わせ、
そうして神々を自由にした。[379]

コンゴのエフェ族は、神が最初の男を黒土で作り、こねて形作ってから皮膚で覆ったと信じている。しかしこの人間を生かすには、新鮮な血を注ぎ込まねばならなかった。[380] ほかにも、生き物の血を繁殖力の色として土の赤さと結びつける人々がいる。彼らは、命ある限り血管を脈々と流れる血と肥沃な土とは、同じ色だと考えている。人間の命の始まりに一滴の血、あるいはいくらかの血、または誰かの血が必要な例は無数にある。

起源神話において、血液はたいへん重要かつ強力なものなので、慎重な扱いを要する。さもないと血液は人々に背き、害をなす。経血は危険なほど強い力を持つだけでなく、さまざまな意味で穢《けが》れていると考えられている。そして穢れた人間は常に間違っている。[381] 人々にとって月経は、説明しようにも、きわめて不可解な現象だったに違いない。

最初の月経

始まりのとき、太陽と月がいた。ふたりは双子の兄弟で、自分たちだけで暮らしていた。太陽には娘がいて、娘がまだ年頃にならないうちから、太陽は彼女と交わり始めた。太陽と娘は近親相姦を犯し、娘は血を流した。これはワインナンビ・ラピッズでの出来事である。以来、女性は毎月血を失い、そのたびに太陽と娘の近親相姦という大いなる過ちが思い出されることになる。太陽の弟には妻がいなかったので、彼は太陽を妬み、ふたりは言い争った。以後太陽と月は、今でも見られるように、空で別々に暮らすようになった。

ところが太陽の娘は父親と夫婦のように暮らすことを好んだ。彼女はセックスのことばかり考えていたので、痩せて醜くなり生気が失せていった。そして二度目の月経が来たとき、性行為が体に障り、まったく食欲がなくなってしまった。彼女はワインナンビ・ラピッズの大きな丸石にただ横たわって死にかけていた。その跡が岩に残っているのを今も見ることができる。

太陽は彼女の容態を見るとたばこを吸い、彼女を生き返らせた。（こうして太陽は少女が成人したことを示す祈りの習慣を確立した。この祈りは今でも少女が初潮を迎えた際に行なわれている）。その間、月も太陽の娘を想い、その光を隠して三晩泣き続けた。それまで月は毎晩暗闇を照らしていたのだが、以後、三晩隠れるようになった。そして満月のときには月の顔に太陽の娘の血の点が見えて、人々に近親相姦を思い出させる。それが忘れ去られないように、女性の月経周期は月の天体周期と同じになっているのだ。（ブラジル、デサナ族／トゥカノ族[382]）

これは神話的出来事の中でも非常に深刻なもののひとつである。父親と娘の近親相姦は、忘れてはならない「大いなる過ち」とされている。アマゾンの熱帯雨林に住むデサナ族は、最初の近親相姦という重荷を、月経の始まりと結びつけている。父である太陽は自分の娘と犯した近親相姦を悔いたが、娘はセックスに溺れて父親を誘惑したと非難されている。デサナ族は経血を「太陽の血」と呼び、月経をその期間の女性の不浄な状態と関連づけている。彼らは月経中の女性は男性だけでなく、「男性的」な性質を持つあらゆるものとの接触をいっさい断たねばならないと考える。デサナ族によれば、「女性の月経は、人類の良心に今も重くのしかかる犯罪行為の生きた記憶なのだ[383]」

生命の他の原理と同じく、月経の始まりにも説明が必要だ。デサナ族の神話のような、罪や罪の意識に満ちた話だけでなく、愉快な話もある。素朴な疑問に対するきわどい答えはその起源に重点を置いており、物事が今とは違っていた、ときには今と逆ですらあった理由や、その変化が生じた状況を重視している。

始まりのとき、月経があったのは男性のほうで、女性にはひげがあったと語る話も多い。陰門がたとえば頭の天辺にあったため、月経のときにかなり困った状況になり、それでもっと適切な現在の位置に移ったのだとする話も数えきれないほどある。また、もともと女性にはまったく月経はなかったが、幸いにも気の利く男がいて、女たちのために手を貸したという話もある。

もともと女性に月経はなく、赤ん坊は目や口のないまま生まれては死んでいた。世界の人口はまったく増えなかった。ある日、スクラ・コヤという男がデウルのもとを訪ね、事態を説明した。デウルは男に尋ねた。「女性には毎月、出血があるか？」

「いいえ」と男は答えた。「聞いたことがありません」

デウルは一枚の葉を摘み取ってスクラに渡した。「この葉を粉にして、人々が水を汲む場所に入れなさい。未婚の娘は皆、出血するようになるだろう。娘たちは初めは驚くだろうが、おまえは事の次第を説明し、その期間が終わったら入浴することと、着ていたものを新しい容器で煮沸することを娘たちに教えなければならない」

デウルはさらにこう言った。「最初の入浴から三日目に草で人形を作るよう、娘たちに言いなさい。その人形を炭で黒く塗って、めんどりの卵と一緒に十字路へ持っていかねばならない。そして私の名で鶏をいけにえに捧げ、人形と卵を埋めなければならない」

スクラ・コヤは家に戻り、デウルに言われたとおりにした。最初に月経のあった娘はグルワリという名だった。彼女は再び清らかな体になると、神を拝んだ。その夜、デウルは彼女のもとを訪れ、いけにえのめんどりの足で彼女の腹部に引っかき傷をつけた。彼は今でも初潮を迎えるすべての娘に同じことをしている。（インド、コヤ族[384]）

他の多くの物語とは異なり、ここでは月経は単なる生命に欠くことのできない要素とされ、そこになんら否定的な色合いはない。最初の女性に月経を引き起こす不思議な傷のことを最初の人々がまったく知らなかったため、教えてもらわねばならなかった、という話もある。

始まりのとき、ングルウィは男と女をひとりずつ地上に降ろした。ふたりはどうすれば子供が授かるかをまだ知らなかった。ある日、女が男に言った。「私の体には、下のほうに傷があるの。お湯を沸かして、傷を洗ってくださいな」。男は湯を沸かして何度も洗ったが駄目だった。傷はいっこうに治らない。ングルウィは天から様子を見ていた。彼はふたりが何も知らないことにがっかりして首を振り、自分の知恵の息子を遣わして、ふたりにいくつかの物事を教えさせることにした。すぐに女の膝が膨らみ始め、そのままどんどん膨れていった。しばらくすると、そこからひとりの子供が現れた。洞察と知識に満ちた賢い子で、彼は地面に降り立つやいなや話し始めた。「いいですか、あなたが洗っていたところは傷などではありません。あなたが女と交わるために必要な部分です。女はそこから子供を産まねばならないのです」。男は言われたとおりにした。男は妻と寝て、妻は小さな女の子を産んだ。（タンザニア、クルウエ族）[385]

この賢人は、当事者の女ではなく、自分と同じ男に話しかけている。こうした炉辺で語られる類の話では、語り手は聴き手にとっておもしろいと思えば、どれほど意外な設定も辞さない。禁じられた果物や野菜（林檎、パッションフルーツ、バナナ、赤ホウレンソウなど）を食べることと最初の月経を関連づける数多くの話に加え、出血が蛇、ネズミ、虫、赤い頭のトカゲといった小動物によって起きることもある。赤い頭のトカゲは若い娘の夢の中にこっそり現れて、娘に初潮が来る前に娘と寝る。このような話には、どんな年齢の聴き手も、興味津々で大笑いしながら聞き入ったことだろう。[386]

それでもなお、多くの文化において、月経は無害な毎月の出血ではなく、危険を伴うきわめて否定的な穢れの力とみなされるようになった。

次に起きたこと

最初に大地が作られたときには、誰も死ななかった。だがある日、ひとりの男が蛇にかまれて死んでしまった。男の妻は嘆き、ずっと泣き続けた。妻はあまりに悲しかったので、夫を奪った死の神、ゲイオエッコ・ラジャを責めた。死の神はこれに腹を立て、女に呪いをかけた。「暴言を吐いたのだから、おまえの外陰部から血が流れるだろう。おまえは今はひとりの男を失ったのだから、そのときには男たちから避けられるだろう」。その日から女性には毎月、月経が来るようになった。（インド、ボンド族）[387]

月経を不品行に対し毎月課せられる呪いや罰だとして女性たち自身のせいにする話はいくつかあるが、さらに危険な結果を招く場合もある。今日でもさまざまな信仰や小規模な文化において、適切な決まりをきちんと守られなければ、経血が夫や家族や社会全体にまで、とくに男性の幸福に深刻な害を及ぼすと考えられている。

こうした考えから、あらゆる場面で、月経中の女性に触れるとたいへんなことになると信じられるようになった。たとえば、月経中の女性に触れれば、戦士や狩人の力が弱まり、若い植物は枯れ、ワインは酸っぱくなり、馬は背骨を折る。したがって月経中の女性は食事の支度もしてはならなかったし、「不浄」でいる間は隔離される文化もあった（今でもあるかもしれない）。

ソロモン諸島では、女性のにおいはカツオを追い払うとされる。古代ギリシャでは、月経中の女性は鏡を曇らせ、土地を痩せさせ、もし月経中に交われば蛇を孕むと信じられていた。日本のある地方やアメリカ先住民の間では、月経中の女性は牛や食べ物から遠ざけられていた（あるいは今でも遠ざけられている）。空は清らかさの象徴なので、北シベリアのトゥングース族は空を汚さないよう、月経中の女性は空を見上げるべきではないと信じている（いた）。ヨーロッパには月経中の女性と交わると男性が不能になったり、他の災難に見舞われたりするという根強い考えがある。男性の禿頭もそのひとつで、こうした社会では、禿げている男性は相当きまりが悪いに違いない。

恐ろしい結果を列挙すれば際限がない。オーストラリアのあるアボリジニは、自分の毛布に月経中の妻が寝そべっていたことを知った。彼は妻を殺し、二週間以内に自分も死んだ。恐ろしいことだ。オーストラリア中部に住むアランダ（アルンタ）族の呪医は、妻の月経中は火を挟んでそれぞれ反対側で寝ないと力を失う。チャコ族には、月経中の娘が水を汲みに行って水蛇（虹と同一視される）をひどく怒らせ、その結果、全世界が大洪水で破壊されたという神話がある。[388]

ヘブライでも昔から経血は不浄と考えられており、月経中の女性は人前に姿を現さないものとされた。その存在自体が、たとえば穀物の成長を妨げる、収穫をだめにするといった災難を引き起こすからだ。聖書には次のように記されている。「女性の生理が始まったならば、七日間は月経期間であり、この期間に彼女に触れた人はすべて夕方まで汚れている。生理期間中の女性が使った寝床や腰掛けはすべて汚れる。彼女の寝床に触れた人はすべて、衣服を水洗いし、身を洗う。その人は夕方まで汚れている。（中略）もし、男が女と寝て月経の汚れを受けたならば、七日間汚れる。またその男が使った寝床はすべて汚れる」（「レビ記」一五章一九～二四節）

「創世記」には、月経が何かの罰だったとする記載はない。ではなぜ月経に関する掟がこれほどたくさんあるのだろうか。遡ってみると、始まりのときにアダムを殺したのはエバだということになる。エバの罪によってアダムは不死でなくなったからだ。そのためミドラーシュのテキストにあるように、次の一〇の天命がエバに下された。「月経による出血、処女性（すなわち処女膜の破れる痛み）、妊娠の苦痛、出産の痛み、夫の嫉妬、夫による支配、家に閉じ込められること、覆い隠されること、早く老けること、順当にいけば夫に埋葬されること（すなわち夫より先に死ぬこと）」[389]

コーランも（男性に）女性が「不浄」な間は離れているよう忠告している。聖書やコーランに記されているアダムとエバの創世神話は、中国やアフリカ、アメリカでも形を変えて取り上げられてきた。ナイジェリア北部に住むイガラ族の神話は、悪魔のたくらみで最初の男と女が大げんかをしたことによって女に最初の「不浄」が生じたと説明している。

> 神は男と女をひとりずつ作り、ふたりは幸せに暮らしていた。ところがある日男が出かけた隙に、悪魔が女を訪ねてきた。悪魔は女の心を惑わせるようなことを言った。「おまえの夫が出かけている間、ど

こで何をしているか知っているのか」。女は首を振った。「別の女がいるのだ」と悪魔は言った。「あいつはその女のところへ行っているのだ」

女は信じなかった。「ありえないわ。だって神様が作ってくださった女は私ひとりだから」。そしてそのときはそれで済んだ。しかし悪魔は鏡を持って戻ってくると言った。「見ろ。ここにその女がいる。これがおまえの夫が追いまわしている女だ」。女が自分のライバルを見て怒ると、鏡の中の女も怒った。女たちは悪魔が鏡を持って去るまで争い続けた。男が帰宅するとすぐに女は食ってかかった。男も女も怒り狂い、ついに男は怒りにわれを忘れ、神に食べるなと言われていた毒のある果物をもぎ取った。男は飲み込むす前に、それが禁じられた果実であることを思い出した。果物は男の喉の途中で引っ掛かり、今もそこにとどまっている。ところが女もこの果物をもぎ取り、飲み込んでしまった。すると果物は女の子宮を破って穴を開け、こうして女は出血するようになった。[390]

この話では、男は禁じられた果実を先に食べたものの、飲み込まなかった。途中で自分の過失を悔いた男は、まだよい性格である。そのことは今も男の喉にある喉仏が証明している。そしてもちろん男を怒らせたのは女だった。しかも女は果物をすっかり飲み込んでしまった。だから女がその結果を引き受けなければならなくなったのも当然なのだ。要するにこの物語が言いたいのは、最初の女の悪行のせいで、すべての女性が「下から」出血しなければならなくなった、ということである。

神話において月経は女性の恥や罪や罪悪感や不安と結びつけられるが、それだけではない。月経を取り巻く数え切れないほどのタブーが、男性の強い畏怖や恐怖をあらわにする。女性の血をタブー視するのは、「他者にその女とその女の危険な影響を避けさせる」ためであり、「その女が自身の致命的な力に圧倒されずに月経期間を過ごせるようにする」ためである。[391]

女性の月経が不浄だと主張されるようになったのは、女性の強烈で神秘的な出血が極度に恐れられたためである。この恐怖により、多くの社会で無数の窮屈な規制が生まれ、男女の社会的な活動領域が程度の差こそあれ分かれた。やがてそうした規制によって、ある一団に別の一団の欲求不満や不安の責任が転嫁されるというおなじみの現象が盛んに起きるようになった。つまり男性の危うい優位性を確かなものにすべく、女性の地位を貶めたのである。

女性たち自身が毎月隔離されることの重要性を受け入れている文化は多かった。女性たちは自分の家族や共同体を、そのマイナスの効果にさらす危険を決して冒さず、月経中の自分たちは非常に有害で危険な存在だと認めさえする。それでも一部のアメリカ先住民の文化では、ごく最近まで女性たちが月経のもたらす力を利用していたらしい。月経の際に隔離しなければならないというなら、それは「自分たちが力を持ち、男たちが恐れる期間」でもあるからだと女性たちは主張したのだ。[392]

女性たちは操られていたが、自分たちに押しつけられたその「不浄」のタブーを利用して、逆に操る方法をうまく身につけた。ニューギニアのウォゲオ族の女性たちもその一例である。彼女たちは男性に従属しているが隷属はしていない。「夫のほうが強いので、配偶者を打つこともあろうが、そうするときは命がけだ。妻は報復しようと思えば、次の月経のときに夫の食べ物に触れさえすればよい。そうすれば夫は不治の病にかかるからだ」[393]

男性が女性の血に触れるのはきわめて危険だと説く神話や信仰が広まっている一方で、この神秘的な血の力は非常に興味を引いたらしい。このため、始まりのときには月経は男性のものだったとする話もいくつかある。

男性の出血

昔、物事は今とは違っていた。女にひげが生え、男の体内には小さな貝殻のようなものがあり、中に生き物が住んでいた。毎月、その生き物のせいで男は出血した。妻たちにそういった出血はなく、男たちはこれを非常に不便だと考えていた。毎月数日間、木を切ったり畑で働いたりする日常の仕事を休まねばならなかったし、出血しているときに出かけるのは、危険が大き過ぎた。においをかぎつけた虎にたちまち食べられてしまうからだ。

ある日、結婚式があり、皆が披露宴に出かける支度をしていた。若い妻が夫に言った。「たまには私のひげとあなたの小さな貝殻を交換しない？　体から血が流れるのがどんな感じか知りたいの」。夫は同意し、こうして若妻は自分のひげを夫の顔につけ、夫の貝殻を生き物もろとも自分の体内に入れた。

結婚式のあと、ふたりは交換したものを元に戻そうとした。ところがひげは夫の顔にはりつき、貝殻は若妻の体内から取り出せなかった。「それほど悪くないわ」と若妻は言った。「局部を覆うのに最低でも七枚の布が必要だから、布がたくさん手に入るし、それに夫はひげがよく似合っているわ」。出かけた若妻に触れたほかの女たちも出血するようになり、以後、毎月すべての女に月経が訪れるようになった。（インド、ハルバ族[394]）

東ヨーロッパにも、神が当初アダムや一般の男性たちに月経を与えたとする同様の話がある。それは婉曲に「災い」、「このもの」、「洗浄」などと呼ばれている。

初め神はこのものを男に与え、男に女たちの仕事をするよう命じた。そう、神は男に女たちの重荷と、女たちの災いを与えていたのだ。だから当時は女が男の仕事をしており、洗浄は男の義務であった。男が出血のあるときにパン生地をこねていたら、パン生地が血まみれになった。ある日、男が月経中に来るよう神に命じられた。男は全身、血とパン生地にまみれて、神の前に現れた。神は男の汚れようを見て、男が月経に対処できないと悟り、言った。「おまえの現在の務めを女に与えよう。女が家にいて、おまえは永久に懸命に働くのだ」。これが何人もの老女から聞いた事の次第である。
（ウクライナ、ロシア人[395]）

この話は、物事は現在がもっともよい状態だと確認する多くの話（おもに女性が語り手）のひとつにすぎない。もし「女性たちのもの」が男性のものだったら、あの哀れな男たちには対処できなかっただろう。昔、膝か体のどこかから毎月流れていたのは男性の血だったが、それは彼らには不都合だったり、耐えられなかったりした。実際、こうした話は男性と女性の違いを強調し、月経に（出産や掃除や料理についても）まったく対応できない哀れな生き物である男を軽んじている。
女性が完全に男性の支配下にあり、夫が冷酷な力で妻に権威を押しつけ、そのため妻たちに交渉力のない社会には、不浄という考えは皆無のようである。経血は危険視されず、冷淡に扱われるだけだ。女性の不浄をめぐる信仰やタブーは、男性自身が自分たちの権威が絶対ではないと感じている社会でもっとも強くなるようだ。[396]

しかし月経への妬みをはっきり示し、ニューギニアのウォゲオ族のように、男性に月経をまねた出血を起こさせる文化もある。そうした社会では、男女が互いに頼りあいつつも対立しており、その結果、不浄の考え方は便利に使われている。それによって男性は女性が生まれつき劣っていると証明することができ、女性は男性を罰することができる。ウォゲオ族の場合、不浄を相互的なものだと考えることが事態を複雑化する要因になっている。男性も女性も互いの交流によって自分たちが絶えず弱められていると感じるのだ。それでも女性は月経のおかげで、男女の交わりによる感染の影響を免れる幸運な立場にある。だが男性は定期的かつ確実な浄化を行うには自分で手段を講じなければならず、それが男性の月経を引き起こすのだ。

手順はこうである。男はまずカニやザリガニを捕らえてはさみをひとつ取り、それを使用するまでショウガと一緒に包んでおく。出血すると定めた日、男はあらかじめ絶食しておく。それから人けのない浜辺で衣服を脱ぎ、歩いて膝まで水に入り、両足を開いて立つ。ペニスを勃起させて包皮をむき、カニのはさみで亀頭の、まず左側、それから右側を切る。血を指や足に垂らしてはいけない。そうすると大変なことになる。傷口が乾いてきて、海水がもうピンク色でなくなったら、歩いて浜辺に戻り、ペニスを葉で包む。男は次の新月まで性交をしてはならない。この処置の有益な効果はすぐに表れる。「男の体からは疲労が消え、筋肉は固くなり、足取りは速くなり、目の輝きは増し、肌や髪にはつやが出る。男の気持ちは快活になり、強くなり、自信に満ちる」。どんな危険な企てでも成功すると月経は保証してくれるので、戦士は襲撃に出かける前に、商人は海を渡るカヌーを彫る前に、狩人はイノシシの罠用の新しい網を編む前に、必ず月経を起こす。[397]

しかしほかにも重要な手続きがある。一人前の男になるために、少年には成人の儀式が必要であり、通過儀礼として割礼を行う文化は多い。ウォゲオ族の場合、男はすべて母親を通じて女性の悪い血に汚染されているので、その影響を除去する儀式が必要となる。ウォゲオ族の若い男は成熟期にかかると、舌を切って母親の悪い血を取り除かねばならない。これは少女の「自然な」初潮に相当する。出血させる場所に舌が選ばれるのは、ウォゲオ族の男性が、少年の一番ひどい汚れは母乳によるものだと考えており、子供の頃に吸収したこの有害な女性的要素を取り去る必要があるからだ。けれども性行為ができるほど成熟したとたん、女性による危険な汚染が再び始まる。性行為をする限り、汚染は続く。ゆえに当然、ペニスから定期的に出血させなければならないことになる。

これらの文化では、男性が清めるための血をおもに自分の性器から抜き取り、自分の目的のために儀式として月経を利用していることに重要な意味がある。パプア、メラネシア、オーストラリアといった性的対立がもっとも強い文化では、女性の月経や出産の血が有害な影響を及ぼすという考えや恐れが熱心に説かれる。男性は女性の血やその他の危ない女性的なものを避ける必要があり、感染した場合にはその恐ろしく有害な影響を阻止しなければならないのだ。

結婚や生殖がふたつの血の結合と呼ばれることはいまだに多い。精子が男性の血、卵子が女性の血というわけだ。だがふたつの血の関係性は、その文化の状況によって決まる。[398]

男性は女性の出血の神秘とさまざまに闘ってきたようだ。確かに始まりのときから女性は毎月出血してきた。だがときどき、女性の血が比較的長く「体内にとどまる」ことがある。そのとき女性の血は、新しい命という奇跡を起こすことができるほど強い力を発揮するのだ。

第一〇章　魔法のごとき母体

体は他のあらゆるものを象徴する。

——メアリー・ダグラス[399]

人間の受胎、妊娠、出産にまつわる信仰は無数にある。神話はわれわれを時の始まりへと引き戻して、こうした人間の生命における重要な事柄の神秘を説き明かす。性器に関する話と同様に、最初の受胎や出産について面白おかしく語る話もある。軽い調子の、何よりも娯楽のための話だ。だがまじめ一辺倒の話もあり、始まりのときにどんな失敗があったか、最初の祖先の行いが現在生きているあらゆるものにどのように影響し続けているかを人々に思い出させる。

奇跡の受胎

「偉大なる精霊」は最初に植物と動物を作り、それからひとりの男とその妹を作った。男は妹を魚でつつき、出産するよう言った。七日後、彼女は最初の赤ん坊を産んだ。それからさらに七日後にまたひとり産み、七日ごとにひとりずつ産むようになった。初めはこんな調子だった。ところが人間があまりに速く増えたので、すぐに皆の居場所がなくなってしまうと考えた「偉大なる精霊」は策を講じた。女性が一年にひとりしか子供を産まないように変えたのである。（アメリカ、チェロキー族）[400]

どこの文化でも、女性の妊娠・出産は驚きの目で見られてきた。この出産の奇跡は説明を必要とするだけでなく、別の疑問も提起した。このような目覚ましい出来事に、男と女のどちらがより貢献しているのかという疑問である。異性が介在しない奇跡的な受胎の話がさまざまだったように、この疑問に対する答えも実に多様だ。

男性がまったく貢献しない受胎について述べる物語は多い。奇跡の受胎は飲食、互いの切望、考え、言葉、祈り、唾液、稲妻、虫や針を飲み込むことなどで起きる。昔の仏教やヒンドゥー教の伝承によれば、禁欲の決まりを破らずに息子を得たいと思う苦行者は、女性の臍に触れるだけで目的を達した。たとえば『マハーバーラタ』では、太陽神が魔法の体をまとってクンティーに接し、「彼女の臍に触れ、彼女を辱めることなく受胎させた」[401]

アメリカ先住民のクース族の話には、「まったく男の助けを借りずに子供をたくさん産んだ」、「白い女」が登場する。子供たちは成長して世界中のあらゆる場所に散っていった。[402]

奇跡の受胎を経験したのが最初の人間ではなく、最初の神々だった場合も多いが、その区別は必ずしも明確ではない。地上に生まれる最初の子供の母親は、神や天の生まれであるか、または、たとえば信心深かったり慎み深かったりするといった、なんらかの点で傑出した女性として示される。そのほか、最初の奇跡的な受胎以外、母親について特別なことは何も語られない場合もある。

最初に生まれた人間は、帝嚳《ていこく》の配偶者である姜原《きょうげん》の息子、弃《き》（后稷《こうしょく》）だった。彼女はどうやって息子を産んだのか。彼女は子供のいない不幸を避けるため、至高神にいけにえを捧げていた。至高神の残した巨大な足跡に偶然足を踏み入れたとき、体が揺り動かされるような感覚を覚え、彼女は妊娠した。月満ちて生まれた息子が弃《き》である。お産は子羊が生まれるように安産だった。（中国、漢民族）[403]

［『史記』周本紀］

ブラジルのバニワ族の話では、「骨だけ」という名の至高の存在が言葉をひと言発しただけで、地上に最初の三人の人間、すなわちふたりの男とひとりの女が生まれた。最初の女性アマルは、「顔に枝が軽く触れると子供を身ごもった」[404]。また、ある中国の昔話には、男性なしで女性を受胎させた聖なる泉が登場する。[405]

ヨーロッパなどの古くからの民間信仰によれば、受胎や出産は女性だけで行われたようだ。それは強い意図的な想像の結果であったり、または夢の影響によるものだったりする。あるいは南西の順風によって、空中に漂う人間の虫、つまり胚のような受精能力のある有機物で女性が妊娠する場合もある。風で木々や花々が受粉するように、風の強い日に無邪気に田園を散歩したり山登りをしていた女性たちが、妊娠して戻ってくるかもしれないのだ。伝説において、人々の出産をめぐる想像力は限りない。

すべてを破壊した洪水のあと、世界は一からやり直さなければならず、ただひとり助かった娘がまず考えたのは、「どうやって子供を産もう、どうしたら新しい人間をつくれるのか」ということだった。日が昇る前に彼女は山に登り、ひとりでそこに横たわった。だんだん夜が明けてきて、最初の太陽の光が彼女の体をあたたかく照らしたとき、水が岩から滴り落ちてきた。こうして彼女は身ごもり、ひとりで娘を産んだ。娘が成長すると、母は言った。「あなたがどんなふうに生まれてきたか、知っている？」

「いいえ」と若い娘は答えた。

「教えてあげましょう」と母親は言うと、娘を連れて山に登った。「さあ、横になって」と言われた娘は、かつて母がしたように横たわった。一日中、娘は山の上に横たわり、翌朝、夜明け前に母親が来て、太陽を見ながら自分の娘の上に横たわった。それからすばやくはね起きると、娘は太陽の子を身ごもった。娘が産んだのは太陽の息子で、セカラ・カ＝アムジャ、「決して死ななかった者」と名づけられた（アメリカ、アパッチ族[406]）。

子供の魂は誕生するずっと前から存在するという考えも一部にある。その魂は岩や洞穴、木、川といった場所で女性の体内に入る機会を窺っており、女性はそうした場所に近づくことによって身ごもるのだ。そのような子供たちは「母なる大地」の子宮で胎児のように生きてきた[407]。起源神話の中には、これが最初の子供たちだったとするものもある。始まりのときには子供たちが大幅に増え、地上に住む必要があった。

はるか昔の始まりの頃、女性はなかなか妊娠できなかった。それで人々は歩きまわり、かがみこんで、大地から生まれた子供たち、すなわち大地の子供たちを探していた。男の子を探すのには時間がかかったが、女の子は比較的簡単に見つかった。たったひとりの子供でさえ、誰もが運よく見つけられるとは限らなかった。また、誰もが男の子を見つけるためにわざわざ遠くまで歩くとも限らなかった。見つけた子供を連れて帰宅したら、女性は通常の出産と同じ決まりを守り、タブーを犯さないように注意しなければならなかった。子供を拾ってきた女性も、子供を産んだ女性と同様に不浄だとされたからである。彼女たちは夫と離れて、冬はイグルー、夏は小さなテントで暮らさねばならなかった。こうして大地は最初の人々に子供を授け、多くの人々が暮らすようになった。（アメリカ、イヌイット、イグルリック族）[408]

このイヌイットの話では、子供探しは女性の仕事のようだ。一部の母系文化では、たとえばザンビアのベンバ族の場合のように、受胎は女性の仕事で、母親の血だけが子供に入ると固く信じられている。精子がなくても受胎および妊娠するという考えは、「受胎における男性の役割が不明だった、あるいは軽視されていた頃、そして農業がどちらかといえば女性の領分だった頃」に始まったと推測する研究者もいる。[409]

しかし父親が重要な役割を演じるのに対し、母親は地味な裏方に格下げされる話も多い。それほど極端でなく、男女がそれぞれ何らかの貢献をする話もさまざまにある。

手提袋

始まりのとき、マヴツィニムは唯一の存在だった。たったひとりで、妻も息子も親類もなく、まったくのひとりぼっちだった。そこである日、彼は貝殻を女に変えた。そして彼女を妻にすると、まもなく息子が生まれた。

「男の子か、女の子か」と彼は妻に聞いた。

「男の子です」と妻は答えた。

「それなら私が連れていこう」とマヴツィニムは言って、去った。

母親は胸が張り裂けるほど泣き、礁湖へ戻って、また貝殻になった。われわれはマヴツィニムの息子の孫たちである。（ブラジル、シング川流域部族）[410]

もっとも有名な奇跡の受胎に、聖母マリアの懐妊がある。だがそれ以前の多くの女性たちの場合と同じく、彼女もほかの誰かの子供の容器もしくは保管庫だった。四世紀末に成立した使徒信条は、この考えをこう表現した。「精霊がまったき子供をマリアの子宮に入れて育てた（中略）。精霊は母親のように子供を受胎し、出産の日までマリアを占有した」[411]

出産は不思議な力強いプロセスであり、多くの起源神話がその派手な生命力を適切な範囲に制限しようとしている。女性は袋で男性がそれを満たすとする神話もあり、たとえば前述したマヴツィニムの話では、出産した無名の女は二度と登場しない。子供を身ごもる前に貝殻だった女は、夫の望んだ息子を産むと貝殻に戻った。この場合の貝殻のように、女性を容器とする比喩は普遍的なもので、世界中の文化にそれを示すことわざがある。[412]

このプロセスで父親の重要性を強調し、妊婦を格下げして、満たすべきただの袋や、男が自身の材料で特別な料理を用意する深鍋として扱う話は多い。動物の雌でさえ、貴重な精子のために貸し腹をする場合があるが、生まれてくる子供には何の影響も生じない。そのよい例が、前述したインドのガダバ族の神話である。最初の男が夢精した毛布を雌牛が食べて妊娠し、無事に生まれた男児と女児が人類を増やしていった。[413]

男性が出産に用いる外部容器については前述した。その一例はインドネシアのンガジュ族の神話に登場する。この話では、名もなき母親が不格好な半分しかない生き物を産む。母親は失敗したが、父親は特別な深鍋を使って、この生き物を五体満足な息子に作り直すことに成功した。深鍋が父親の外部の子宮の役を果たしたのだ。[414]

男性の妊娠

始まりのとき、神は宇宙を作り、男性が出産できるよう恵みをたれた。ところがある男が陣痛の苦しみに絶望し、梨の木に登った。そして出産の間その木の上にとどまり、女は下に立っていた。女は生まれてくる赤ん坊を受け止めるためにエプロンを広げ、木の上の男が子供を死なせてしまいそうだと嘆いた。男が子供を産もうとすると、毎回同じ事態に陥った。男は木の上で出産し、女はエプロンを広げて受け

> 止めたので、子供たちが地面に落ちて死ぬことはなかった。子供たちは皆こうやって生まれてきたが、ついに神が女に言った。「おまえが自分で出産したほうがよい！　そしておまえは生きている限り、（中略）常に男を求めるだろう！」　神はさらに言った。「男は男のままでいさせ、おまえが子供を産むのだ！」　そのときから、女性が出産をするようになった。（ブルガリア人）[415]

このブルガリアの話は、東ヨーロッパ全域に多くの別伝がある。なかには、最初の子供が落下事故で死んだあとに、神が男女それぞれの仕事や義務を交換する話もある。「それでも最初に子供を産んだのは男性だった！」とあくまで言い張って締めくくる話もある。[416]　聖書のアダムとエバの別伝のように、出産のプロセスにおける男性の実際の役割を誇張する話はほかにもある。ラフ族の最初のふたり、札笛《チャディ》と娜笛《ナディ》は結婚して三年経っても女に妊娠の兆候が見られなかったので、厄莎《ウシャ》という神が男のほうを妊娠させた。男性が出産する場合は、腋の下や膝のくぼみが代わりに利用されるようである。

> 札笛と娜笛は夫婦になっていたが、子供ができなかった。厄莎が銀の針でふたりの体に穴を開けたところ、札笛が妊娠した。彼は足に身ごもったが、歩くときに注意しなかったので、赤ん坊は振り落とされた。娜笛は悲嘆に暮れ、赤ん坊を拾い上げて自分の衣服でくるんだ。赤ん坊はさっさと彼女の腹にもぐり込んだ。そしてそれ以来、妊娠できるのは女性だけとなった。（中国、ラフ族）[417]

男性の妊娠も選択肢のひとつだと力説する話がいろいろあっても、ここまで見てきた例は結局、母親の子宮の中のほうが赤ん坊にとって居心地が良いことを示している。

起源神話では最初の男女は子供を欲しがり、手に入れる方法を必死で探す。出産するのがどちらであっても、命を与える過程にどちらのほうがより貢献していても、人類の始まりに関する神話には必ずひとつの共通点がある。原初の最初の夫婦は、空っぽの地上を人間の新しい命で満たさなければならないのだ。

鍵

ああ、形がない、ああ、形がない！ 顔も、頭も、鼻も、耳も、口も、首も、背中も、胸も、あばら骨も、腹も、臍も、太腿も、尻も、膝も、脚も、足の裏もない！ ああ、この小さな形のない子供はどんな成長をとげるのか！（ポリネシア、ライアテア族[418]）

強く望まれる新たな人間の命を生み出す鍵は、誰が握っているのだろう。一般の人間、聖職者、シャーマン、語り手、哲学者。皆、この複雑な問題への満足できる答えを見つけようとした。学者の中には「論理的な」展開として、まず最初には自立した地母神が子を儲け、次に男神が最初の人間を生み出したという説を唱える者もいる。この男神は自らの手や、自身の繁殖力に富んだ精液で人間をつくったり、生命を与えるその全能の息で人間に命を授ける。

ここまで、さまざまな大地の女神が自分の体からたやすく命を産むのを見てきたが、女神はその後、男神の配偶者の役に降格されたり、あるいは男神に変えられたりした。また、重大な局面で活動を開始する多くの独立した男性創造者も見てきた。しかし一群の物語の中に直接的なつながりを提示することは常に難しい。年表のようなものはないが、ほとんどの変化は徐々に男性の力や威信が増し、女性のそれが減る方向へと向かっている。

中東では前二〇〇〇年紀頃、主要なメタファーが「女神の外陰部から男性の精子へと」変化したらしい[419]。エジプトの女神ヌンは太陽神アトゥム＝ラーを産み、アトゥム＝ラーが万物を作った。だが前に引用したコフィン・テキストは、アトゥム神が唯一の神として、手淫やくしゃみや、唾を吐くことによって、最初の存在を生み出したとしている。アトゥムは独力で最初の夫婦、シュウとテフヌトをこしらえ、ひとりから三人になった。この話は「男性の生殖への関与がすでに理解されていたことを伝えるだけでなく、男性が決定的に重要な役割を果たしていると見られていたことも示している」[420]。アトゥムが自身のペニスや鼻や口から出る液体で最初の存在を生み出すのは、両性具有だからなのか。それともアトゥムはまさに男性という要因が決定的に重要になる新たな時代の先触れなのか。

そちらへ向かう話はいくつもあるが、多くの話に織り込まれている筋の中でもっとも印象的なのは、女性の出産能力を男性が補うために考え出されたたくさんの形態が、今にも崩れそうな力のバランスの上に成り立っているという点だ。「男性という要因」をめぐる恐れや不安が繰り返し伝わってくるのだ。

では女性が果たす役割についてはどうだろうか。現実に女性が出産することは明らかで、認めざるを得ないが、多くの起源神話は、神が独力で創造したこと、あるいは最初の男が独占的または決定的な貢献をしたことの重要性を強調したり、または始まりのときに物事が現在とはまったく違っていて、当初、妊娠と出産は男性だけの仕事だったと示唆することによって、女性の人類への貢献度を低下させている。女性の出産、とくに女性による男児の出産は、生殖において父親がどんな役割や貢献をしたのかという根本的な問いを生じさせたのだ。

女性は通過地点にすぎなかったのか。それとも、創造神アトゥムの場合のように、通過地点ですらなかったのか。女性は基本的な物質の提供者にすぎず、それに対し、子供の魂や命はもっぱら男性の精子の質に依存していたのか。女性は男性が種をまくための畑にすぎなかったのか。それでもまれにではあるが、男性も成長する果実に「水をやるだけの人」に引き下げられたり、木の幹についたほんの小さなほこりにすぎないとされたりした例が、いくつかの母系社会にみられる。さまざまなメタファーから、男性と女性の象徴や体液の間で競争が続いていることが窺える。[421]

多くの文化において、男児の誕生はこれまで、そして今でもしばしばそうだが、女児の誕生より価値があるとされてきた。男児の誕生を喜ぶ文化は広く存在し、そういった文化で女児が生まれると、男性が不能になる兆候とされた。ときには男性が落胆したり、娘の父親であることをひどく恥じ入ったりする場合すらあった。

だとすれば、子供の産み分けに関するさまざまな民間信仰や迷信が世界中で語られてきたのも不思議ではない。好ましい男児が誕生する幸先のよい前兆というものもあり、たとえば古代メソポタミアでは、「長くて太いペニスを持っていれば、その男は息子に恵まれる」と言われた。また「男が女と荒れ地で交われば、女児が生まれるし、男が女と畑や庭（肥沃な開かれた土地という意味）で寝れば、女は男児を生むだろう」とも言われた。[422]

何世紀もの間、女性は男性の行為の成果を運ぶためのささやかな器の役を務めるだけと考えられていた。そしてもし女性が女児を産み続ければ、気に入らないと言って責められる恐れもあった。たとえばキサンガニで同僚だったコンゴ人は、五人目の娘が誕生したのは妻の側に問題があるせいだと信じていた。

古代ギリシャのパルメニデスらの理論は、右と男性、左と女性を結びつける考えに基づいていた。パルメニデスは子供の性別までも子宮内の位置で決まると信じていた。男児は子宮の右側、女児は左側にいたというのだ。その結果、よい血が男児に流れ、悪い血が女児に流れたとも考えていた。

古代ギリシャにおいて、上流社会の多くの男性は、女性よりも少年や若い男性を性的関心の対象にしていた。そして偉大な作家ヘシオドスが述べたように、男が女の助けなしに男を生むことができないのは甚だ残念だとされた。ヘシオドスは女性という種族は「人類」にとって疫病だと感じていた。ギリシャの創世神話の語り手として、彼は最初の女性である美しいパンドラの話も語っている。彼女はその危険な「箱」を開けて、人類に荒廃をもたらした。[423] しかしヘシオドスは詩人であり物語作家であったが、学者ではなかった。

民間信仰はいつ学問になるのか。学者は男性が生殖、とくに男児の誕生に主要な役割を果たしているとよく強調してきた。アリストテレスも、女児が生まれるのは男性に生殖力が足りないせいだという考えを支持したひとりである。この偉大な哲学者は女性を物体、材料としかみておらず、胎児の人間としての姿や命は、男性の精液によってもたらされる魂から生じるとした。「というのも、本来、女性のほうが弱く冷たい。それに女性の性質には生まれつき欠陥があると考えねばならない。（中略）弱いので、生まれてからあっという間に成熟し年寄りになる。劣ったものは皆、早く完成したり早く終末を迎えたりする。芸術作品も然り、自然が形成するものも然り、だ」[424]

プラトンは臆病で不誠実な男は生まれ変わったら女になると示唆した。しだいに、さまざまな面で、男や男らしさが一般基準になり、女性はその基準から逸脱した者になった。アリストテレスに言わせれば、「原型からの逸脱」である。[425]

前四世紀の著作『動物発生論』の中で、アリストテレスは男女がともに生殖に貢献していることを認めたが、男性の分泌物（精子）は女性の分泌物（月経）より優位に立つものだとしている。彼の理論は、女性の貢献を従属的で受動的なレベルに引き下げた。血は命を運ぶものであり、あたたかさを意味するが、女性は月経によってあたたかさを失うため冷えている。だが女性の不純や不完全性は、その冷えた性質のみによるものではないというのだ。アリストテレスは、女性器は概ね男性器と似ているものの、指部分が内側に入った手袋のように体に入っている点が、女性の不完全性のさらなる証拠だとしている。あたたかさを欠くせいで、女性器を男性のように「体外に露出させる」ことができなくなったというのだ。

のちの有名な学者ガレノスによれば、この弱点は利点になった。女性の場合、陥入した陰嚢が子宮に変化し、自分ではこしらえることのできない胎児を迎えて身ごもる支度をしたのだと、彼は述べている。歴史の過程で、卵子は子宮内でおもに男性の精子のおかげで形成されるという考えが、学者たちの頭にだんだんと刻まれていった。すなわち女性は受動的に出産し、それによって彼女の不活性なものに対する男性の能動的な活動を完了させるのである。古代ギリシャの哲学では、女性が生まれつき劣っているという考えはごく一般的なものだった。そしてこの哲学こそが、キリスト教教父の女性に対する態度に影響を与えたのである。二一世紀になってもなお、女性がカトリックの司祭になることは問題外であり、ましてや司教や教皇については言うまでもない。

　この世の常として、ある考えが根強く信じ込まれるのに、それが真実である必要はない。神話と同様に哲学や科学でも、生物学上の基本的事実は、両性に関する評価の違い、そして受胎や妊娠への男女の貢献に関する評価の違いを強調するために、しばしばごまかされてきた。

　一六七〇年代になってようやく、ふたりのオランダ人学者、ライニーア・ドゥ・グラーフとアントン・ヴァン・レーウェンフックが、初めてふたつの要素の存在を結論づけた。ふたりは精子だけでなく女性の卵子にも役割があることを発見したのだ。彼らは、卵子が性交前からすでに女性の「精巣」にあることを初めて発見した。女性も卵子という形で種《たね》を持っているという新たな新事実は物議をかもした。アリストテレスに代表される一流の学者たちが述べてきたそれまでの考えに反していたからだ。ほぼ一世紀の間、この新たな発見は学者間に緊迫した論争を引き起こし、学者たちは卵子と精子のどちらが胎児の発生の原因かについて、決着をつける必要があると感じた[426]。

　他の多くの物語と同様に、起源神話における受胎と出産は、技術に包まれるよりも謎に包まれている。今日では発生の技術は神話をしのいでいるようだ。研究者たちは実験室で成人の体や胎児からとった幹細胞（いわゆる「万能細胞」）を使って精子や卵子を作ることに取り組んでいる。今後約一〇年以内に、化学物質やビタミンの混合物を使って、それらの細胞を人工的な精子や卵子に変えることを目指している。成功すれば、できあがった胎児は子宮に収められるだろう。子供のいない夫婦はこの技術によって自分たちの子供を授かることができるだろう。心配性の批評家は、この進歩によって生命を与える全過程から男性が完全に除外されることになりかねないと警告している。

だが心配する人々の励みになる朗報もまもなく聞かれそうだ。技術の進歩によって男性の妊娠が実現しようとしている。つい先頃、オプラ・ウィンフリーが観衆にトーマス・ビーティを妊娠六ヶ月の男性と言って紹介した。彼の膨らんだ腹部を確かめるウィンフリーに、彼は「蹴っているのがわかりますか?」と誇らしげに聞いていた。このオレゴン州の三四歳の男性は、生まれたときには女の子だったが、自分が女であることに常に違和感をおぼえていた。テストステロン治療と乳房切除手術を経て、彼は男性としての人生への一歩を踏み出した。そして女性と結婚した。ふたりとも子供が欲しかったが、残念ながら妻は子宮を摘出しており、彼にはまだ子宮があったので、妻を助けることができた。ニュースで彼は「世界初の妊娠した男性」と紹介された。もちろん起源神話では、そんなことはとっくに行われているのだが。

地上に人が満ち、死がもたらされた経緯

ブラ・ピンヌとプスルリは自分たちの体からこすり落とした垢で、男と女の人形を作った。そしてふたつとも、竹の節の間に入れた。九ヶ月後、竹が割れて、男の子と女の子が出てきた。ブラ・ピンヌとプス

ルリはふたりの面倒をみて、彼らが大人になると結婚させた。妻に息子が生まれるまで長い時間がかかった。あまりに長過ぎた。人間がそのような遅いペースで生まれるなら、地上に人が満ちるまで、何百年もかかるだろう。そこで彼らは、今後はこの夫婦に双子が生まれるようにした。けれどもしばらくするとあまりに人数が増えたので、ブラ・ピンヌとプスルリはじきに世界は人間であふれてしまうと恐れた。この問題を解決するため、ブラ・ピンヌは自分の足からとった塵を女に食べさせ、言った。「これから、おまえは一度にひとりの子供しか生まなくなる」（インド、オリッサ、コンド族）[427]

死が日常的かつ壊滅的に訪れる社会では、子供たちの誕生は極めて重要である。コンゴで私の長男が生まれたとき、近隣の人が皆訪ねてきて、私たちに大いに敬意を表してくれた。「ありがとう、社会に力を加えてくれて、ありがとう」。夫と私は感動し、受け入れられたと感じた。だがこの言葉は、もっと一般的な考えも表していた。出産はたえず起きる死という現象を埋め合わせなければならないのだ。アフリカでは死は西洋よりもずっと身近にある。

最初の性交や最初の出産に至るまでには、多くのまわり道があり、あらゆる障害が立ちはだかる。たとえば前述したラフ族の女のように、最初の女性たちの中にはなかなか妊娠しない者もいる。その一方で、大地は静かに住人を待っている。あるアメリカ先住民の神は、人間の繁殖が遅いことを心配し、最初から妊娠した女性を作ってその経過を速めるという名案を思いついた。

ところが人間が速く増え過ぎて、神々がもはやその喧騒も混乱も喜べないという事態も起きる。どうやってその数を減らすか。シュメールのアトラハシスの神話では、人間たちの立てる騒音が人口過剰の不穏なしるしとなる。[428] 神々は人間の数を減らすために、疫病から飢餓や洪水までさまざまな方法を試したが、どれもうまくいかない。ほかに考え出された手段は、不妊を引き起こしたり、女児を殺す悪魔を送り込んだりすることだった。結局、残った唯一の解決策は「自然死」であり、この新たに地上にもたらされた現象は、なぜ命に限りがあるかを説明するのに腐心する物語の中で語られている。

メキシコの話では、太陽が過密状態の大地を救おうとして女性のヴァギナに歯をつけるよう命じた結果、男性は皆性器を切断された。その仕事を引き受けたトリックスターのカウユマリも、切断された男たちのひとりだった。[429]

このように、最初から一部の神々は人間のほうが神より数が多くなることを恐れていた。人間は騒々しく喧嘩好きで、無作法に振舞い、大地を荒らしたからだ。カラバルでは神々アバッシとアタイが最初のふたりの人間を地上に送った際、大勢の人間の子孫が生まれると思っただけでもう不安になっていた。そこでふたりは最初の男女に、ひとつの寝床では眠らず、別々に寝るよう命じた。さらにふたりはこの男女が日々の食べ物のために働くことも禁じ、食べ物を天まで取りに来なければならないとした。

ところが女は土地を耕し始めた。何度もはるばる天まで行って戻ってくる労を省こうとしたのだ。しばらくすると男はもはや禁止の決まりを尊重しなくなり、女と寝るようになった。女が妊娠すると、男はひとりで神に会いに行った。妻がいないことについて尋ねられ、男は白状しなければならなかった。そこ

で神は世界に死を与えた。（ナイジェリア、カラバル族[430]）

始まりのときに人間の命が無限だったとしたら、死（話の中ではよく実体のある人物として登場する）がなぜどのように生まれたのかという疑問が当然わく。さまざまな伝承で見てきたように、創造の行為は原初の神々や巨人や英雄の死と同時になされる。あるいは神々はすでに与えていたものを、正当に所有していた自分たちの創造物だとして、取り戻すことにする。

> 始まりのとき、空と大地はそう遠く離れてはおらず、創造者は人間への贈り物を縄の端に結んで降ろしていた。ある日の贈り物は石だった。だが最初の父親と母親は、自分たちの創造者に叫んだ。「石をどうしろというのです？　何か別のものをください」
>
> 創造者は石を取り戻し、石はすぐに見えなくなった。再び縄が降りてくると、石の代わりにバナナが結びつけてあり、最初の祖先はたいへん喜んだ。天からの声が彼らに言った。「おまえたちがバナナを選んだので、おまえたちの命はバナナの命のようになるだろう。バナナに子孫ができれば、その茎は枯れていく。おまえたちは石よりバナナを好んだから、おまえたちの子供はすぐにおまえたちの後釜に座るだろう。もし石を選んでいたら、おまえたちの命は石の命のように変わらず不死だっただろうに」。最初の男とその妻は間違った選択をしたことを深く後悔し、自分たちの運命を嘆いたが、手遅れだった。彼らは不滅の石よりも腐敗するバナナを好んだので、彼ら自身も死滅することになった。こうして死が生まれた。（インドネシア、スラウェシ、ポソ族[431]）

最初の人々が「子供をもうけたこと」を、死と直接結びつける話もある。こうした話は、人々の最初の性交や出産と死を関連づける。人間の交合について知ることを神から禁じられたのに、それを無視したり、あるいは子供をどうしても欲しがったりした結果、人間の生涯に子供と死が同時に到来するのだ。

始まりのとき、ソコは二匹の亀と、ふたりの人間と、ふたつの石を作った。それぞれが男と女だった。亀と人間には命を与えたが、石には与えなかった。誰も子供を持つことはできなかったが、年を取ると若返るので、決して死ななかった。

だが亀のダグバトシは幸せではなかった。彼は子供が欲しかったので、ソコのところへ行って子供を望んだ。ソコは首を振って言った。「よいか。私はおまえに命を与えた。それでじゅうぶんだ」

ダグバトシは家に帰ったが、すぐに戻ってきて、再び頼んだ。そんなことがしばらく続き、とうとうソコは言った。「なぜおまえはいつも戻ってきて、子供を頼むのだ。生きている者が子供を持ったら、死ななければならないことを知らないのか」

それでもダグバトシは動じず、言った。「私に子供をくださり、私を子供に会わせてください。そうすれば私は死にましょう」

「ならば、好きにするがよい」とソコは言い、亀の願いをかなえた。

亀が自分の子供を持ったことを知ったとたん、人間の男も自分の子供が欲しくなった。それで彼もソコのところへ自分の望みを伝えに行った。またしてもソコは首を振って言った。「よいか。私はおまえに命を与えた。それでじゅうぶんだ」。だが男は亀よりさらにしつこかった。そしてソコの警告にも、亀以上に動じなかった。男はただこう言った。「自分の子供に会いたいのです。そうすれば私は死にましょう」。ソコは黙って、男の願いをかなえた。こうして子供と死が生まれた。亀は子供を得て死んだ。人間も子供を得て死んだ。だが石は子供を求めなかったので、死ぬこともなかった。（ナイジェリア、ヌペ族）[432]

つまり人間は、増えずにいる限りは永遠の命を手にしていた。したがって子供をもうけることと死との間には、切っても切れない関係がある。ただし、このふたつの出来事の順序を逆にした話もある。死が誕生して初めて、神は永遠の命を失って悲しむ人間を慰めるために子孫を持つことを許したという話だ。

人間は神々に似ている。あるいは逆に神々が人間に似ている。神々が自分の姿に似せて人間をつくろうとしたように、最初のふたりの人間も子供をどうしても自分たちの姿に似せて作りたいと思った。たとえそのために不死でなくなるのであったとしても。それ以来、他の多くの人々も、自らの存在が新たな始まりへと転換していくのを見るために、ヌペ族の話の最初の亀と人間たちのように、繁殖していきたいと願った。人類は生殖によってのみ、すなわち不死に代わる子供によってのみ、継続していくことを望める。どの世代においても、子供たちは地上の命が決して完全には絶えないという希望の象徴なのである。

終章

名前が違うだけで、その話はあなたのことを語っているのだ。

ホラティウス[433]

最初の人類の祖先を訪ねて世界を巡る旅もそろそろ終わりに近づいた。これまでの章で、世界各地の最初の人々は、初めて互いに向き合った。そして会って驚いたに違いない。

最初の人々はどのように生まれたのか。そしてどのように男女ができたのか。われわれがこれまで見てきた中には、そういった普遍的な問いに対する共通した答えが数多くあった。同時に、さほど一般的ではない答えもたくさんあった。これほど多くの語り手の答えを合わせれば、人類に関する連載小説ができあがる。本書で論じた以外にも多くの物語があるのは事実だが、おもなパターンは本書で取り上げた。最初の人々がなぜどのように生まれたか、そしてなぜわれわれが本質的に現在のような姿であり、現在のように行動するのか、についてである。振り返ってみて、どれがもっとも印象的だっただろうか。

世界のさまざまな地域に類似性がみられることは興味深い。人間がふだん自覚しているよりも多くのものを共有しているのは確かだ。研究者の中には、考古学、比較言語学、遺伝学のデータに基づいて、アフリカで生まれた原神話がヨーロッパやアジアへと枝分かれしていったと考える学者もいる。この原神話は約一〇万年前にさかのぼり、共通する特徴はすべての主要な宗教に見られるという。[434]

人が自分の話を他人に聞かせるのが好きなのは確かであり、ゆえに話はひとつの家庭や村や国や大陸から、次々に伝わっていく。しかし、異なる文化の話が互いに似ているからといって、必ずしも影響を受けたとは限らない。世界の異なる地域でどう考えても文化的接触がないのに、驚くほど似た話がある場合には、別の理由も考えられる。それらに共通するパターンは、人間の体の形状や機能、そして人体が基本的に必要とする食べ物や住みかや安全や生殖などに関係していることが多い。また、われわれ皆が経験する恐れや望みや喜びや悲しみといった人間の感情にも関係している。人間が根本的な問題を解決しようとすれば、その方法はかなり限られてくる。[435] それゆえ、細部には地域ごとの魅力がいろいろあっても、創世神話は地球上の生命に関する普遍的な見方や経験を反映しているのだ。

人間が生まれるはるか前に、地球はすでに相当な年齢に達していた。地球の最古の地殻（オーストラリア、ピルバラの山岳地域）で、石灰質に増殖した細菌の知られている最古のものは、およそ三五億年前にさかのぼる。しかし地球上の最古の細菌から最初の人間への不可解な進化を理解しようとした人々は、ほどなく人間の知識の限界に達し、より広い範囲へと探索に出かけた。

それならば、さまざまな文化の人々が自分たちの住む地球を、空っぽの空間に浮かぶ擬人化された巨大な原初の存在と考え、最初の人間たちが周囲の山や谷や草木や動物とともに生まれるために、原初の存在が自らを犠牲にしたのだと想像したことも、さほど驚くには当たらない。

ほとんどの文化に神の概念があり、ひとりまたは複数の神や霊への信仰は広くみられる。神の存在については、発生や進化に劣らぬほどあれこれと論じられている。まるで人類に特別な感覚（超感覚ともいう）があって、人々がそれを使って自分たちとほかの人たちの経験を言葉にして理解しているかのようだ。やはり宗教がもっとも共通する枠組みだが、信仰を持たない者も、周りの世界を言葉にして理解しようとしている。[436]

始まりのときには、何もなかった。だが何か、あるいは誰かが存在する前、すなわち「無もなく有もなかった」ときには何があったのか。[437] そのめまいのするような問いに対する答えは、決して容易には見つからない。無限のものが孕《はら》んで有限のものを生み出したと、ホピ族は婉曲に示す。神は人の耳の間にいるだけだと無神論者は言う。いや、「宗教・葉《ローブ》」［脳で宗教を司るとされる部位］に、と神経生物学者は特定する。それでも信者は、神は始まりのときからいたのだと主張し続ける。そしてこの想像を絶する至高の存在は、人間と同じ外観をしていると考えられる。ほかに何が考えられるだろう。それとも神は詩人レオ・フローマンが言うように「システム」とみなされるのだろうか。

システムよ！　あなたは目もあごひげも見せず、
冷たい衣服も黄金の玉座も見せない。
あなたの姿が自分と同じだと主張する者は、
あなたが不当に恐れられているのと同じくらい知られていないのに
あなたのことを歪めて伝える。[438]

神については黙っていたほうがいい、と賢明にも神学者は言う。神は姿や言葉は持たないが、人間的な思いやりをもって、また血族、氏族、文化、性別、宗教のあらゆる境界を突き破る連帯感をもって現れる。[439]とくに西洋文化においては、その思いやりの教えはキリスト教のおかげで具体化されている。誰も見捨てることなく、困っているすべての人に情け深く接するのだ。

世界の多くの人々にとって、倫理と信仰は密接に結びついている。破壊や混沌に対する永遠の闘いにおいて、聖人が手本を務める宗教もある。「われわれは宗教の規範や価値観から学ぶことができる」と哲学者のユルゲン・ハーバーマスは述べている。現代社会の調和は、人々が境遇の違いを乗り越えて倫理的価値観を共有できるかどうかにかかっている。

通常、人間の序列は最初の祖先の出現から始まるが、それはのちの語り手が当時の文化的状況の観点から想像したものである。「昔、大地が作られ、男たちと女たちが生まれたとき、最初の人々の中に、ジャンニ・ガダバとその妻がいた。妻の名は忘れられているし、たいしたことではない」（インド中部、ガダバ族[440]）

現存する伝承や、のちの子孫の間の関係によって、最初の祖先の表面上の話し方や振舞い方の調子が決まる。その一方で、それ以外の黙して見えないことは、あくまで表に出してはならない。そして逆に、最初の人間たちの生まれ方や、神々がその人々に卓抜さや独創性や活発さを授けたやり方が、その子孫たちに神（々）や祖先とだけでなく互いの間でもどのようにつながりを持つかを再認識させた。

定型化は人類と同じくらい古くからあり、人はカテゴリーで対比させて考えがちである。社会の中の差異は当たり前のこととして神話に反映される。そうでない場合は、その話は始まりのときに起きたに違いない重大事件に基づく階層的関係を正当化するためにある。こうして物語は、人間と動物の間、文化や民族やカーストや階級の間、そして男女の間に存在する関係を先取りするのである。われわれは祖先から、遺伝子だけでなく伝承も受け継ぐのだ。

「創世記」の物語は性差と生殖に多大な注意を払っている。両性間の関係は、恐怖症から幸福感まで、多様な感情に取り巻かれている。どうしたら子孫を得られるのか。一方の性の人々しかいない、あるいは最初の無性の存在にまだ必要な器官が与えられていない真新しい空っぽの世界では、それが問題だ。さらに物語は、無防備なペニスが歯のついた攻撃的なヴァギナの餌食になる悪夢のような筋書きも紹介している。このように男性が恐怖や不安を抱いているという当惑させるメッセージは、女性の恐怖や不安が沈黙の厚いベールに覆われているため、余計目立つ。

ジークムント・フロイトによれば、「人は皆、生来両性具有で遺伝的に交差しているため、男女の特性を併せ持っている」[441]。そしてたとえ生物学的には男性と女性の混合体しか存在しなくても、神話は人間を生きている間「男性」か「女性」に分けるため、両性の社会的関係には、魅惑や不安な戸惑いや根強い恐怖がついてまわる。

命を「支配する」のは誰なのか。この根本的な問いが、それとなく行われる残忍ともいえる闘いの目的である。その不可解な神秘に対する力を持つのは誰なのか。女性が女児だけでなく男児も生むと、多くの物語は役割を逆にして、その現実を弱めたり取り消したりしようとする。いざ創造ということになると、たいていは男の神々が前面に出て、好んで自分たちだけですべての職務を果たす。女性の創造者が自分だけで創造を行うことはめったにない。最初の人間の体を形作ることに女神が手を貸す話もあるが、女神にその権限はないのが普通で、生命を与える仕事は遠慮しなければならない。高位の男神だけが、最初の人間たちに、そのもっとも大切な要素である魂、息、影などを授けることができる。つまり命を授けられるのは彼らだけなのだ。マキリタレ族の神話では、主要な役柄のワナディがなんと自分の母親まで生み出す！

創造者が最初の男だけを作り、その男が自分の妻を自身の太腿、腋の下、陰嚢、膝のくぼみ、足の親指から生み出す例もいろいろと見てきた。数少ない最初の女性は、一時的な手提げ袋として、命を与える男性の事業を手伝う。それにしても、実際はどうなのだろうか。

世間一般の通念も学者たちも、その問いとずっと闘い続け、一七世紀まで、胎児の魂は男性の精子によって子宮内に入ると主張し続けた。不要な競争がいくら盛んでも、本当の活気が生まれるわけではない。

始まりのときには女性に権限があったとする話は、あからさまな不和の反映でもある。しかしそういった話もいずれ、男性がライバルである女性から秘密や象徴や道具を盗むことによって、その権限をまんまとかすめ取ったと高らかに宣言する。それ以後、女性は男性に服従し、めでたしめでたしとなるのだ。こうした話は男性による見方を反映しているだけでなく、もっと一般的に、支配者は常に自分が仕切る立場にあることを証明しなければならないという考えを反映している。[442] 権力を掌握するのもたいへんな仕事なのだ。

オーストラリアのウランバ族の神話では、男たちがふたりの原初の姉妹から儀式的な豊穣のシンボルを盗み、支配者になる。だが姉は冷静に対応する。それがどうした、といったところだろう。姉からみれば、盗まれたことなどたいした問題ではない。男たちにシンボルを持たせ、彼女は言う。「私たちにはまだ子宮があるじゃない」と。

精神分析学者は、「男性の知的および芸術的創造の欲求は、女性と同様に孕んだり生んだりしたいという願望から生じている面があり、女性が体で生み出すものを知性で埋め合わせたいという『自然な』衝動だ」と推測している。創世神話は本当に、実生活での女性による両性の子供の出産という「はなはだしい不平等」[443]の埋め合わせをしなければならなかったのだろうか。

世間一般の通念も学究的な（そして一部は非常に有力な）哲学者も、男性は自分たちが生殖のいわば主「エンジン」だということをどうしても証明する必要があったとしている。[444]そして女性の生殖能力（および家事能力）が認められたときには決まって、女性は教育や公共の場など、それ以外の生活領域への立ち入りを拒否されるのが普通だった。そしてもっとも悪評を買っていることだが、宗教上の高位の職務は、現在もなお、ほとんどが男性によって占められている。

「女性が完全に対等であることを認められるのが、文明のもっとも確実なしるしであろう」と、フランスの作家スタンダールはほぼ二世紀前に記している。起源神話では両性間だけでなく、民族や階級、カースト、宗教の異なる人々の間に障害が築かれてきた。そのような段差を平らにするには、われわれがまずその存在を知らなければならない。人間の起源神話は、自分たち自身を文化の潜在意識につなぎ留めてきた。歴史全体を通じて、違いを重視することが、差別的な制約や排除だけでなく、野蛮な戦争にもつながってきた。だが文明は常に意思決定についての選択権を持っている。

物語を話すことは強力な手段であり、最初の祖先についての物語は望ましい効果を発揮してきた。アダムとエバ、そして堕落によって追放されるまで彼らが過ごした楽園での日々についての創世神話は、ユダヤ教、キリスト教、イスラム教、およびその勢力圏で繰り返し語り継がれている。そして人々は禁断の果実を食べる有名な話を、誘惑する女エバを主役として、口にし続けるのだ。

始まりのとき、最初の人々に一番共通する課題は繁殖だった。目下のところ、この課題は順当に果たされてきたように見えるが、地球を枯渇や人口過剰から救うために人類に必要なのは、生殖能力より創造力だ。

互いの神話をよく知れば、自身の起源神話をより広い視点で見ることができ、自分たちの民族集団や宗教集団、イデオロギー、人種、性の境界を超えることができる。思いやりに満ちた率直な目で物語を読めば、また違った読み方ができるだろう。

こういった物語を研究してみて、私はしみじみと人類にせつなさを感じた。われわれは安全や安心を夢見るが、危険や不安を感じることが多い。恋に憧れるのに、気苦労なしに恋を満喫するのは難しい。よりよい未来を都合よく望むが、人間はもろく限りある存在だという変わることのない認識を取り除くことはできない。

物語は、神話的な過去と今現在が、生きている人々の心の中でいかに固く織り交ざってきたかを示している。われわれがどこへ行きたいのかを知るには、まずわれわれがどこから来たのかを知らねばならない。われわれの始まりに関する一連の古い話は現代社会でも相変わらず響き渡っているが、そこには信じる人と信じない人がかつてないほど入り混じっているのだ。

監訳者あとがき

本書『なぜ神々は人間をつくったのか――創造神話1500が語る人間の誕生』の原題はIn the Beginning There was No One: How the First People Came into Beingである。著者のミネケ・シッパー（Mineke Schipper）はオランダ人で元ライデン大学教授。異文化間文学研究者にして作家。英語圏を中心に世界各地で以下に紹介するような多くの著作が刊行されている。日本語版はまだ英語版が出版される前から並行して翻訳が進められてきた。この他にはオランダ語、韓国語、トルコ語、ポーランド語、ハンガリー語訳が出版予定という。

目次を一読すれば分かるように、本書では世界、人間（男と女）、動物がどのように創られたのかについて語る世界中の起源神話・創世神話が紹介されている。彼女の意見では、神話が語るのは生死、階級や人種の違い、男女の違いといった「根本的な問題」である（17頁）。そして彼女はそうしたテーマの神話を紹介するだけでなく――もちろん、それはとても大事なことだし、作家でもある彼女の巧みな語り口によって本書ではそれが見事になされている――、誰がどういう意図のもとにそうした「根本的な問題」についての神話を作り上げて語り継いできたのかを知ることが大事だと主張している。シッパーが注目するのは、1．世界を創造する神は男性であることが多い、2．女性は穢れているとか悪が世界に持ち込まれたのは女性のせいだといった女性蔑視的な神話が多い、3．異なる職業がある理由を説明する神話が多い、4.白人、黄色人種、黒人といった異なる人種が存在する理由を説明する神話が多いなどの諸点である。

1と2についてシッパーはたとえば次のように指摘している。

いざ創造ということになると、たいていは男の神々が前面に出て、好んで自分たちだけですべての職務を果たす。女性の創造者が自分だけで創造を行うことはめったにない。最初の人間の体を形作ることに女神が手を貸す話もあるが、女神にその権限はないのが普通で、生命を与える仕事は遠慮しなければならない。高位の男神だけが、最初の人間たちに、そのもっとも大切な要素である魂、息、影などを授けることができる。つまり命を授けられるのは彼らだけなのだ（313-4頁）。

シッパーは女性学の成果にも関心が深く、イギリスの女性宗教史学者カレン・アームストロングの研究（たとえば、『キリスト教とセックス戦争―西洋における女性観念の構造』）も取り入れて、こうした神話における男性優位の理由を説明している。現実の世界において男性は女性のように創造（＝出産）を実感できないので、男性は神話において創造者（＝男性神）となり、女性は世界の創造を妨げたり不完全にしたりする穢れた存在と位置づけたいのだというものだが、こうした説明は現在もはや常識になりつつあるかも知れない。しかし、3と4の職業の違いとその優劣、人種の違いとその優劣の始まりを語る神話とについての、現実世界での支配・被支配を優越な側は正当化し、抑圧される側は納得するために語り伝えられてきたという解釈となると、斬新で議論を呼ぶかも知れない。

　また彼女はどのような素材や方法で世界、人間、動物が創られたとされているのかが、世界の各地で異なっているのは、そうした神話を語り継いできた人々の生活の多様さを反映しているからだとも指摘している。狩猟民、農耕民、牧畜民、漁労民、そして現代の生産活動よりも消費活動が中心になっている人々では、起源神話に違いが認められるのは当然だというのである。もちろん、そんなことは当たり前だと思われるかも知れないが、本書のように実例に則して丁寧に説明されると納得しないわけにはいかない。

　本書は一般読者向きに専門用語をあまり交えない分かりやすい文体で書かれているが、詳しい注と参考文献が付されていて紹介されている神話それぞれの典拠が示されており、学術的にも十分信頼がおけるものとなっている。目配りの広さを示す一例としては、「終章」から次の一文を引用しておこう。世界中の起源神話がそれぞれの地域・文化・時代による相違を示しつつも、全体としてみれば驚くほどの共通性も示しているという事実をどう説明すべきかについてである。


　世界のさまざま地域に類似性がみられることとは興味深い。人間がふだん自覚しているよりも多くのものを共有しているのは確かだ。研究者の中には、考古学、比較言語学、遺伝学のデータに基づき、アフリカの神話から生まれた原型がヨーロッパやアジアへと枝分かれしたと考える者もいる。この原型は約一〇万年前にさかのぼり、共通する特徴がすべての主要な宗教に見られるという（309‐10頁）。

これについては注434でマイケル・ヴィッツェルの『世界神話の諸起源』という、本書を執筆した時にはまだ出版されていなかった著作が典拠として挙げられている（二〇一二年末に刊行された）。ここからもシッパーが神話研究の最新の動向にも注意を払って本書を執筆していることが伺えるだろう。なお本書はカリフォルニア大学バークレー校で長く教鞭をとっていた世界的に著名な民俗学者アラン・ダンダス（一九三四 - 二〇〇五）に捧げられている。

シッパーの本書以外の著作としては、Adams and Eves Everywhere: The First People in Judaism, Christianity and Islam（『至る所にアダムとイヴ—ユダヤ教、キリスト教、イスラームにおける最初の人間』）、After Us, The Flood: Mythical Tales about The End of Mankind（『あとは野となれ山となれ—人類の終末についての神話的物語』）、Vogel Valt Vogel Vliegt（オランダ語『鳥は落ち、鳥は飛ぶ』）、Never Marry a Woman with Big Feet: Women in Proverbs from around the World（『大足女と結婚するな—女性についての世界の諺』）などがある。『至る所にアダムとイヴ』は世界各地でアダムとイヴがどのように語られているかを紹介している。『あとは野となれ〜』は副題の通り、世界の終末神話を紹介しつつ、洪水、大火災、人口過剰といったモチーフが現実と通底していることを併せて指摘している。『鳥は落ち、鳥は飛ぶ』は小説で、中年のカップルが過去を顧みて新しい生き方を見つける様子を描いている。私が最も関心を惹かれたのは『大足女と結婚するな』である。題名はアフリカ南東部のマラウィやモザンビークに住むセナ族の「自分より大足な女とは結婚するな」という諺から取られている。シッパーによると、この種の諺は世界中にあり、彼女は世界の二四五もの言語から見つけてきて紹介している。この本については多くの賞賛が寄せられており、その中にはシカゴ大学の著名な女性インド学者ウェンディー・ドニガーの名前も見える。

原書房編集部の大西奈己さんとはこれまでにも何度も一緒に翻訳の仕事をしてきた。そして今回もまたいつもながらの行き届いた御配慮をいただいた。心より感謝申し上げたい。

二〇一三年二月

松村一男

なぜ神々《かみがみ》は人間《にんげん》をつくったのか

創造神話《そうぞうしんわ》1500が語《かた》る人間《にんげん》の誕生《たんじょう》

●

2013年3月4日　第1刷

著者……………ミネケ・シッパー
監訳者……………松村一男《まつむらかずお》
訳者……………大山晶《おおやまあきら》
装幀……………渋川育由
発行者……………成瀬雅人
発行所……………株式会社原書房
〒160-0022 東京都新宿区新宿1-25-13
電話・代表　03（3354）0685
http://www.harashobo.co.jp/
振替・00150-6-151594
印刷……………新灯印刷株式会社
製本……………小髙製本工業株式会社

ISBN 978-4-562-04898-4, printed in Japan

ミネケ・シッパー（Mineke Schipper）
元ライデン大学教授。異文化間文学研究者、作家。学術書から小説まで幅広い分野で執筆を手がける。ナイジェリア、ケニア、ジンバブエおよびブルキナファソの大学で客員教授を務め、現在は中国社会科学院（CASS）に在籍する。2004年に出版した *Never Marry a Woman with Big Feet: Women in Proverbs from around the World*（『大足女と結婚するな——女性についての世界の諺』）は10カ国語に翻訳され、世界的ベストセラーとなった。

松村一男（まつむら・かずお）
1953年、千葉県市川市生まれ。東京大学大学院人文科学研究科、宗教学・宗教史学専攻博士課程単位取得退学。現在、和光大学表現学部教授。著書に『神話思考I』（言叢社）、『神話学講義』（角川叢書）、『女神の神話学』（平凡社選書）、『この世界のはじまりの物語』（白水社）、『神の文化史事典』（共著、白水社）など、訳書にエリアーデ『世界宗教史』1（筑摩書房）、『ヴィジュアル版ケンブリッジ世界宗教百科』（原書房）などがある。

大山　晶（おおやま・あきら）
1961年生まれ。大阪外国語大学外国語学部ロシア語科卒業。主な訳書に『ヒトラー・ユーゲント』『シンボル・コードの秘密』『パットン対ロンメル』『ヒトラーとシュタウフェンベルク家』（以上、原書房）、『ヒトラーとホロコースト』（ランダムハウス講談社）、『ポンペイ』（中央公論新社）がある。

注

ほとんどの物語や話の断片は，読みやすくするために短縮したり脚色したりしている．いくつか忠実に引用したものは，文中に引用符で囲んである．原文を参照したい場合のために，データはすべて注と参考文献に記載した．

1　フルソ族，北東インド．Elwin 1958: 15-16.

2　バイ（白）族の語り手 : 黎建飞 Li Jianfei．北京の中国社会科学院（CASS）の未発表のコレクションは，拙著 Ye and Yin 2011 として刊行予定．

3　創世記はさまざまな訳を参照した．Salishan and Sahaptin in James A. Teit 1917, II: 84.

4　Leach 1956: 72.

5　北欧 , Hveberg 1969: 9. バビロニア , 翻訳 Lambert 2008: 18; Lahu, Walker 1995: 21; ヴェーダ, Doniger 2008: 90. ヴェーダ語はサンスクリット語の最古形.

6　Farmer 1979: 18.

7　Torday and Joyce 1910: 20-21.

8　Yuan Ke 1993: 1-3; Lihui Yang a.o. 2005: 177; Keith Stevens 2001: 28-29; Rémi Mathieu 1989: 28-30. 他の版によると，彼の体の上にいた虫を風が人間に変えた.

9　Barua 1930: 1-2.

10　『ポポル・ヴフ』Goetz and Morley 3-4，および他の版.

11　もともと，ギリシャ語の muthos という語は口 , 発話 , 物語を語ることと関係がある．これには,（1）話し言葉（2）メッセージ（3）噂もしくは物語（4）提案（5）要求，命令，脅迫（6）思考，計画，設計（仕事をすることに対しての）といった多くの意味がある．

12　Mircea Eliade 1963: 5-6. Armstrong 2005: 22 を比較.

13　Armstrong 2005, chapter II.

14　Richard Francis Burton 1863: 182-183.

15　Lihui Yang and Deming An 2005: 18.

16　Ahmadou Hampaté Ba 1966: 7.

17　Duff MacDonald: 1882: 295-6.

18　Papua, Z' Graggen 1995:84; Isneg, Ho Ting-jui 1967: 231.

19　Belcher 2005: 188; Schipper 1980　34-36.

20　Bierlein 1994: 62; 他の版は Ella E. Clark in Lottridge and Dickie 1991:10-11; 41.「アースダイバー」（この場合はヒキガエル）についての神話は，とくにアメリカ先住民の神話には多くのバージョンがある．このような物語では，魔法の動物（ネズミやビーバーや亀が多い）が水中から魔法の土を少量掘ってくると，その一握りの強力な土のおかげで大地が大きく広がる．

21　語り手はFu Yingren: Schipper, Ye and Yinが近刊予定.

22　Yanomamo, Bierhorst (1988) 2002:66; Kulwe, Hamberger 1909: 298-301..

23　コンゴのンゴンベ族については，E.W. Smith 1950: 37-39 ; Sproul 1979: 48; Kulwe, Hamberger 1909: 298-301.

24　Mindanao, Demetrio 32; Warrau a.o., Bierhorst (1988) 2002: 67-68.

25　Baumann 1936: 206.

26　Farmer 1979: 41; 語りはJinxichunqiu, Manchu, North East China. Coll.Ye Shuxian 2008.

27　たとえばガーナの言語のひとつ，トゥィ語では，ニャンコポンは「天界」のほかに「神」も意味し，文字通り「ニャメ（神）の住む高い場所」である．Armstrong 2005: 18, 21も参照.

28　Okinawa, Ho Tingjui 1967: 227-229;. Tsu and Isneg 同書 : 231-232.

29　Barth 1856:456-457.

30　Beier 1966: 51; Callaway 42-43.

31　Chief Luther Standing Bearの1933年の語りによる．Weigle 1989:138.

32　Routledge and Routledge 1968:283-284

33　Henri A. Junod. 1927:348. ホサ語では，umhlangaという語は洞窟を意味する．Belcher 2005: 244; Dornan 1917: 79-80; Chagga, Dundas 1924: 108-120.

34　Leeming and Page 1998: 86-87.

35　Elwin 1949: 384; Leach 1956: 76-77;　C.R. MacGregor 1887　qtd in Elwin 1958: 17; Z' Graggen 1992: 14.

36　Farmer 1979: 37.

37　Bierhorst (1988) 2002:36のさまざまな版. Reichel-Dolmatoff 1971; Sproul 313-314; Leach 124-125.

38　William Sherwood Fox 1916: 20. ペラスゴスは人間の文明の創始者で，アルカディア初代の王で最初の神殿を建設した.

39　Huys 1913: 168-171.

40　A.B. Ellis 1894: 43-44. 物語の続きは，彼女の破裂した体から16人のオリシャ，すなわちイフェの神々が生まれ，彼女の体は聖なる都市イフェになった.

41　Weigle 1982: 46;「容器」は女性を誕生させる者とするメタファー．拙著 *Never Marry a Woman with Big Feet*. (New Haven and London: Yale University Press 2004) 中の "Messages of Images" を参照.

42　ヘシオドス『神統記』126行以下，Eliade 1958:239.

43　Konrad Preuss, Weigle 45-46より引用.

44　Martha Weigle 1982　and 1989; Peggy Reeves Sanday1982.

45　Boas, Teit and others 1969: 80.

46　Leeming 2002:41, 79; Armstrong 2005: 41-43; Boas, Teit and others 1969: 80.

47　Hultkrantz, Weigle 1982: 49より引用．以下を比較．Leeming and Page 1994; Armstrong, *A Short History of Myth*, 2005; Lerner 1986; 中国の女神についてのYe Shuxianの論文．Graves and

Patai: 26 も参照.
48　古代中国の神々や物についての最新研究は，Ye Shuxian の "Myth in China: the case of ancient goddess studies" という Leiden Conference on *Creation Myth in the Verbal and Visual Arts*. December 2005 での発表論文では新たな情報が豊富に紹介されている.
49　Lerner 1986: 146.
50　P. A. Talbot 1912: 16-17. Frobenius 1926: 119 など，他の口承による伝説も参照.
51　Graves (1955) 1984:10; Graves and Patai 26.
52　Z' Graggen 1995:2-3.
53　Hellbom (in Weigle 1989: 102) は，北米では卵をテーマにしたものがまれだと述べている.
54　プラジャーパティはブラフマーや他の原初の存在に共通する名である.
55　Long 130; Doniger 350.
56　The Origin of Ancestors from Bamboo Joints, Tagalog, Luzon Ho TJ 244　M. C. Cole, p.187
57　Leach 1956: 53.
58　Rasmussen/Ostermann 1976: 182-183; この物語にはバリエーションがある．たとえばチュクチ族など . Nelson 1899: 452-462 を参照 .
59　Farmer 1979: 41.
60　Gill 1876: 21.
61　Elwin 1958:8.
62　Kristofer Schipper 1993: 114. Lihui Yang et ali 177; Keith Stevens 2001: 28-29; Rémi Mathieu 1989: 28-30 も参照.
63　『リグ・ヴェーダ』10.90.11-14. Doniger 2008: 44 より .
64　Wendy Doniger 2009: 94; Dedutt Pattanaik, *Indian Mythology. Tales, Symbols, and Rituals from the Heart of the Subcontinent*. Rochester Vermont: 2003 を比較 .
65　Eliade 1967: 226.
66　物語は 10 世紀後半のアイスランドのテキストに保存されていた．Hveberg 1969:10-11; Ellis Davidson 198-199; Lindow 2001 参照.
67　Z' Graggen 1995:2-3.1995 年と 1997 年の Miedema の他のバリエーション．いくつかのバージョンでは，切断されたのはヒクイドリで，自ら犠牲になる原初の母親の役割を果たす.
68　Teuira Henry 1928: 339.
69　Trubshaw 2003: 45-46. Ye Shuxian の中国の女神についての論文も参照．バビロニアの創世詩『エヌマ・エリシュ』では，マルドゥク神は人間をつくるのに自分自身を犠牲にする代わりに，キング神を殺す.
70　引用は，パピルス Bremner-Rhind 26,21-27,1 *Bibliotheca Aegyptiaca* 3, Bruxelles 1933: 59-61 と Teodor Lekov "Egyptian Myth in Word and Image", the Leiden Conference on Creation Myths in the Verbal and Visual Arts, Dec. 2005 に引用された他の墓所魔術テキストに基づいている．James P. Allen 1988:28 も参照．そのようなエジプトの神話的テキストは現存していないが，そういったことに言及した墓所のテキストや，神話に触発された資料は豊富に入手可能であ

る．ここでは私はさまざまなコフィン・テキストの内容をつなぎ合わせた．啓発的な情報とコメントをくださった Joris Borghouts 教授 (ライデン) と Jacco Dieleman 博士 (UCLA) に感謝する．

71　エジプトの宇宙創生論は，前 3000 年から後 3 世紀の間にさまざまな方向に発展した．

72　ラー (レーともいう) はエジプトのファラオ時代を通じて重要な神であり続けた．朝の太陽としてケプリと，夕方の太陽としてアトゥムと結びつけられていた．Guilhou and Peyré 2005: 41; Robert Armour 7-8; Veronica Irons (1968) 1982:12 などを見よ．

73　Torday and Joyce 1910: 20-21.

74　うなり板とは両側のとがった平らな木片である．片方の端に穴が開けられていて，そこに細い弦を通す．穴の開いたほうの端はとがっておらず丸みをおびている場合も多い．うなり板は儀式で活発に振り回される．

75　Strehlow 1947: 7-10; 以下と比較せよ . Long 1963: 162-165 と Sproul 1979: 321-323.

76　男性の腋の下から誕生する話はパプアニューギニアにもある．Z' Graggen 1995: 83-84 を参照.

77　Hveberg 1969: 10.

78　出典は a *Vishnu Purana* の一節．Wendy Doniger 1975:44 の訳による．

79　Cushing 1896: 379; Thompson 1966: 17-19 ; Bierlein 1994: 68 と，さまざまな他のバージョンによる．

80　Elwin 1958:15

81　地母神パパの名は，文字通り「基盤」もしくは地表のように「平たく広いもの , あるいは伸びるもの」を意味する．Gill 1876:10; Best 1924: 52-53; Grey1961; Long 1963.

82　Beckwith 1970: 64-68 参照.

83　Baumann 1955　は両性愛と両性具有について研究している．

84　Leeming 2002:77-92.

85　Elwin 1949: 39.

86　Dorsey 1906:13-14; Bierlein 1994: 60.

87　Dixon 1916: 159.

88　Bierlein 1991: 61f.

89　蜘蛛の重要性は Weigle 1982 の創世神話参照.

90　Holmberg in *Mythology of All Races vol. 4 Finno-Ugric*, Siberian 1927:371.

91　*National Geographic* のウェブサイト．2007 年に the Netherlands Institute for Advanced Study (NIAS) でビッグバンについて長時間論じてくれたことを Jan Gunneweg に感謝する．

92　Civrieux 1980: 23; Bierhorst (1988) 2002: 57ff も参照.

93　創造神は解説者からシステマティックな思考をすると評価されている．一例として Graves and Patai 1964, chapter I を参照.

94　この「考える女」は，「蜘蛛女」あるいは Sus' sistinako とも呼ばれ，北米プエブロインディアンのケレス族の女神である．Weigle 1989: 25-26; Leeming 1998: 101　は，彼女を

Tsichtinako と呼んでいる．Bierlein 1995: 33 も参照.

95　Aschwanden 2004: 31.

96　Lihui Yang and Deming An 2005: 21. Book Two の近親相姦についての部分も参照.

97　Bible, Book of John 1: 1-4.

98　Beier 1966: 42.

99　Teuira Henry 1928: 339.

100　ハワイの創造の聖歌 the *Kumulipo*（万物の系譜）にあるように , 始まりのときの大きな水のカオスは，創造神クーが詠唱し始めたときに終わる．Bierlein 1994: 56; Beckwith 1972 を参照 .

101　ギリシャの魔術のパピルスはほとんどが前２世紀から後５世紀のものである.

102　Papyrus xxiii: モーゼの秘密の聖典．Third Century CE, in Doria and Lenowitz 1976: 18-27.

103　*Kato Texts* 1909: 89 と 185.

104　Biernaczky 1984: 261.

105　Leach 1956: 74.

106　Lihui Yang and Deming An 2005: 170-172; Yuan Ke 1993: 4; Mathieu 1989: 63.

107　*Koran*, Sura 14: 28; Al-Udhari 1997:136-138.

108　ナヴァホ族の語り手 Hasteen Klah (Recorded by Mary C. Wheelwright1942) in Elledge 2002: 66-67.

109　Hesiod *Days* 106-112. Graves 1984: 11-12 も参照．.

110　Leeming and Page 1988: 88.

111　Erdoes & Ortiz1984: 40. Frazer (1922) 1974: 525ff.

112　Dixon 1916: 173.

113　Minahassa, Dixon 1916: 173; New Hebrides, 同書 : :110.

114　Leeming 1990: 37-38.

115　Al-Udhari 153-154

116　*Everyman' s Talmu*d 1975: 76; Bierlein 1994: 75f.

117　Irwin 1946:278.

118　Li and Luckert 1994: 80-81 を参照 .

119　Marc Augé 1982, chapter VI, Pierre Verger, Marcel Mauss その他の研究者を参照．Eliade 1967, chapter III も参照.

120　人間の息は神が所有しているという考えは，たとえば古代エジプトやフェニキア人，カナン人，古代メソポタミア人のテキストに見られる．Edward B. Tylor 1958: 16-17；*Self, Soul and Body in Religious Experience*. (A..I.Baumgarten,.J.Assmann and G.G. Stroumsa Editors) 1998: 102 に引用された Stephen Gaselee, *The Soul in the Kiss* などを参照．ほとんどすべてのインド＝ヨーロッパ系言語には「息と霊」という二重の意味をもつ語がある．たとえばドイツ語の Geist, スラヴ語の ducha など．セム語の場合も同じで, アラビア語の ruh（魂）は rih（風）に近い．中国語では息を表す語 , ch' i には「生命力」という意味があり，日本語の「気」も

同じだ.

121　一例として Eliade 1967:177-200 参照. *Phantasmagoria. Spirit Visions, Metaphors, and Media into the Twenty-first Century*. Oxford: Oxford University Press 2006 という魅惑的な著書の中で, Marina Warner は The Breath of Life in Europe since the Enlightenment について一章すべてをあてている.

122　Eliade 1967; Hedda Post, *Metaforen van de ziel* ("Metaphors of the Soul"). Unpublished PhD Thesis, 2003, Leiden University; Rowena and Rupert Shepherd 2002: 149.

123　Rasmussen 1930: 82.

124　詳しい解説をしてくれたアッシリア学者 Theo Krispijn（ライデン大学）に感謝する. 心臓の血もしくは心臓の鼓動としての血は, ここでは人間の主要な特色, つまり人間の知性の力強い性質として理解されている. 最初の人間は神に似せて作られた（神の血から人間ができた). 彼らは死んだ神の物質的材料から命を得たため, 死ぬ運命にあるのだ.

125　Dalley (ed) 2006:4; Wilson 1927-28: 142-145.

126　このテーマについて情報をくださったことを Reimar Schefold (ライデン大学) に感謝する. Schefold 1979 も参照.

127　Luba,Vandermeiren 1910: 228-229; Baumann 1936: 238-239.

128　Armour (1986) 2001: 11. アンクの元々の意味はまだ定かでない.

129　Eliade 1967:184; Tonga, Fison 1907　and Dixon 1916; Caillot 1914: 252; Eliade 1976: 115-116.

130　Trilles 1905: 130-136.

131　Sir Edward B. Tylor qtd in Eliade 1967: 184-185; Egypt, personal info Teodor Lekov (Sofia, Bulgarije); Hebrew, personal info Jan Gunneweg (Jerusalem); インドに関しては Pattanaik 2003: 109 参照.

132　Karen Armstrong, A History of God . London: Vintage 1999: 45. Hedda Maria Post, *Metaforen van de zie*l. Leiden, Ph.D.Thesis 2003 を参照 .

133　Graves and Patai o.c.61 のラビ文書から引用.

134　Robert Alter の翻訳 , Mark J Geller and Mineke Schipper より引用 (Eds 2007: 158, and 159）ヘブライ語で息を表す語 neshimah と, 魂を表す語 neshamah はほとんど同じといっていいほどよく似ている.

135　Parrinder 43; Bierlein 50.

136　Aschwanden (1989) 2004: 28, 30-31　アフリカでは影のない者はしばしば不死者もしくは死者の霊と認知される. もし生きている人間が影をなくしたと思ったら, 呪医によって取り戻してもらうことができる. Willoughby 1928: 10-11　(New York: Doubleday, Doran & Cie 1928).

137　イジョ族の神話は Gabriel Okara が収集し転記した *Black Orpheus* 1958: 9-18 より. イジョ族と, ヨルバ族やビニ族といった他のいくつかのナイジェリアの部族は, 人間が自分の運命を生まれる前に決めると信じている.

138　Z' Graggen 1992:7.

139　Radin 1923: 212-13

140　Dixon 1916: 106.

141　Erdoes and Ortiz 1984: 78.

142　Hveberg 1969:11; Lindow 62-63; MacCulloch 1930:327.

143　Westervelt qtd in Beckwith (1940) 1976: 46, and Dorothy B. Barrère1969: 13　and 3-5.

144　W.H. Barker 1919: 158-163.

145　I.H.N.Evans 1953:377-378.

146　Nicholson 1985: 76-77.

147　さまざまな出典．Frobenius vol. 10, 1926 : 109-110; Farrow 1926:37; さらに多くの資料は Belcher 2005: 478-9 にある．

148　これらの存在は宮殿内部やその周辺で働き場所を見つける（言外に , 王をとりまく召使たちには価値がないと示唆している）．

149　出　典 : line 83-91　in: Electronic Text Corpus of Sumerian Literature; Kramer and Maier 1989:35 と Ewa Wasilewska 2000:144-145 を参照 ; この神話について個人的に解説して下さったアッシリア学者 Theo Krispijn (ライデン大学) に感謝する．

150　Bierlein 1994: 64-65; Erdoes & Ortiz 1984: 77ff.

151　Hinnels 1985: 21-22.

152　Wendy Doniger のすばらしい著書 *The Origins of Evil in Hindu Mythology* 1976 参照．神話における悪についてのさまざまな見方について明快に示している．

153　*Vishnu Purana* vol. 1, 1864: 55-57.

154　無名のケニア人の口承．Paul Kelemba に感謝する．

155　Frobenius Band X 1926: 109ff. とさまざまなナイジェリアの口承を出典とする．

156　P. van Hoef 1911: 321-325.

157　この非常に古い神話は『ブリハッド・アーラニァカ・ウパニシャッド』からのもので，おそらく前 1500 年にさかのぼると思われる．Bierlein 1994:39 を参照 .

158　Leeming and Page 1995: 95.

159　Trilles 1932: 287.

160　Dalley 1989: 9, 14;Lambert 2008: 15-60 も参照．

161　Epic of Gilgamesh (Andrew George 訳) 1999: 94.

162　マヤ族の叙事詩『ポポル・ヴフ』．Cordan; Tedlock; Goetz and Morley など，さまざまな翻訳版が存在する．マヤ族は現在のグアテマら，ホンジュラス , ベリーず，メキシコのユカタン半島地域で暮らしていた．彼らの子孫は今もそこに住んでいる．

163　*Everyman's Talmud* (1949) 1975: 68; Isaiah 43: 21.

164　Plato, Selected Myths: 6.

165　Ramos 1998: 4-5.

166　Erdoes & Ortiz 1984: 100.

167　Aschwanden 2004: 28.

168　Trilles 1905: 130-136.

169　Opler 1938: 1-6　in Sproul 1979: 222.

170　タルムードは Graves and Patai 1964: 60; Bierlein 1994: 76 より引用.

171　Graves and Patai 1964: 62; Al-Udhari 1997: 134-140.

172　Goetz and Morley 2003: 106-109; Cordan 1977 と Tedlock 1985 を比較 .

173　終末と人類の終焉は本書では扱っていない．近刊予定の *Imagining the End of Humanity* を参照のこと.

174　Frobenius, *Atlantis* , vol.10, 1926: 75-76.

175　デウカリオンとピュラの物語では，ギリシャ語で「人間」を意味する laos (英語の laity の語源) と「石」を意味する laas が似ていることで語呂合わせをしているが，翻訳ではその点は抜け落ちている.

176　デウカリオンはプロメテウス（その名は「考慮」の意味）の息子．父はその名前のとおりにデウカリオンとピュラに洪水を生き延びる方法を教える．オウィディウス『変身物語』Oxford at the Clarendon Press 2004: The Metamorphoses of Ovid , London: Penguin Books (1955) 1986: 38-40 など参照.

177　Eliade 1958: 216-217.

178　Nicholson 1985: 76-77; Bierlein 1994: 70.

179　Ho Ting-jui. *A comparative Study of Myths and Legends from Formosan Aborigines*. Bloomington: Indiana University, Unpublished PhD Thesis 1967: 241.

180　Spellig 1927: 231-232.

181　Armstrong 1999: 44.

182　Boas, Teit a.o. (reprint) 1969: 84.

183　Lambert 2008: 15ff.

184　Swanton 1929: 168.

185　Lihui Yang and Deming An 2005: 21.

186　Jensen (1939: 43-44. セラム島のほとんどの物語では，女性は植物から，男性は動物から変化する．イェンゼンの本では，さまざまな他のバージョンが紹介されている．南コンゴでは，人間は同様にバナナやヤシの実から生まれる.

187　1824 年に Mo'orea の神父 Moo が語ったものと，1840 年に Taiarapu の長 Anani が語ったもの．Teuira Henry 1928: 420-421.

188　Weigle 1982: 54; Bierlein 1994: 43; Hinnels 1985: 21-22.

189　Westermann 1912;178-179; Oyler 1918: 107-115 を参照；Hofmayr 192 と Belcher 2005: 466 の資料も参照.

190　Gill 1876: 21.

191　Teit 1917: 84; also in Boas a.o. 1969: 80-88ff.

192　同書 : 普通の動物寓話には決定的な違いがあり，神話は現在のわれわれにあるような秩序をもたらす決定的な役割を始まりのときに動物が果たすことに言及している．始まりの

ときの物語のいくつかでは，最初の動物たちが神や文化英雄の役割を果たす．

193　アルゴンキン族のメノミニー族はウィスコンシンに住んでいる．Stith Thompson 1966: 10; Erdoes & Ortiz1984: 81 参照．

194　Elwin 1958: 95.

195　Elwin 1949: 35.

196　Miedema 1995: 26; Miedema 1997: 39.

197　Miedema 1997: 7-8 と Miedema 2004: 109-113 を比較 . 他の東南アジアの神話には，人間の子供が腹をすかせたときに自ら犠牲になるカサゴの話がある．たとえば Farmer 1979: 106.

198　Loeb 1926: 165.

199　Barker 1919: 159-160.

200　Elwin 1958: 18.

201　Lihui Yang and Deming An 2005: 21　.

202　Stair1896: 35.

203　Fang, Eno-Belinga 1965: 130; Trilles 1905:130-136.

204　Strehlow 1907: 2-6. 男性の月経あるいは副次的な切開については本書の第九章を参照．

205　Z' Graggen 1992:4.

206　Cushing 1896:381.

207　Ho Ting-jui 1967: 280-281.

208　Oral Kikongo 出典 : Simon Mfuka, Kinshasa.

209　Elwin 1958:19 と 98; アメリカ先住民のピマ族の物語は，1880 年代に記録された断片にさかのぼる．Erdoes & Ortiz 1984:46 を参照．

210　Lovejoy (1936) 1964. Lakov and Turner 1989, chapter 4 も参照．

211　Fison 1907: 135.

212　Dixon 1916: 29; Fison 1907: 135.

213　Fison, 同書： 135, 161.

214　P.Loupias 1908: 2-13.

215　同書 . 同じ国に住むフツ族には，もっと平等主義の創世神話がある．彼らによれば，始まりのとき，イマナは少年と少女を作り，それが世界の人間の祖先となった．彼らは結婚して三人の子供をもうけた．ひとり目がツチ族の祖先 Gatutsi, ふたり目がフツ族の祖先 Gahutu, 三人目がトワ族の祖先 Gatwa である．

216　Leeming 1990: 5.

217　Miedema 2004:98.

218　ワ族はかつてのインドシナに住んでいる．*The Mythology of All Races*, vol. 12, 1918 : 290-291.

219　Hofmayr, 1906:128　ff. Görög-Karady 1976: 264 も参照．

220　これはほとんど，リンバ族の近くに住むシエラレオネのさまざまな部族の名である．Kebu は移動するフラ族，Gbandi はロコ族である．ヨーロッパ人はシエラレオネの共

通語で Porotho と呼ばれ，これはおそらく "Portuguese"（ポルトガル人）からきている．Finnegan1967: 259-261 参照．

221 このピマ族の物語は，1880 年代に記録された断片にさかのぼる．Erdoes & Ortiz 1984:46 and Bierlein 1994: 63-66 参照．

222 Boas, Teit a.o. 1969: 84.

223 Elwin 1954:437-438.

224 「創世記」9: 24-27.

225 Dundes 1988: 175.

226 この神話は，父ウラノスを息子のクロノスが去勢した物語を思い出させる．また，至高神アヌの性器が反逆者の息子クマルビによって噛み切られたというヒッタイトの神話も思い出させる．「そのような親不孝なふるまいをするという考えがあまりに創世記の編集者をあきれさせたので，彼らはハムによるノアの去勢を隠した」．ノアと息子たちについての物語のバリエーションは，Graves and Patai 121-122 参照．

227 さらなる詳細については拙著 *Imagining Insiders. Africa and the Question of Belonging* (1999) を参照．

228 Arcin 1907: 162. 彼女の著書 *Veronika Görög-Karady* (1976) には，人種の起源に関するアフリカの創造神話が 90 編以上収められている．

229 オリジナルのシエラレオネのピジン族のテキストについては，Reade 1864: 24 を参照．

230 Callaway1870: 76ff ; Hodgson 1982?: 21-22.

231 Courbe 1913. Title of the book: *Le premier voyage du Sieur de La Courbe fait à la Coste d'Afrique en 1685*.

232 キンシャサ，the Institut Pédagogique National (IPN) の数名の学生による口承から．

233 語り手 Ambara Dolo, in Görög-Karady 1976: 284-285, and ch.5.

234 Baumann (1936) 1961: 332-333. Ellis 1887:340 は，この口頭伝承がヨーロッパ人の創作ではないかと述べる．「すべての面において比較的最近のもので，ヨーロッパ人の到来後に創作されたに違いない」．しかし私はこれらの物語がヨーロッパ人による創作だとは思わない．私はコンゴでその神話の多くのバージョンを見つけたし，多くの人々とその起源について議論した．彼らはみな，これがヨーロッパ人の作ではなく「本物のコンゴの物語だ」と繰り返し述べた．

235 Kabynde (= Cabinda?) text in: C. Jeannest 1883: 98.

236 口承による．Kidinda and Kushu.

237 P.W. van Hoef 1911: 321-325.

238 Görög-Karady 1976: ch. 5. アフリカの小説では，白人と西欧世界について非常にさまざまな描写がなされている．拙著 *Imagining Insiders and Le Blanc vu d' Afrique* も参照．

239 Kane, Saïdou 1995: 12.

240 Lihui Yang and Deming An 2005: 68. 他のバリエーションでは，紐は山腹からとった蔓や籐で，彼女はそれを湿った黄色い土に浸した．Yuan Ke 1993: 4.

241　Wendy Doniger (2008: 94) によると，これはおそらく，「『リグ・ヴェーダ』全体の中でもっともはっきりと階級階級について述べている讃歌である」. Doniger 1975:27 and Dedutt Pattanaik 2003 も参照.

242　Pattanaik, o.c. 2003: 122-123 を参照 . 古代インド社会の四つの階級（ヴァルナ）は, 神官, 貴族もしくは武人 , 庶民 , 奴隷だった.

243　Pattainak 2003: 174-175.

244　Teuira Henry1928: 403.

245　Bierlein 1994: 69.

246　同書.

247　Almere Read and González. 2000: 67; Bierhorst, (1988) 2002: 39.

248　物語は the Codex Wormianus 版の『スノリのエッダ』の詩中で語られている．写本は一四世紀前半のもの．John Lindow 2001: 260-26　と D.L. Ashliman 2005: 50-51 参照.

249　Hans Sachs (1558) in: Virginia Geddes 1986:　118-119 からの拙訳．彼女の著書は興味深い比較手法をとっており，この広く知られた物語に新たな洞察を与えている.

250　W. Menzel. *Mythologische Forschungen und Sammlungen*. 1840 を 参 照．Johannes Winzer 1908: 8. より引用.

251　Franz Ilwof 1865: 429.

252　Vicente Blasco Ibañez 1929. Geddes 166 より引用.

253　Jakob Ludwig Karl Grimm and Wilhelm Karl Grimm. *Kinder- und Hausmärchen*. (20e Auflage). Berlin1885: 624-625.

254　Waltraud Woeller (1959). Geddes 1986: 133 より引用.

255　Wilson 1927-1928: 145.

256　語り手は Meng Xingquan, 記録者は Meng Shuzhen. Ye Shuxian, Unpublished collection 2008: 6.

257　Louis Ginzburg1967-1969, vol. 1: 65.

258　バシキール族はロシア連邦に住む民族．Farmer 1979: 33．カランガ：Aschwanden 2004: 28, ギリシア：Lloyd-Jones 1975: 18-19, サモア：Stair 1896: 35．Grieks/ Semonides Intro about Hesiod, p. 18-19.

259　Armstrong 2005: 55ff; Lardner Carmody 1989 を参照．拙著 *Never Marry a Woman with Big Feet. Women in Proverbs from Around the World*: 2004 の中で私は，世界の様々な地域における女性の役割 , ふるまい , 服装などに言及する多くの格言で述べられているような , さまざまな制限された規定と禁止について論じている.

260　コフィン・テキストの異文では，「vulvas」の代わりに「bulls」（すなわち「男性」）が使われている．2005 年 12 月のライデン会議に提出された Teodor Lekov の興味深い論文 "Creation myths and the visual arts" を参照．また Armour 2001:7 も参照.

261　Françoise Héritier 2002: 33ff を参照.

262　260 参照．Pinch 2002: 111; Allen 1988, ch. 3 も参照.

263　しかし，神話にはいくつかのバージョンがあり，その中では雄の鳥が雌の鳥と戦う．雄は雌ののどを切り，雌は直接間接を問わず，最初の人間の男女の誕生に関与する．Schärer (1946) 1963: 27ff 参照.

264　Ngaju, Bonnefoi 1999: 1499; Tariana, Bierhorst 1988: 55.

265　Papua, Dixon 1916: 106.

266　Largeau in Tessmann 1934: 19.

267　Lewis 2006: 11.

268　Bierlein 1994: 50-51.

269　Weigle 1982.

270　Farmer 1979: 31-32.

271　出　典 : E. S. Craighill Handy, Polynesian Religion, Bernice P. Bishop Museum Bulletin 34 (Honolulu, 1927), p. 39. そこで引用されているのは Elsdon Best, 'Maori Personifications,' Journal of the Polynesian Society 32（1923), pp. 110-11.　Eliade: 130; Farmer 31-32; Roland B. Dixon なども参照.

272　出典 : Elwin 1954: 434-435.

273　Aschwanden 2004: 32ff.

274　Bogoras 1910:151-153. アラン・ダンデス (1984: 270-290) はアースダイバーに関する素晴らしい論文で，世界のさまざまな地域からの起源神話について考察している．そこでは自らを作りだした非女性の創造者が女性の仲介なしに自分の中から創造を行っている．ダンデスはこれをふたつの仮説を結びつけている．ひとつはフロイトの唱える出産にまつわる「総排出口」理論（cloacal theory）である．これは幼児にはよくみられるとされ，妊婦の腹部の塊が肛門を通じて体外に出てくると信じるものである．もうひとつは「女性のように自分の体内から貴重なものをつくりだしたい」と望む男性側の妊娠に対す嫉妬の存在である (p.278).「こうした平行関係は，女性の生殖のようなことを達成したいという男性創造者の欲望に起因すると考えるのが最も論理的であろう」（p.286）

275　Ramos1998:3-4.

276　MacLean 1883: 166-167.

277　Rasmussen 1931: 209.

278　Dempwolff 1904: 396-397.

279　Rasmussen 1931: 209.

280　Rasmussen 1929: 252.

281　Curt Nimuendajú により収集された原文から Robert Lowie 1944: 86: により翻訳．Weigle 1982: 240-241 にも引用されている．チャマココ族から同様の神話を収集した レヴィ＝ストロース 1964:120 も参照.

282　Levi-Strauss 1994: 120 と Sierksma 1979 を見よ .

283　Arundel Del Rei 1951: 39-41. ヤミ族はインドネシア系の民族.

284　Z'Graggen1992: 23-25.

285　Reeves Sanday (1981) 1988: ch.8 を参照 .

286　Talbot 1912: 98-99.

287　Elwin 1958: 184-185.

288　Ho Ting-jui 1967: 362-363.

289　同書 :356　and 362-363.

290　Ho Ting-jui 同書 :209-210; 357. Elwin 1949 and 1958 にも例がある.

291　Schipper 2004: 304ff.

292　Teit1913: 327.

293　コンゴの友人で隣人でもあった Clémentine Nzuji. から聞いたルバ族の口承物語.

294　プラトン『饗宴』.

295　Genesis Rabba in: Graves and Patai 1964: 66; Elaine Pagels, What Became of God the Mother? Conflicting Images of God in Early Christianity. In: Signs, 2（1976）: 298; Baumann 1955: 30.

296　陽は輝かしく，明るく，あたたかく，乾燥して，活動的かつ強い．もっとも明確なシンボルは空と男で，高く，硬く，力強い要素．対照的に陰は暗黒と受動性，弱さを表す．主として大地と女に関係し，低く，柔らかく，湿っていて冷たい．換言すれば，男は火，太陽，空であり，女は水，月，大地．

297　Baumann 1955: 105-111; Sproul 1979: 201.

298　Baumann, 同書 :206-207. 異性の服を身につけるのはもちろん相手の性への嘲笑の意味もあり，性の間の敵意を強めることになる．

299　この非常に古い神話は，前 1500 年頃まで遡る可能性さえある．『ブリハッド・アーラニァカ・ウパニシャッド』による．Bierlein 1994: 39-40 の版は F. マックス・ミュラーの翻訳に基づく．

300　Eliade in Weigle 1982: 265.

301　両性具有についての詳細な研究は Baumann 1955 を参照.

302　Lederer. 1968: 187 より引用.

303　P. Fr. Bösch 1929-1930: 77-78.

304　Janssens 1926: 550-552.

305　出典 : Ad. E. Jensen. Rodney Needham 1980: 20-21 より引用 ; Françoise Héritier 1996: ch. VI.

306　Héritier 1996: 176-177.

307　Needham 1980: 22.

308　Robert Hertz 1960 を参照 . しかし，いくつかの例外はある．中国ではこの二重性はさらに複雑で，左は一般的で男と結びつき陽は左．右は劣性で陰とされる．それでもある程度右は左に優位で，食事には右手を使う．いくつかの「平原インディアンのグループ」でも男は左で女は右とされる．Baumann 1955: 294 による．

309　R.P. Trilles 1932: 72.

310　日常目にするスパムメール．

311　Robert D. Biggs 1967:24 より引用．Biggs は古代シュメール文化にはなかった感嘆符を

付け加えている.

312　Sproul 1979: 323-324.

313　Berndt 1952: 24-25.

314　J. Miedema, ed. and comp. “Texts from the Oral Tradition in the Southern Bird' s Head Peninsula of Irian Jaya: Inanwatan-Berau, Arandai-Bintuni, and Hinterland” , in: *Irian Jaya Source Material* 15　Series B - no. 7, 1997: 38

315　Elwin 1949: 257-258.

316　Havelock Ellis, Elwin 1949:243-244 より引用 . Ernest Crawley 1902 も参照.

317　Z' Graggen 1992: 1-2.

318　たとえば Baumann 1955; Elwin 1949: 237;.Lallemand 1985 参照.

319　Elwin 1949: 235. Lederer 1968 も参照.

320　Meek 1931: 193-196

321　たとえば Lallemand 1985; Elwin 1949 を参照.

322　Elwin 1949: 269.

323　1880 年代に記録された断片に基づく. Erdoes and Ortiz 1984: 46 より引用 .

324　Malina A. Spasova の話を Badalanova が記録. Geller and Schipper 2008: 297-298.

325　Elwin 1958: 126.

326　Melland 1967: 156-157. カオンデ語の muketo は花嫁の富を意味し，花婿の家族から花嫁の家族に対して婚姻関係を正式に成立させるためになされる公式の支払い（金銭 , 家畜 , その他金属製品などの贈り物). 他の文化でも同様に , 最初の男の間違いや悪行を婚資の起源とする物語がある.

327　Zolbrod 1984: 56.

328　Elwin 1958: 103-104.

329　Bogoras 1910: 153-154.

330　Aschwanden 2004: 28-29.

331　Aschwanden 2004: 32.

332　Ho Ting-jui 1967: 238-239.

333　Elwin 1954: 434-435.

334　Graves and Patai 1964: 67.

335　Bison Horn Maria の中部インドの物語. Elwin 1949: 286.

336　Ginzburg 1967　vol. 1: 65.

337　*Alphabet of Ben Sira* vol. 1, 1967 : 65; Graves and Patai1964: 65-66. ヘブライでは world play が eesha (女) と eesh (男) が結びつけている.

338　Frobenius and Fox 1966: 49-56.

339　Pellegrino D' Acierno からの Bellagio, Italy のロックフェラーセンターでの情報による.

340　Davis 1912: 22.

341　Le Hérissé 1911: 262.

342 Ho Ting-jui 1967: 385-386.

343 Ho Ting-jui 1967: 388.

344 Elwin 1954: 452.

345 たとえば Leeming 1990: 337 の版 ; Joseph Campbell1969: 74-75.

346 出典 : Elwin 1949: 384. Elwin はインド各地で多数の物語を収集しただけでなく，アジアからアメリカまでの地域における「歯の生えたヴァギナ」という主題について，神話と物語の著しい類似点に注目した．同書 354-372.

347 Elwin 1949: 382-383.

348 Marc de Civrieux1980: 33-34.

349 Ho Ting-jui 1967: 382; さらに多くの例は 同書，in Elwin 1949.

350 Elwin 1949: 370; 382-383.

351 Drewal 1974: 60.

352 トロブリアンド諸島をはじめとする世界各地で，母親に対する男の強い愛着の抑圧が，破壊的願望や，男に対し驚くべき性欲を抱く魔女の形で表わされる．同様の神話の例では，レイプ，体の損傷，殺人が，起源の物語に出てくる．Wolfgang Lederer 1968: vii, 55-56 などを参照.

353 Elwin 1949: 42-43.

354 Twitchell 1987: 244-249. この節のタイトルはこの本のタイトルがヒントになった.

355 Johnson and Price-Williams 1996 を参照 .

356 Yuan Ke 1993: 8-9.

357 Ho Ting-jui 1967: 275.

358 Youssouf Cissé1964: 175-226.

359 Nelson. 1899: 455.

360 Doniger 1975: 25-26.

361 Belcher 2005: 261-262.

362 Dundes 1988: 176-177.「創世記」での人類の創造に２種類の話があることから，聖書注釈者たちは神がアダムの相手を作ろうと何度か試みて，最後にうまくエバを作ることができたと考えている．Phillips 1985: 38.

363 Shujiang Li & Karl W. Luckert1994: 81. "Haierma" という名はおそらくアラビア語の " Hurma" から来ていて「妻」の意味．フェイ族は中国北西部に居住し，７世紀に中国に来たアラビア人とペルシャ人の商人の子孫.

364 NIAS(the Netherlands Institute of Advanced Study in Wassenaar 2007-2008) の 同 僚 Daniel Schwartz が，ふたりの研究者 Louis Feldman と Steven Klitsner から得た「創世記」についての解釈を教えてくれたことに感謝する．Feldman はニューヨークの古典学者，Klitsner はエルサレムのラビで「創世記」についてフロイト主義の立場から著した書物がある．Graves and Patai.Chapter 10 も参照.

365 Phillips 1985: 78-95.

366 Johnson and Price-Williams 1996: 23.

367　Berndt 1953: 24ff and 242ff.

368　同書 , 242ff.

369　Fokke Sierksma の非常に興味深い著作 *Religie, sexualiteit en agressie* (Religion, Sexuality and Aggression) 1979: 236ff も参照．残念ながらオランダ語だが．去勢の恐怖に対する防御として，女の秘密を盗むことは秘密の男社会の存在という形で神話的に正当化される．

370　Berndt 1952: 40-42.

371　Berndt o.c. 2ff and 40; Sierksma 1979.

372　Sierksma o.c.

373　Bierhorst 162.

374　レヴィ＝ストロース 1964: 120-121; Bierhorst (1988) 2002: 135-137; 162-165. チャマココ族の話から，先に論じたシェレンテ族の神話が想起される．p.000 参照.

375　Wanjiku Mukabi Kabira, 口承での情報.

376　Sierksma 1979: 79; レヴィ＝ストロース 1964: 120. 女の力を認識したことへの反応としての男の優越性については Reeves Sanday 1988:182 も参照.

377　Elwin 1954:471.

378　Erdoes and Ortiz 1984: 133-135. ブリュレ・スー族の Leonard Crow Dog という名の語り手は，次のように話を始めた (1981 年).「この話が語られたことはない．どの本にもコンピューターにもない．自分の夢で幻を追い求めているときに出てきた．これは生命の誕生と同じくらい古い話だが，自分が幻で見たものによって，祖父たちが語ってくれた話に新しい解釈が加わっている．思い出されたこと，忘れられたこと，そして再び思い出されたこと．それは心の世界から生まれる」同書 . 129.

379　Lambert in Geller and Schipper 2008: 25.

380　Babylonisch, Lambert 2008: 25; Efe, Biernaczky 1984: 261.

381　Mary Douglas 1999, chapter 7 を参照 .

382　デサノ族はブラジルとコロンビアの境のアマゾン川流域に住む先住民トゥカノ族の一部族である．神話ではこの近親相姦行為が異性間の関係を規制する規範のまったくない無秩序な状況下で起きたことを強調している．Gerardo Reichel-Dolmatoff1971: 28-29 参照.

383　同書.

384　Elwin 1954: 475-476.

385　Hamberger 1909: 298.

386　Elwin 1954: 478. 話を書き写した人々の証言による．たとえばインドの Elwin (1949; 1954; 1958) とアフリカの Frobenius (たとえば 1926; 1928).

387　Elwin1949: 274.

388　さらにほかの例については Wolfgang Lederer 1964, chapter 4, と Robert Briffault (1927) 1951 を見よ.

389　この情報について，Noa Shashar に感謝する．彼女は月経についてのユダヤの法律とエルサレムの社会史に関する博士論文の準備をしており，このミドラーシュのテキストに気

づかせてくれた．彼女との接点を設けてくれた Daniel Schwartz にも感謝する．Phillips 1984: 30:「ミドラーシュの物語の目的は，『そのとおり』の話を語ることであり，習慣の起源や聖書の矛盾の合理的説明や簡潔な説教を示している」を参照.

390　In *Black Orpheus* 1958: 6.

391　Janice Delaney, Mary Jane Lupton, and Emily Toth 1976: 5.

392　Mary Douglas 1975: 62-63 と比較；Marta Weigle 1982: 171-173 も参照.

393　Hogbin 1970: 86. Ian Hogbin は Wogeo 族の「月経のある男性」についてのじつに興味深い本を著した.

394　Elwin 1949: 240.

395　Badalanova in Geller and Schipper 2008: 310-311.

396　Mary Douglas1966, ch. 9; Hogbin 1970: 96.

397　Hogbin 1970: 91ff.

398　Héritier 1996, chs 5　and 6..

399　Mary Douglas 1966: 122.

400　出典 : Erdoes and Ortiz 107

401　Marten Stol 2000; Elwin 1949: 279 を参照 . 奇跡的な受胎の長いリストを見よ．Stith Thompson 1955.

402　クース族の部族連合はオレゴン州沿岸の中央および中南部の先住民であり，そこを先祖伝来の故郷と呼ぶ．語り手 : Narpai, このクース族の話を記録したのは E. W. Gifford in 1931; Jim Elledge2002: 10 を参照 .

403　Rémi Mathieu 1989: 121-122; Lihui Yang and Deming An 2005: 131.

404　Bierhorst 2002: 45.

405　Ho Ting-Jui 1967: 368.

406　Farmer 1979: 53.

407　Eliade 1960: 164-165.

408　初めは Ivaluardjuk によって，もっと長く語られた．Rasmussen 1929: 254.

409　Eliade, Weigle 1989: 72 より引用 .

410　Farmer 1979: 28.

411　Marina Warner 1976: 39 より引用 .

412　拙著 *Never Marry a Woman with Big Feet* 参照．(Chapter 5, Messages of Metaphors)

413　Elwin 1949: 35. 前記 p. 000 参照 . 南アジアと東南アジアにはこうした話がほかにも多くあり，精子を飲み込んだ動物が妊娠して人間を出産する.

414　いくつかの小規模な文化では，父親の精子が胎児に欠かせない栄養を供給できるよう，そして身ごもっている母親の体内で胎児をきちんとした人間の形にする機会を父親に与えるために，妊娠中は頻繁な性交が必要だと信じられていた．あるいは今でも信じられている.

415　Badalanova in Geller and Schipper 208: 312-318.

416　出 典 : Florentina Badalanova, The Bible in the Making. In: Markham J. Geller and Mineke

Schipper (eds), *Imagining Creation*. (Mary Douglas の序文つき)Leiden and Boston: 2008: 312-318

417　Walker 1995: 65-66.

418　「創世の歌」が 1823 年にライアテアの高僧 Ara-Mou'a によって，1840 年に Mai'ao の首長でライアテア王 Mato の息子 Mahine によって朗誦された．In: Teuira Henry 1928: 364.

419　Lerner 1986:146 参照．インドについては Wendy Doniger 1980.

420　Brandon 1963: 22-23.

421　インドの神話における「一方的な効力のある男性の体液」と生殖の創造過程での女性の重要性のなさに関する Doniger 1980: 29ff も参照.

422　Stol 1995: 206.

423　ヘシオドス．Lloyd-Jones 1975: 25-26 参照 .

424　アリストテレス『動物発生論』（前 330 から 322 年，晩年に書かれた）Book Four, 2 and 6. Trans. Ebooks University of Adelaide, Australia; Weigle 1989: 72,98 も参照.

425　プラトン『ティマイオス』73c and f; 91a and b. Eliade 1976: 111-112 より引用；アリストテレス『動物発生論』も参照. Héritier 1996, ch. VIII and 2002: 77-78; Lloyd in Needham 1973:181 も参照.

426　Eloïse Mozzani 1995: 489; Weigle 1989:75-76　. Françoise Héritier 1996, esp. chs. III and IV の魅力ある研究も参照.

427　Elwin 1954: 480-481.

428　Stol 2000: 213.

429　John Bierhorst (1988) 2002: 168-169.

430　Bastian 1859: 191. ときに神々は人類に非常に腹を立て，結局は人間を一掃するほどの大惨事をもたらす．それは大洪水や大火事 , 空の崩壊や世界的流行病などさまざまである.

431　Eliade 1967: 140.

432　Frobenius vol. 9, 1926: 227-228; Abrahamsson 1951: 68.

433　ホラティウス『風刺詩』I. i. 69.

434　Michael Witzel, *The Origins of the World' s Mythologies*, Oxford UP, 2012 を参照.

435　こう私が最初に気づいたのは，*Never Marry a Woman with BigFeet*. (2004) を執筆していたときだった.

436　Hood 2009.

437　先に引用した古いヴェーダのテキストの言葉，Doniger 2008: 90.

438　Vroman 2003: 83.

439　Armstrong 2009, ch. I.

440　Elwin 1949:252.

441　Sigmund Freud 1948: 29.

442　Bierhorst (1988) 2002: 137; Eller 2000: 175ff を比較 .

443　アラン・ダンデス 1988:278-279.

444　Héritier 2002: 133; 191-192; Hedda Post 2003.

参考文献

Abrahamsson, H. *The Origin of Death: Studies in African Mythology*. Uppsala: Almqvist & Wiksells 1951.

African myths of origin. Stories selected and retold by Stephen Belcher. London: Penguin, 2005.

Al-Udhari, Abdullah. *The Arab Creation Myth*. Prague: Archangel 1997.

Allen, James P. *Genesis in Egypt. The Philosophy of Ancient Egyptian Creation Accounts.* New Haven, Connecticut: Yale UP 1988.

Almere Read, Kay and Jason González. *Mesoamenican Mythology*. Santa Barbara/Denver/Oxford: ABC-Clio 2000.

'Alphabet of Ben Sira'. Rabbinic Fantasies: Imaginative Narratives from Classical Hebrew Literature. D. Stern and M.J. Mirsky . New Haven/ London: Yale University Press 1990.

Anesaki Masaharu (姉崎正治). *The Mythology of All Races*, vol.8. Japanese and Chinese. London: Harrap 1932.

Anthologie des mythes et légendes de la Chine ancienne: textes choisis, présentés, traduits [du chinois] et indexés / par Rémi Mathieu. Paris : Gallimard 1989.

Arcin H. *La Guinée française. Races, religions, production, commerce.* Paris: Challandel 1907.

Alpers, Anthony. *Maori Myths and Tribal Legends*. Boston: Houghton Mifflin 1966.

Andersen, Johannes Carl. *Myths and Legends of the Polynesians*. Rutland: Tuttle 1969.

Armstrong, *A History of God*. London: Vintage 1999.

（カレン・アームストロング『神の歴史―ユダヤ・キリスト・イスラーム教全史』高尾利数訳 , 柏書房 , 1995 年）

Armstrong, Karen. *In the Beginning: A New Interpretation of Genesis*. New York: Ballantine Books 1997.

（カレン・アームストロング『楽園を遠く離れて―「創世記」を読みなおす』高尾利数訳, 柏書房 , 1997 年）

Armstrong, Karen. *A Short History of Myth*. Edinburg, New York: Melbourne, 2005.

（カレン・アームストロング『世界の神話 神話がわたしたちに語ること』武舎るみ訳，角川書店，2005 年）

Armstrong, Karen. *The Case for God. What Religion Really Means*. London: The Bodley Head, 2009.

Armour, Robert A. *Gods and Myths of Ancient Egypt.* Cairo/New York: The American University in Cairo Press, (1986) 2001.

Aschwanden Herbert. *Karanga Mythology*. Gweru: Mambo Press, 2004.

Ashliman, D.L. Origins of Inequality. In: Jane Garry and Hasan El-Shamy (Eds). *Archetypes and Motifs In Folklore and Literature. A Handbook.* Armonk/New York/London: M.E. Sharpe, 2005: 50-51.

Augé, Marc. *Génie du paganisme*, Paris: Gallimard 1982.

Atrahasis : Dalley を見よ.

Ba, Ahmadou Hampaté. The Fulani Creation Story. In *Black Orpheus*, 9（1966）: 7.

Barker, W.H. Ńyankōpōń and Ananse in Gold Coast Folklore. In: *Folklore*, 30（1919）: 158-163.

Barrère, Dorothy B. *The Kumuhonua Legends: A Study of Late 19th-Century Hawaiian Stories of Creation and Origins*. Honolulu: Dept. of Anthropology, Bernice : P. Bishop 1969.

Barua, Rai Sahib Golap Chandra. *Ahom-Buranji. From the Earliest Time to the End of Ahom Rule.* (with parallel English translation). Calcutta: Baptist Mission Press 1930.

Bastian, Adolf. *Geographische und Ethnologische Bilder*. Bremen: Hermann Costenoble, 1859.

Baumann, Hermann. *Schöpfung und Urzeit der Afrikanischen Völker*. Berlin: Dietrich Reimer Verlag 1936.

Baumann, Hermann. *Das doppelte Geschlecht. Studien zur Bisexualität in Ritus und Mythos.* Berlin: Dietrich Reimer Verlag 1955.

Baumgarten, A..I. J.Assmann and G.G. Stroumsa eds. *Self, Soul and Body in Religious Experience.* Leiden, Boston, Koeln: Brill 1998.

Beckwith, Martha Warren. *Hawaiian Mythology*. Honolulu: University of Hawaii Press 1970.

Beckwith, Martha Warren. *The Kumulipo: A Hawaiian Creation Chant*. Honolulu: University Press of Hawaii 1972.

Beier, Ulli, ed. *The Origin of Life and Death: African Creation Myths*. London/Ibadan: Heinemann 1966.

Belcher, Stephen, ed. *African Myths of Origin*. London: Penguin Classics 2005.

Berndt, Ronald M. *Djanggawul: An Aboriginal Religious Cult of North Eastern Arnhem Land.* New York: Philosophical Library 1952.

Best, Elsdon. Maori Personifications. In: *Journal of the Polynesian Society*, 32, 1923: 110-11.

Best, Elsdon. *Maori Religion and Mythology, Being an Account of the Cosmogony, Anthropogeny, Religious Beliefs and Rites, Magic, Folk Lore of the Maori folk of New Zealand.* 2 vols. Wellington: Hasselberg, Government Printer 1982.

Bierhorst, John. *The Mythology of South America*. New York/Oxford: Oxford UP (1988) 2002.

Bierhorst, John. *Mythology of the Lenape. Guide and Texts.* Tucson: The University of Arizona Press 1995.

Bierhorst, John. *The Mythology of Mexico and Central America*. New York/Oxford: Oxford University Press (1990) 2002.

Bierlein J.F. *Parallel Myths*. New York: Ballantine Books 1994.

Biernaczky, Szilárd. ed. "*Folklore in Africa Today/Folklore en Afrique d'auourd'hui. Proceedings of the International Workshop/Actes du colloque international. Budapest, 1-4. XI. 1982*", *Programme de Recherche sur l'Afrique.* Budapest: Université Lorand Eötvös - Chaire de Folklore 1984.

Biggs, Robert D. *Šà. Zi. Ga. Ancient Mesopotamian Potency Incantations*. Locust Valley NY: J.J.Augustin Publisher 1967.

Birrell, Anne. *Chinese Mythology: An Introduction.* Baltimore: Johns Hopkins University Press (1993) 1999.

Birrell, Anne. *Chinese Myths*. London: British Museum Press 2000.

（アン・ビレル『中国の神話』丸山和江訳，丸善，2003 年）

African Genesis. In: *Black Orpheus: A Journal of African and Afro-American Literature* II, January 1958: 5-17.

Bleek, W.H.I. and L.C. Lloyd. *Specimens of Bushman Folklore*. London: George Allen & Co. 1911.

Boas, Franz, James Alexander Teit, Livingston Farrand, Marian K. Gould, Herbert Joseph Spinden. *Folk-Tales of Salishan and Sahaptin Tribes*. New York: Kraus Reprint Co. 1969.

Bösch, P. Fr. Schöpfungslegende der Wanañwezi. In: *Bibliotheca Africana* 3-4（1929-1930）: 77-78.

Bogoras, Waldemar. *Chukchee Mythology*. Franz Boas, ed. *Memoirs of the American Museum of Natural History*. vol. VIII. Leiden: E.J. Brill Ltd/New York: G.E. Stechert 1913a.

Bogoras, Waldemar. *The Eskimo of Siberia*. Franz Boas, ed. *Memoirs of the American Museum of Natural History*. vol. VIII. Leiden: E.J. Brill Ltd., New York: G.E. Stechert 1913a.

Bonnefoi, Yves (sous la direction de). *Dictionnaire des mythologies*. (I and II) Paris : Flamarion 1999.

（イヴ・ボンヌフォワ編『世界神話大事典』金光仁三郎主幹，大修館書店，2001 年 □

Brandon, S.G.F. *Creation Legends of the Ancient Near East*. London: Hodder and Stoughton 1963.

Burton, Richard Francis. *Abeokuta and the Cameroons Mountains: An Exploration*. London: Tinsley Brothers 1863.

Caillot, A.C. Eugène. *Mythes, légendes et traditions des Polynesiens*. Paris: E. Leroux 1914.

Callaway, Henry. *The Religious System of the Amazulu.* Part I, *Unkulunkulu or the Tradition of Creation as Existing among the Amazulu and Other Tribes of South-Africa.* London: Trübner 1868.

Campbell, Joseph. *The Masks of God: Primitive Mythology.* New York: The Viking Press 1969.

Campbell, Joseph. *Myths to Live by*. New York, New York: The Viking Press 1988.

（ジョーゼフ･キャンベル『生きるよすがとしての神話』飛田茂雄ほか訳 , 角川書店, 1996 年）

Campbell, Joseph. *The Hero with a Thousand Faces.* New Jersey: Princeton University Press (1949) 1973.

（ジョゼフ･キャンベル『千の顔をもつ英雄』上下, 平田武靖, 浅輪幸夫監訳, 人文書院, 1984 年）

Chang, Tok-Sun, comp. 1970. *The Folk Treasury of Korea: Sources in Myth, Legend, and Folktale.* Seoul: Society of Korean Oral Literature.

Cissé, Youssouf. Notes sur les sociétés des chasseurs malinké. In: *Journal de la société des africanistes*. 1964 (34): 175-226.

Civrieux, Marc de. *Watunna: An Orinoco Creation Cycle*. Edited and translated by David M. Guss. San Francisco: North Point Press 1980.

Clunies Ross, Margaret. Prolonged Echoes. Old Norse Myths in Medieval Northern Society. vols I and II. Odense: Odense University Press 1994.

Cordan, W. *Popol Vuh, het Boek van de Raad.* Deventer: Ankh-Hermes 1977.

Courbe, Sieur de La. *Le premier voyage du Sieur de La Courbe fait à la Coste d'Afrique en 1685.*

Paris: Larose 1913.
Courlander, H. *Tales of Yoruba Gods and Heroes*. New York: Crown Publishers 1973.
Craighill Handy, E.S. *Polynesian Religion.* Museum Bulletin 34. Honolulu: Bernice P. Bishop Museum 1927.
Crawley, Ernest. *The Mystic Rose: a Study of Primitive Marriage*. London: Macmillan 1902.
Crossley-Holland, Kevin. *The Norse Myths*. New York: Pantheon Books 1980.
（K・クロスリィ－ホランド『北欧神話』山室静・米原まり子訳，青土社，1983 年）
Cushing, Frank Hamilton. *The Mythic World of the Zuni*. (Originally published as *Thirteenth Report of the Bureau of American Ethnology* in 1896). Re-edited by Barton Wright. Albuquerque: University of New Mexico Press 1988.
Dallapiccola, A.L. *Hindu Myths*. London: The British Museum Press 2003.
Dalley, Stephanie. *Myths from Mesopotamia: Creation, the Flood, Gilgamesh, and Others*. Oxford/New York: Oxford University Press 1989.
Davis, F. Hadland. *Myths and Legends of Japan*. London: Harrap 1912.
Del Rei, Arundel. *Creation Myths of the Formosan Natives*. Tokyo: The Hokuseido Press 1951.
Delaney, Janice, Mary Jane Lupton, and Emily Toth, *The Curse. A Cultural History of Menstruation*. New York: E.P. Dutton 1976.
Demetrio, F.R., S.J. *Myths and Symbols Philippines*.Manila: National Book Store Inc. (1979) 1990.
Dempwolff, Dr. Otto. (Oberstabartzt der Kaiserlichen Schutztruppen). Märchen der Zalamo und Hehe in Deutsch Ost-Afrika. In: *Anthropophyteia* (9) 1904: 396-397.
Dickins, Frederick Victor. *Primitive and Mediaeval Japanese Texts*. Oxford: Clarendon Press 1906.
Dimmitt, Cornelia and J.A.B. van Buitenen. *Classical Hindu Mythology: A Reader in the Sanskrit Puranas*. Philadelphia: Temple University Press 1978.
Dixon, Roland B.. *The Mythology of All Races*, vol. 9. Oceania. Boston: Marshall Jones Company 1916.
Doniger, Wendy ed. and trans. *Hindu Myth. A Sourcebook translated from the Sanskrit.* London: Penguin Classics 1975.
Doniger, Wendy. 1976. *The Origins of Evil in Hindu Mythology*. Berkely: University of California Press.
Doniger, Wendy. *Women, Androgynes and Other Mythical Beasts*. Chicago: Chicago University Press 1980.
Doniger, Wendy. *The Implied Spider. Politics & Theology in Myth*. New York: Columbia University Press 1998.
Doniger, Wendy. You can't get here from there: the logical paradox of ancient Indian creation myths. In: Markham J. Geller & Mineke Schipper eds.: *Imagining Creation*. Leiden & Boston: Brill 2008: 87-202.
Doniger, Wendy and Brian K. Smith. *The Laws of Manu: With an Introduction and notes*. London, England/New York, USA: Penguin Books 1991.
（『マヌ法典 サンスクリット原典全訳』渡瀬信之訳，中央公論文庫，1991 年）

(『マヌの法典』田辺繁子訳，岩波書店，1998 年)
Doria, Charles and Harris Lenowitz, co-ed. and trans. *Origins. Creation Texts from the Ancient Mediterranean*. New York: Anchor Press/Doubleday 1976.
Dorsey, George Amos. *The Pawnee. Part I. Mythology*. Washington D.C.: Carnegy Institution of Washington 1906.
Douglas, Mary. *Purity and Danger.* London: Routledge and Kegan Paul 1966.
(メアリ・ダグラス『汚穢と禁忌』塚本利明訳 , 筑摩書房 , 2009 年)
Douglas, Mary. *Implicit Meanings.* London: Routledge and Kegan Paul 1975.
Drees, Willem B. *Creation from Nothing Until Now*. London/New York: Routledge 2002.
Drewal, Henry J. Efe: Voiced Power and Pageantry. In: *African Arts* 7 (2) 1974: 58-66.
Dundas, Ch. *Kilimanjaro and its People. A History of the Wachagga, Their Laws, Customs and Legends.* London: Frank Cas 1924.
Dundes, Alan. *The Morphology of North American Indian Folktales*. Helsinki: Suomalainen Tiedeakatemia 1964.
(アラン・ダンデス『民話の構造』池上嘉彦他訳，大修館書店，1980 年)
Dundes, Alan, ed. *Every Man His Way: Readings in Cultural Anthropology*. Englewood Cliffs, N.J.: Prentice-Hall 1968.
Dundes, Alan. *Interpreting Folklore*. Bloomington/London: Indiana University Press 1980.
Dundes, Alan, ed. *The Flood Myth*. Berkeley, Calif.: University of California Press 1988.
Eisler, Riane. *Sacred Pleasure. Sex, Myth, and the Politics of the Body*. San Francisco: HarperCollins 1996.
(リーアン・アイスラー『聖なる快楽 : 性 , 神話 , 身体の政治』浅野敏夫訳 , 法政大学出版局, 1998 年)
Eliade, Mircea. *Patterns in Comparative Religion.* Rosemary Sheed, trans. London and New York: Sheed & Ward, 1958.
(ミルチア・エリアーデ『エリアーデ著作集』1 － 3，久米博訳，せりか書房，1974 年)
Eliade, Mircea. *Cosmos and History: The Myth of the Eternal Return*. New York: Harper 1959.
(ミルチャ・エリアーデ『永遠回帰の神話』堀一郎訳，未来社，1963 年)
Eliade, Mircea. *Myths, Dreams and Mysteries: The Encounter between Contemporary Faiths and Archaic Realities*. Philip Mairet, trans. New York: Harper and Row (1957) 1960.
(ミルチャ・エリアーデ『神話と夢想と秘儀』岡三郎訳 , 国文社 , 1972 年)
Eliade, Mircea. *Aspects du mythe*, Paris: Gallimard 1963.
(ミルチャ・エリアーデ『神話と現実』中村恭子訳，せりか書房，1974 年)
Eliade, Mircea. *Occultism, Witchcraft and Cultural Fashions. Essays in Comparative Religion.* Chicago and London: University of Chicago Press 1976.
(ミルチア・エリアーデ『オカルティズム・魔術・文化流行』楠正弘 , 池上良正訳 , 未来社 , 1978 年)
Eliade, Mircea. *Essential Sacred Writings From Around the World.* (Previously published as *From Primitives to Zen*). San Francisco: Harper (1967) 1992.

Elledge, Jim. *Gay, Lesbian, Bisexual, and Transgender Myths from the Arapaho to the Zuñi: An Anthology.* New York: Peter Lang 2002.

Eller, Cynthia. *Living in the Lap of the Goddess: The Feminist Spirituality Movement in America.* New York: Crossroad 1993.

Eller, Cynthia. *The Myth of Matriarchal Prehistory: Why an Invented Past Won't Give Women a Future*. Boston: Beacon Press 2000.

Ellis, Alfred Burdon. *The Tshi-speaking peoples of the Gold Coast of West Africa.* (London 1887). Reprint: Oosterhout, N.B: Anthropological Publications 1970.

Ellis, Alfred Burdon. *The Yoruba-speaking Peoples of the Slave Coast of West Africa.* (London 1894). Reprint: Oosterhout, N.B: Anthropological Publications 1970.

Ellis Davidson, Hilda Roderick. *Gods and Myths of Northern Europe*. Baltimore: Penguin Books 1964.

Elwin, Verrier. *Myths of Middle India*. Madras etc.: Oxford University Press 1949.

Elwin, Verrier. *Tribal Myths of Orissa*. London: Oxford University Press 1954.

Elwin, Verrier. *Myths of the North-East Frontier of India*. Shillong: North-East Frontier Agency 1958.

Emeneau, M.B. *Kota Texts. Part One.* Berkeley and Los Angeles: University of California Press 1944.

Eno-Belinga. *Littérature et musique populaire en Afrique Noire*. Toulouse: Editions Cujas 1965.

Epic of Gilgamesh, (The) . A New Translation. (Translated and Edited by Andrew W. George). London: Penguin 1999.

(『ギルガメシュ叙事詩』月本昭男訳，岩波書店，1996 年)

Erdoes, Richard & Alfonso Ortiz. *American Indian Myths and Legends*. New York: Pantheon Books 1984.

Erman, Adolf. e.a. *Die orientalischen Literaturen*. Berlin Leipzig: Teubner 1906.

Erman, Adolf. *Die Religion der Ägypter : ihr Werden und Vergehen in vier Jahrtausenden.* mit einem Vorwort von Jan Assmann. Berlin: Walter de Gruyter 2001.

Evans, I.H.N. *The Religion of the Tempasak Dusuns of North Borneo*. Cambridge: Cambridge University Press 1953.

Everyman's Talmud. The Major teachings of the Rabbinic Sages. Abraham Cohen ed. New York: Schocken Books (1949) 1975.

Farmer, Penelope. *Beginnings: Creation Myths of the World.* New York: Atheneum, 1979.

Farrow, Stephen S. *Faith, Fancies and Fetich, or Yoruba Paganism* (1926) New York: Negro Universities Press 1969.

Finnegan, Ruth. *Limba Stories and Story-Tellling*. Oxford: Clarendon Press 1967.

Fison, Lorimer. *Tales from Old Fiji*. London: Alexandre Moring 1907.

Florenz, Karl Adolf. *Japanische Mythologie: Nihongi,“ Zeitalter der Götter”*. Tokyo: Hobunsha 1901.

Florescano, Enrique. *Memory, Myth, and Time in Mexico from the Aztecs to Independence*. Austin: University of Texas Press 1994.

Fox, William Sherwood. *The Mythology of All Races*, vol.1. Greek and Roman. Boston: Marshall Jones Company 1916.

Frankfort, Henry, H.A. Groenewegen-Frankfort, John Albert Wilson, Thorkild Jacobsen, William Andrew Irwin. *The Intellectual Adventure of Ancient Man: An Essay on Speculative Thought in the Ancient Near East.* Chicago: University of Chicago Press 1946.

（H・フランクフォート／H・A・フランクフォート／ジョン・A・ウィルソン／トーキルド・ヤコブセン『古代オリエントの神話と思想』山室静・田中明訳，社会思想社，1978 年）

Frazer, James George. *The Golden Bough: A Study in Magic and Religion*. (1907-1920). London: Macmillan (1922) 1974.

（ジェームズ・ジョージ・フレーザー『初版金枝篇』上下，吉川信訳，筑摩文庫，2003 年）

（同『金枝篇』全 6 巻，神成利男訳，国書刊行会，2012 年 .

（同『図説金枝篇』上下，サビーヌ・マコーマック監修，講談社文庫，2011 年）

（同『金枝篇』全 5 巻，永橋卓介訳，岩波文庫，1996 年）

Frazer, James George. *The Belief in Immortality and the Worship of the Dead*. 3 vols. London: Macmillan 1913-1924.

Freud, Sigmund. *Einige psychische Folgen des anatomischen Geschlechtsunderschiedes. Gesammelte Werke* XIV. London: Imago Publishing 1948.

（シグムント・フロイト「解剖学的な性差の若干の心的帰結」 大宮勘一郎訳,『フロイト全集』19 所収 , 岩波書店 , 2010 年）

Frobenius, Leo. *Atlantis. volksmärchen und volksdichtung Afrikas*. Band IX: *volkserzählungen und volksdichtungen aus dem Zentralsudan*. Jena: Eugen Diederichs 1926.

Frobenius, Leo. *Atlantis. volksmärchen und volksdichtung Afrikas*. Band X: *Die Atlantische Götterlehre* Jena: Eugen Diederichs 1926.

Frobenius, Leo. *Atlantis. volksmärchen und volksdichtung Afrikas*. Band XII: *Dichtkunst der Kassaiden.* Jena: Eugen Diederichs 1928.

Frobenius Leo and Douglas C. Fox. *African Genesis*. New York: Benjamin Blom 1966.

Garry, Jane and Hasan El-Shamy (Eds). *Archetypes and Motifs In Folklore and Literature. A handbook.* Armonk/New York/London: M.E. Sharpe 2005.

Gaster, Theodor Herzl. *Thespis: Ritual, Myth, and Drama in the Ancient Near East*. Garden City, N.Y.: Doubleday. Rev. ed. 1961.

Geddes, Virginia. *Various Children of Eve (AT 758). Cultural Variants and Antifeminine Images.* (Etnolore 5). Uppsala: Uppsala Universitet Etnologiska Institutionen 1986.

Geller Markham J. & Mineke Schipper (Eds): *Imagining Creation*. (With an Introduction by Mary Douglas) Leiden & Boston: Brill 2009.

Gill Rev. William Wyatt. *Myths and Songs from the South Pacific*. London: King, 1876.

Gimbutas, Marija Alseikaite. *The Language of the Goddess: Unearthing the Hidden Symbols of Western Civilization*. San Francisco: Harper & Row 1989.

Ginzburg, Louis. *The Legends of the Jews*. Trans Henrietta Szold. 7 vols. Philadelphia: 1967-1969.

Goddard, Pliny Earle. [coll., ed. and transl; narrator: Bill Ray]. Kato texts. In: *University of California Publications in American Archaeology and Ethnology,* 1909 vol. 5, No. 3, Berkeley: The University Press University of California Publications 1909: 65-238.

Görög-Karady, Veronika. *Noirs et Blancs. Leur image dans la littératue orale africaine*. Paris: SELAF 1976.

Goetz, Delia and Griswold Morley. *Popol Vuh: The Book of the Ancient Maya*. Mineola, New York: Dover Publications, Inc, 2003.

(『ポポル・ヴフ』林屋永吉訳，中公文庫，1977 年)

Graves, Robert. *Greek Myths*. (Illustrated Edition) London: Penguin Books (1955) 1984.

(ロバート・グレイヴス『ギリシア神話』高杉一郎訳 , 紀伊国屋書店 , 1973 年)

Graves, Robert and Rphael Patai. *Hebrew Myths. The Book of Genesis*. New York: Anchor Books/ Doubleday 1964.

Gray, John. *Near Eastern Mythology*. New York: P. Bedrick Books. Rev. ed. 1985.

(ジョン・グレイ『オリエント神話』森雅子訳 , 青土社 , 1993 年)

Grey, George. *Polynesian Mythology and Ancient Traditional History of the New Zealand Race, as Furnished by Their Priests and Chiefs*. Christchurch: Whitcomb and Toms 1961.

Grimm, Jakob Ludwig Karl and Wilhelm Karl Grimm. *Kinder- und Hausmärchen.* 20e Auflage. (n.p.) Berlin 1885.

(ヤーコップ・グリム，ヴィルヘルム・グリム『完訳グリム童話集』野村泫訳 , ちくま学芸文庫 , 2005 年)

Hamberger, P.A. Religiöse Überlieferungen und Gebräuche der Landschaft Mkulwe. In: *Anthropos*, 4, 1909: 298-301.

Hammerton, J.A., ed. *Manners and Customs of Mankind: Their Origins and Their Observance Throughout the World Today*. 3 vols. London: Sandeep Prakashan 1931-1932.

Hart, George. *Egyptian Myths*. London: The British Museum Press (1990) 2000.

(ジョージ・ハート『エジプトの神話』阿野令子訳 , 丸善 , 1994 年)

Hendy, Andrew von. *The Modern Construction of Myth*. Bloomington: Indiana University Press 2002.

Henry, Teuira. *Ancient Tahiti. Based on Material recorded by J.M. Orsmond*. Museum Bulletin Series 48. Honolulu: Bernice P. Bishop Museum 1928.

Hérissé, A. Le. *Royaume du Dahomey. Moeurs, Religion, Histoire.* Paris: Emile Larose 1911.

Héritier, Françoise. *Masculin/Féminin. La pensée de la différence*. Paris: Odile Jacob 1996.

Héritier, Françoise. *Masculin/Féminin II. Dissoudre la hiérarchie*. Paris: Odile Jacob 2002.

Hertz, Robert. *Death and the Right Hand.* Aberdeen: Cohen & West 1960.

(ロベール・エルツ『右手の優越：宗教的両極性の研究』吉田禎吾 , 内藤莞爾 , 板橋作美訳 , ちくま学芸文庫 , 2001 年)

Hesiod. Homeric Hymns. Homerica. With an English Translation by Hugh G. Evelyn-White (Loeb Classical Library). Cambridge Mass/London: Harvard University Press. (1914) 2002.

(ホメーロス『四つのギリシャ神話：「ホメーロス讃歌」より』逸身喜一郎 , 片山英男訳 , 岩波書店 , 1992 年)

(ホメーロス『ホメーロスの諸神讃歌』沓掛良彦訳，ちくま学芸文庫，2004 年)

Hesiod. *Works and Days* and *The Theogony*. In: Jeffrey Henderson ed. With an English translation by Hugh G. Evelyn-White. *Hesiod, Homeric Hymns, Homerica*. Loeb Classical Library, LCL 57

Cambridge Mass. Harvard University Press (1914) 2002.
（ヘーシオドス『仕事と日』松平千秋訳，岩波文庫，1986 年）
Hindu Myth. A Sourcebook translated from the Sanskrit. (Introduction and Notes by Wendy Doniger) London: Penguin 1975.
Hinnels, Jon. *Persian Mythology*. New York: Peter Bedrick Books 1985.
（ジョン・R・ヒネルズ『ペルシア神話』井本英一＋奥西峻介訳，青土社，1993 年）
Ho Ting-jui. *A Comparative Study of Myths and Legends from Formosan Aborigines*. (Unpublished thesis). Bloomington: Indiana University 1967.
Hoef, P.W. van. De oorsprong van het menschelijk geslacht. In: *Missiën der Witte Paters* 1911: 321-325.
Hofmayr, P. Wilhelm. Die Religion der Schilluk. In: *Anthropos*, 6 (1906): 120-131.
Hofmayr, P. Wilhelm. *Die Schilluk. Geschichte, Religion und Leben einnes Niloten-Stammes*. Mödling: Ethnologische Anthropos Bibliothek 1925.
Hoyle, Fred. *The Cosmogony of the Solar System*. Cardiff: University College Cardiff Press 1978.
Hoef, P.W. van. De oorsprong van het menschelijk geslacht. In: *Missiën der Witte Paters* 1911: 321-325.
Hodgson, Janet. *The God of the Xhosa*. Capetown: Oxford University Press 1982.
Hogbin, Ian. *The Island of Menstruating Men. Religion in Wogeo, New Guinea.* Scranton/London/ Toronto: Chandler Publishing Company 1970.
Hultkrantz, Åke. *The Religions of the American Indians*. Monica Setterwall trans. Berkeley: University of California Press 1979.
Huys, Mgr. A. Uit de overleveringen van de Bene-Marungu (Tanganyika). In: *Missiën der Witte Paters* 1913: 168-171.
Hveberg, Harald. *Of Gods and Giants. Norse Mythology.* (trans. Pat Shaw Iversen) Oslo: J.G. Tanum 1969.
Ilwof, Franz. Die ungleichen Kinder Adams und Evas. In: *Germania* (Vierteljahrsschrift für deutsche Althertumskunde), 10 (1865): 429.
Ions, Veronica. *Egyptian Mythology*. London: Hamlyn 1968.
（ヴェロニカ・イオンズ『エジプト神話』酒井傳六訳，青土社，1988 年）
Ignatov, Sergei. *The Body of God*, Sofia, Lakov Press 2000.
Irwin, William A. The Hebrews. In: H. and H.A. Frankfort, John A. Wilson, Thorkild
James, E.O. *The Cult of the Mother-Goddess: An Archaeological and Documentary Study*. London: Thames and Hudson 1959.
Janssens, P.A. Het ontstaan der dingen in het leven der Bantu's. In: *Anthropos* XXI, 1926: 546-565.
Jeannest C. *Quatre années au Congo*. Paris: Charpentier 1883.
Jensen, Ad. E. (ed), *Hainuwele. volkserzählungen von der Molukken-Insel Ceram*. Frankfurt am Main: Vittorio Klostermann 1939.
Jensen, Ad. E. (ed), *Im Lande des Gada. Wanderungen zwischen volkstrümmern Südabessiniens.* Stuttgart: Verlag Strecker und Schröder 1936.

Johnson, Allen & Price-Williams, Douglas. *Oedipus Ubiquitous. The Family Complex in World Folk Literature.* Stanford: Stanford University Press 1996.

Junod Henri A. *The Life of a South African Tribe*. London: Macmillan, 1927.

Kane, Saïdou. Where Are the Good Children of Manicongo and Zonga? In: *Vice Versa*, November 1995: 12.

Kato Texts, coll., ed. and trans. by Pliny Earle Goddard; narrator Bill Ray. *University of California Publications in American Archaeology and Ethnology,* 1909 vol. 5, No. 3. Berkeley: The University Press University of California Publications 1909: 65-238.

Koran, trans. by N.J. Dawood. London: Penguin 1974.

（井筒俊彦訳『コーラン』上中下，岩波文庫，1957‐8年）

Kramer, S.N. and J.Maier. *Myths of Enki, the Crafty God*. New York and Oxford: Oxford UP 1989.

Lakov, George and Mark Turner. *More Than Cool Reason. A Field Guide to Poetic Metaphor.* Chicago and London: The University of Chicago Press 1989.

Lallemand, Suzanne. *L'apprentissage de la sexualité dans les contes de l'Ouest Africain*. Paris: L' Harmattan 1985.

Lambert, W.G. Mesopotamian Creation Stories. In: Markham J. Geller & Mineke Schipper (Eds): *Imagining Creation*. Leiden & Boston: Brill 2008: 15-60.

Lardner Carmody, Denise. *Women & World Religions.* New Jersey: Prentice-Hall 1989.

Larousse Encyclopedia of Mythology. New York: Prometheus Press 1960.

Larrington, Carolyne (ed). *The Feminist Companion to Mythology***.** London: Pandora 1992.

Leach, Maria. *The Beginning: Creation Myths Around the World*. New York: Funk & Wagnalls 1956.

Lederer, Wolfgang. *The Fear of Women.* New York and London: Harcourt Brace Jovanovich. 1968.

Leeming, David Adams. *The World of Myth. An Anthology.* Oxford/New York: Oxford University Press 1990.

Leeming, David. *Myth. A Biography of Belief.* Oxford/New York: Oxford University Press 2002.

Leeming, David and Jake Page. *Goddess : Myths of the Female Divine.* Oxford/New York: Oxford University Press 1994.

Leeming, David and Jake Page. *God. Myths of the Male Divine*. Oxford/New York: Oxford University Press 1996.

Leeming, David Adams and Jake Page. *The Mythology of Native North America*. Norman: University of Oklahoma Press 1998.

Lekov. Teodor. Egyptian Myth in Word and image. Paper presented at the Leiden Conference 'Creation Myths in the Verbal and Visual Arts, December 2005.

Lerner, Gerda. *The Creation of Patriarchy*. New York: Oxford UP 1986.

Lévi-Strauss, Claude. *Mythologiques. Le cru et le cuit.* Paris: Plon 1964.

（クロード・レヴィ＝ストロース『生のものと火を通したもの』神話論理１，早水洋太郎訳，みすず書房，2006年）

Lewis, Mark Edward. *The Flood Myths of Early China.* Albany, NY: SUNY Press 2006.

Lihui Yang and Deming An, with Jessica Anderson Turner. *Handbook of Chinese Mythology.* Santa Barbara/Denver/Oxford: ABC-CLIO 2005.

Lindow, John. *Handbook of Norse Mythology*. Santa Barbara/Denver/Oxford: ABC-CLIO 2001: 260-261.

Littleton, C. Scott. *Mythology. The Illustrated Anthology of World Myth & Storytelling.* London: Duncan Baird Publishers 2002.

Lloyd, Geoffrey. Right and Left in Greek Philosophy. In: *Right & Left. Essays on Dual Symbolic Classification.* Rodney Nedham (Ed). Chicago: the University of Chicago Press 1973: 167-186.

Lloyd-Jones, Hugh. *Females of the Species. Semonides on Women*. London: Duckworth 1975.

Loeb, Edwin M. *History and Traditions of the Niue*. Museum Bulletin Series 32. Honolulu: Bernice P. Bishop Museum 1926.

Long, Charles H.. *Alpha. The Myths of Creation*. Georgia: Scholars Press 1963.

Lottridge, Gelia Barker, and Alison Dickie. *Mythic Voices: Reflections in Mythology*. Scarborough, ON: Nelson Canada 1991.

Loupias, Père. Tradition et légende des Batutsi sur la creation du monde et leur établissement au Rwanda. In: *Anthropos*, III, 1908: 2-13.

Lovejoy, Arthur O. *The Great Chain of Being. A Study of the History of an Idea*. Cambridge Massachusetts/London: Harvard University Press (1936) 1964.

（アーサー・O・ラヴジョイ『存在の大いなる連鎖』内藤健二 訳 , 晶文社 , 1975 年）

MacCulloch, John A. *The Mythology of All Races*, vol.3. Celtic. New York, Cooper Square 1922.

MacDonald, Duff. *Africana. The Heart of Heathens Africa* vol. 1. London, Edinburgh: Aberdeen 1882.

Maclagan, David. *Creation Myths*. London: Thames and Hudson 1976.

（デイヴィド・マクラガン『天地創造　世界と人間の始源』イメージの博物誌 20, 松村一男 訳 , 平凡社 , 1992 年）

Mackenzie, Donald Alexander. *Myths of China and Japan*. London: Gresham Pub. Co. 1923.

MacLean. J. Blackfoot Mythology. In: *Journal of American Folklore*, 6(1883): 166-167.

Macnicol, Nicol, ed. *Hindu Scriptures: Hymns from the Rigveda, Five Upanishads, The Bhagavadgītā*. London: J.M. Dent & Sons Ltd., New York: E.P. Dutton & Co. Inc., 1948.

Mathieu, Rémi. *Étude sur la mythologie et l'ethnologie de la Chine ancienne*. Traduction annotée du Shanhai jing. Paris: College de France, Institut des Hautes Études Chinoises 1983.

Mathieu, Rémi, réd. *Anthologie des mythes et légendes de la Chine ancienne*: textes choisis, présente s, traduits [du chinois] et indexés / par - . Paris : Gallimard 1989.

McLaren, Angus. *Impotence. A Cultural History*. Chicago and London: The University of Chicago Press 2007.

Mitford, A.B. *Tales of Old Japan*. London: Kegan Paul, Trench, Trubner & Co. 1966.

Meek, C.K. *A Sudanese Kingdom. An Ethnographical Study of the Jukun-speakng Peoples of Nigeria.* London: Kegan Paul, Trench, Trubner & Co. 1931.

Melland, Frank H. *In Witch-Bound Africa. An Account of the Primitive Kaonde Tribe and Their*

Beliefs. London: Frank Cass, 1967.

Merriam, Clinton Hart. *Studies of California Indians* (ed. by the staff of the Department of Anthropology of the University of California). Los Angeles: University of California Press 1955.

Miedema, Jelle, ed. and comp. *Texts from the Oral Tradition in the South-Western Bird's Head Peninsula of Irian Jaya Teminabuan and Hinterland*. Series Irian Jaya Source Materials 14 (Series B – no. 6) 1995.

Miedema, Jelle (comp. and ed.). *Texts from the Oral Tradition in the Eastern Bird's Head Peninsula of Irian Jaya*. Leiden: Project Division Dept of Languages and Cultures of South East Asia and Oceania. Series Irian Jaya Source Materials 19 (Series B – no. 10) 1997.

Miedema, Jelle. *One Head, Many Faces. New Perspectives on the Bird's Head Peninsula of New Guinea*. Leiden: KITLV Press 2004.

Mozzani, Eloïse. *Le Livre des Superstitions. Mythes, Croyances et Légendes*. Paris : Robert Laffont 1995.

Mythology of All Races, vol.1- vol.12, Louis Herbert Gray ed. New York: Cooper Square (reprint).

Myths from Mesopotamia. Creation, the Flood, Gilgamesh, and Others. A new translation by Stephanie Dalley, Oxford, (1989) 2000.

Mvuh Hpa Mi Hpa. Creating Heaven, Creating Earth. An Epic Myth of the Lahu People in Yunnan. Edited and Introduced by Anthony Walker. From a Chinese Text Collated by Liu Huihao. Orally translated into English by Shi Kun. Chiang Mai: Silkworm Books 1995.

Needham, Rodney (ed). Right *& Left. Essays on Dual Symbolic Classification*. Chicago: the University of Chicago Press 1973.

Needham, Rodney. *Reconnaissances*. Toronto: University of Toronto Press 1980.

Nelson, Edward William. *The Eskimo about Bering Strait*. 18th Annual Reportof the Bureau of American Ethnology.Washington D.C.: Govt. Printing Office, 1899.

Newall, Venetia. *An Egg at Easter: A Folklore Study*. London: Routledge & Kegan Paul 1971.

Nicholson, Irene. *Mexican and Central American Mythology*. New York: Peter Bedrick Books 1985.

Nihongi: Chronicles of Japan from the earliest times to A.D. 697 / trans. from the original Chinese and Japanese by W.G. Aston; with an introduction to the new edition by Terence Barrow. Rutland: Tuttle 1972.

（宇治谷孟訳『日本書紀』上下，講談社学術文庫，1988 年）

Okara, Gabriel. Ogboinba. The Ijaw Creation Myth. In: *Black Orpheus*, 2(1958): 9-18.

Ovidius. *P. Ovidi Nasonis Metamorphoses* (edited by R.J. Tarrant). Oxonii: e Typographeo Clarendoniano 2004.

（オウィディウス『変身物語』上下 , 中村善也訳 , 岩波文庫 , 1984 年）

Ovidius (Publius Ovidius Naso), *Metamorphoses*. English trans.: *The Metamorphoses of Ovid*. Trans. and with an introduction by Mary M. Innes. London: Penguin Classics (1955) 1986: 38-40.

Ovidius Metamorphosen. Vertaald door M. d'Haene-Scheltema. Amsterdam: Atheneum-Polak & Van Gennep 1993.

Oyler, Rev. D.S. Nikawng and the Shilluk Migration. In *Sudan Notes and Records*, 1 (1918): 107-115.
Pagels, Elaine. What Became of God the Mother? Conflicting Images of God in Early Christianity. In: *Signs,* 2 (1976): 293-303.
Pagels, Elaine H. *Adam, Eve, and the Serpent*. New York: Vintage Books 1989.
Parrinder, Geoffrey. *African mythology*. London: Hamlyn 1967.
（ジェフリー・パリンダー『アフリカ神話』松田幸雄訳，青土社，1991 年）
Pattanaik, Devdutt. *Indian Mythology. Tales, Symbols, and Rituals from the Heart of the Subcontinent.* Rochester Vermont: Inner Traditions 2003.
Phillips, John A. *Eve. The History of an Idea*. San Francisco: Harper & Row 1985.
（ジョン・A．フィリップス『イヴ／その理念の歴史』小池和子訳，勁草書房，1987 年）
Piggott Feltham, Juliet. 1983. *Japanese Mythology*. New York : Hamlyn, 1969.
Pinch, Geraldine. *Handbook of Egyptian Mythology*. Oxford: Oxford University Press 2002.
Plato, *Symposium*, vertaald door Gerard Koolschijn. Amsterdam: Polak en Van Gennep 1990.
（プラトン『饗宴』久保勉訳，岩波文庫，2008 年）
Plato. *Selected Myths*. Catalin Partenie ed. Oxford: Oxford University Press 2004.
Poems of the Elder Edda trans. L. Hollander, University of Texas Press 1962.
（谷口幸男訳『エッダ』新潮社，1973 年）
Post, Hedda Maria. *Metaforen van de ziel*. Proefschrift verdedigd aan de Universiteit Leiden 2003.
Radice, William. *Myths and Legends of India.* New York: Viking 2001.
Radin, Paul. The Winnebago Indians. In: *Thirty-seventh Annual Report*. Washington, D.C.: Bureau of American Ethnology. 1923: 212-13.
Ramos, Maximo D. *Philippine Myths, Legends, and Folktales*. Quezon City: Phoenix Publishing House 1990.
Rasmussen, Knud. *The Intellectual Culture of the Iglulik Eskimos*. Copenhagen: Gyldendal 1929.
Rasmussen, Knud. *Observations on the Intellectual Culture of the Caribou Eskimos*. Copenhagen: Gyldendal 1930.
Rasmussen, Knud. *The Netsiluk Eskimos: Social Life and Spiritual Culture. Report of the Fifth Thule Expedition 1921-24*, vol. 8, 1/2. Copenhagen: Gyldendal 1931.
Rasmussen, Knud and H. Ostermann, ed. *The Alaskan Eskimos: As Described in the Posthumous Notes of Dr. Knud Rasmussen*. New York: AMS Press, 1976.
Rattray, Robert Sutherland. *Hausa Folk-lore, Customs, Proverbs.* 2 vols. New York: Negro University Press 1969.
Rattray, Robert Sutherland. *Akan-Ashanti Folk-tales*. New York: AMS Press 1983.
Read, Kay Almere and Jason González. *Mesoamenican Mythology*. Santa Barbara/Denver/Oxford: 2000.
Reade, W.W. *Savage Africa*. London: Smith & Co. 1864.
Reeves Sanday, Peggy. *Female Power and Male Dominance. On the Origis of Sexual Inequality.* Cambridge: Cambridge University Press (1981) 1988.

Rei, Arundel Del. *Creation Myths of the Formosan Natives*. Tokyo, The Hokuseido Press 1951.

Reichel-Dolmatoff, Gerardo. *Amazonian Cosmos. The Sexual and Religious Symbols of the Tukano Indians*. Chicago: University of Chicago Press, 1971.

（ライヘル＝ドルマトフ『デサナ』寺田和夫・友枝啓泰訳，岩波書店，1973 年）

Routledge, W. Scoresby & Mrs. Scoresby Routledge. *With a Prehistoric People: The Akikúyu of British East Africa; being some account of the method of life and mode of thought found existent amongst a nation on its first contact with European civilization*. London: Cass 1968.

Rushby, Evin. *Paradise. A History of the Idea that Rules the World.* London: Constable and Robinson 2007.

Saïdou, Kane. Where are the good children of Manicongo and Zonga? In: *Vice Versa*, november 1995: 12.

Schefold, Reimar. *Speelgoed voor de zielen. Kunst en cultuur van de Mentawai-eilanden.* Delft & Zürich: Museum Nusantara: 1979-1980.

Schipper, Kristofer. *The Taoist Body*. Trans. from the French by Karen C. Duval. Berkeley/Los Angeles/London : University of California Press 1993.

Schipper, Mineke. *Le Blanc vu d' Afrique. Le Blanc et l'Occident au miroir du roman africain de langue française*. Assen/Yaoundé: Van Gorcum/Editions CLE 1973.

Schipper, Mineke. *Homo caudatus. Verbeelding en macht in de letteren*. Amsterdam: Ambo 1989.

Schipper, Mineke. *Het zwarte paradijs. Afrikaanse scheppingsmythen*. (1980) Rijswijk: Elmar 1999.

Schipper, Mineke. *Imagining Insiders. Africa and the Question of Belonging*. London and New York: Continuum 1999.

Schipper, Mineke. *Never Marry a Woman with Big Feet. Proverbs about Women from Around the World*: New Haven and London: Yale University Press 2004.

Schipper, Mineke. *Trouw nooit een vrouw met grote voeten. Wereldwijsheid over vrouwen.* Scala-reeks. Utrecht: Spectrum (2004) 2010.

Schipper, Mineke. *Na ons de zondvloed. Mythische verhalen over het einde van de mensheid.* Amsterdam: Bert Bakker 2009.

Semonides: Lloyd-Jones, Hugh を見よ．

Shepherd, Rowena and Rupert. *1000 Symbols*. London: Thames & Hudson 2002.

Shujiang Li & Karl W. Luckert. *Mythology and Folklore of the Hui, a Muslim Chinese People*. Albany: State University of New York Press, 1994.

Sierksma, Fokke. *Religie, Sexualiteit en Agressie*. Groningen: Uitgeverij Konstapel 1979.

Smith, E.W. *African Ideas of God.* London: Edinburgh House Press 1950.

Spellig, F. Die Wanyamwesi. In: *Zeitschrift für Ethnologie* 59（1927）: 231-232.

Sproul, Barbara C. Primal Myths. Creating the World. New York/San Francisco/London: Harper & Row 1979.

Stair, Rev. John B.. Jottings on the Mythology and spirit-lore of old Samoa. In: *Journal of the Polynesian Society* 5（1896）: 33-57.

Stevens, Keith G. *Chinese Mythological Gods*. Oxford/New York: Oxford University Press 2001.

Stol, Marten. *Birth in Babyonia and the Bible.Its Mediterranean Setting*. With a Chapter by F.A.M. Wiggerman. Groningen: Styx Publications 2000.

Storm, Rachel. *Myths of the East: Dragons, Demons and Dybbuks: An Illustrated Encyclopedia of Eastern Mythology from Egypt to Asia*. London: Southwater 2002.

Strehlow,Carl. *Die Aranda- und Loritja-Stamme in Zentral-Australien. T. 1. Mythen, Sagen und Marchen des Aranda-Stammes in Zentral-Australien -- T. 2. Mythen, Sagen und Marchen des Loritja-Stammes*. Frankfurt am Main: Joseph Baer & Co., 1907-1920.

Strehlow, T.G.H. *Aranda Traditions*. Melbourne: Melbourne University Press 1947.

Sturlison, Snorri. *The Prose Edda*. Selections translated by Jean Young. Cambridge, Bowes and Bowes, 1954.

（谷口幸男訳『エッダ』新潮社，1973 年）

Swanton, John R. *Myths and Tales of the Southeastern Indians*. Washington: United States Government Printing Office 1929.

Talbot, Percy Amaury. *In the Shadow of the Bush (South Nigeria)*. London: Heinemann 1912.

Tedlock, Dennis ed. and trans. *Popol Vuh: The Definitive Edition of the Mayan Book of the Dawn of Life and the Glories of Gods and Kings*. New York: Simon and Schuster 1985.

(『ポポル・ヴフ』林屋永吉訳，中公文庫，1977 年)

Teit, James Alexander. *Mythology of the Thompson Indians. Memoirs of the American Museum of Natural History*. Publications of the Jesup North Pacific Expedition. Franz Boas, ed. vol. VIII. Leiden: E.J. Brill Ltd/New York: G.E. Stechert 1913.

Teit, James Alexander and others. *Folk-Tales of Salishan and Sahaptin Tribes*. Boaz, Franz, ed. New York (1917): Kraus Reprint Co., 1969.

Tessmann, G. Die Pangwe. Völkerkundliche Monographie eines west-Afrikanischen Negerstammes, I and II. Berlin: Ernst Wasmuth 1934.

Thomas, Northcote W. *Anthropological Report on the Ibo-speaking peoples of Nigeria*. 6 vols. New York: Negro Universities Press 1969.

Thompson, Stith. *Motif-index of Folk-literature. A classification of narrative elements in folktales, ballads, myths, fables, mediaeval romances, exempla, fabliaux, jest-books, and local legends*. Indiana: Indiana University Press; Revised edition 1960.

Thompson, Stith. *Tales of the North American Indians. Selected and Annotated by Stith Thompson*. Cambridge, Mass.: Harvard University Press 1966.

（S・トムソン『アメリカ・インディアンの民話』皆河宗一訳，岩崎美術社，1970 年）

Thompson, Stith. *The Folktale*. Berkely: University of California Press 1977.

（S・トンプソン『民間説話』上下，荒木博之・石原綏代訳，社会思想社現代教養文庫，1977 年）

Torday, Emil. *On the Trail of the Bushongo*. *An* account *of* a remarkable *and* hitherto unknown African people, their origin, art, high social *and* political organization *and* culture, derived *from the* author's personal experience amongst them. London: Seeley 1925.

Torday, E.and T.A. Joyce. *Notes ethnographiues sur les peuplades communément appelées Bakubas,*

ainsi que sur les peuplades apparentées - Les Bushongo. Série Annales du Musée du Congo Belge, Tome II, Fasc. I. Brussels: s.n.1910.

Trilles, Henri. Proverbes, légendes et contes Fang. In: *Bulletin de la Société Neuchateloise de Géographie*. XIV, 1905. 130-136.

Trilles, P. *Les Pygmées de la Forêt Equatoriale*. Paris : Librairie Bloud & Gay 1932.

Trubshaw, Bob. *Explore Mythology*. Wymeswold/Loughborough:Heart of Albion Press 2003.

Twitchell, James B. *Forbidden Partners. The Incest Taboo in Modern Culture*. New York: Columbia University Press 1987.

Tylor, Edward B. *Religion in Primitive Culture*. New York: Torch Book 1958.

Vandermeiren, P.S. La creation du monde d'après les Baluba. In: *Revue congolaise des sciences humaines*, 1 (1920) : 228-229.

Vishnu Purana, The: a System of Hindu Mythology and Tradition. Transl. from the original Sanscrit and ill. by notes derived chiefly from other Puranas by H.H. Wilson. London: Murray 1840.

Vroman, Leo. *Tweede verschiet*. Gedichten. Amsterdam: Querido 2003.

Warner, Marina. *Alone of All Her Sex. The Myth and the Cult of the Virgin Mary*. (1976) New York: Vintage Books 1983.

Warner, Marina. *Phantasmagoria. Spirit Visions, Metaphors, and Media into the Twenty-first Century*. Oxford/New York: Oxford University Press 2006.

Warner, Marina. *World of Myths*. 2 vols. Austin, Texas: University of Texas Press 2003-2004.

Wasilewska, Ewa. *Creation Stories of the Middle East*. London/Philadelphia: Jessica Kingsley Publishers 2000.

Weigle, Marta. *Spiders and Spinsters: Women and Mythology*. Albuquerque: University of New Mexico Press 1982.

Weigle, Marta. *Creation and Procreation: Feminist Reflections on Mythologies of Cosmogony and Parturition*. Philadelphia: University of Pennsylvania Press 1989.

Werner, E.T.C. *Myths and Legends of China*. London: s.n. 1934.

Westermann, Diedrich. *The Shilluk People, Their Language and Folklore*. Philadelphia: The Board of Foreign Missions of the United Presbyterian Church/Berlin: Dietrich Reimer Verlag 1912.

Willoughby, W.C. *The Soul of the Bantu. A Sympathetic Study of the Magicoreligious Practices and Beliefs of the Bantu Tribes of Africa*. New York: Doubleday, Doran & Cie 1928.

Wilson, J.R. Ethnological Notes on the Kwottos of Toto (Panda) District, Keffi Division, Benue Province, Northern Nigeria. In: *Journal of the African Society* XXXVII (1927-1928) 142-145..

Winzer, Johannes. *Die ungleichen Kinder Evas in der Literatur des 16. Jahrhunderts*. Greifswald: F.W. Kunike 1908.

Ye Shuxian. *Creation Myths in Chinese Minority Cultures*. Unpublished Collection Chinese Academy of Social Sciences. Beijing 2008.

Yuan Ke, *Dragons and Dynasties. An Introduction to Chinese Mythology*. Selected and translated by Kim Echlin and Nie Zhixiong. New York/London: Penguin and Beijing: Foreign Languages Press 1993.

Z'Graggen, John A. *And Thus Became Man and the World*. Edinburgh/Cambridge/Durham: The Pentland Press 1992.

Z'Graggen, John A. *Creation through Death or Deception*. Edinburgh/Cambridge/Durham: The Pentland Press Ltd 1995.

Zolbrod, Paul G. *Dìné Bahané: The Navajo Creation Story*. Albuquerque: University of Mexico Press, 1984.

用語日英対照表

本書での訳語と原書における表記とを併記する

アウォナウィロナ　Awonawilona
アウズフムラ　Audhumbla
アコンゴ　Akongo
アスク　Ask
アズラーイール　Azraa'eel
アタイ　Atai
アダマ　Adama
アダム　Adam, Adan
アテナ　Athena
アトゥム　Atum
アトゥム＝ラー　Atum Ra
アトラハシス　Athrahasis
アバッシ　Abassi
アブカエンドゥリ　Abukaenduli
アブジャジャ　Abjaja
アププルワ　Apuphulwa
アベル　Abel
アマ　Ama
アマル　Amar
アーリマン　Ahriman
アンベル　Amber
アンルトターン・ナー・オルヤー　Anlthtahn-nah-olyah
イアティク　Iatik'u
イェマヤ　Jemaya
イェモハ　Yemoja
イクチェ・ウィチャシャ　Ikche Wichasha
イザナギ　Izanagi
イザナミ　Izanami
イザヤ　Isaiah
偉大なる精霊　Grandfather Spirit
イパプトク　Ipaptok
イマナ　Imana
イリアン・ジャヤ　Irian Jaya
インベロンベラ　Imberombera
ヴァリ・マ・テ・タケレ　Vari-ma-te-takere
ヴィシュヌ
ウィユ・チュングム＝イルム　Wiyu Chungum-Irum
ヴィリ　Vili
ウェ・オタ　We Ota
ウェ・オタ・ウィチャシャ　We Ota Wichasha
ヴェー　Ve
ウエレ・ハカダ　Welw Xakada
ウクワ　Okwa
ウシャ 厄莎　G'uisha
ウトゥクツィティ　Utc'tsiti
ウネレク　Unaleq
ウムル　Umul
ウラカ　Wuraka
ウラノス　Uranus
エア　Ea
エウリュノメ　Eurynome
エクス・ニヒロ
エヌマ・エリシュ　Enuma Elish
エピクロス　Epicurus
エミ　emi
エムブラ　Embla
エリヤフ・デ・ヴィダス　Eliahu di Vidas
エリング・リトゥング・トゥネ　Eling-Litung-Tune

エリング・リムク・ムクトゥム　Eling-Limuk-Muktum
エンキ　Enki
オイェメ　Oyeme
オイェメ・マム　Oyeme-Mam
オイディプス
オエンギ　Woyengi
オーディン　Odin
オドゥマクマ　Odumakuma
オバタラ　Obatala
オバッシ・オソー　Obassi Osaw
オバッシ・ンシ　Obassi Nsi
オピオン　Ophion
オフルマズド　Ormazd
オヤ　Oya
オリシャンラ　Orisha Nla
オロドゥマレ　Olodumare
オロルン　Olorun
カーネ　Kane
カーリー　Kali
ガイア　Gaia
カイン　Cain
カウェシャワ　Kaweshawa
カウユマリ　Kauyumari
カナン　Canaan
カヌ　Kanu
カベズヤ・ムプング　Kabezya Mpungu
カムンダン　Kamundan
ガヨーマルト　Gayomart
カルサカイボ　Karusakaibe
ガレノス　Galen
カローラ　Karora
考える女　Thinking Woman
ガンダ・ブンバ　Ganda Bumba
弃（后稷）　Houji
キサンガニ　Kisangani
キットゥング　Kittung
姜原（きょうげん）　Jiang Yuan
キング　Qingu
クァット　Qat
クイティ・クイティ　Kuiti-Kuiti
クー　Ku
グエノ　Gueno
グクマッツ　Gucumatz
クジュン・チャントゥ　Kujum-Chantu
クナピピ　Kunapipi
グノウル　gnoul
クバ族　Kuba
グバンディ　Gbandi
クマリアワ　Kumariawa
蜘蛛女　Spider Woman
グルワリ　Gruwari
クン・ティウ・カム　Khun Thiw Kham
クングング・パンガム　Kungung-Pangam
クンティー　Kunti
ゲイオエッコ・ラジャ　Goioekko Raja
ケプリ　Khepri
ケンベ　Chembe
コイ・ブンバ　Koy Bumba
ココマート　Kokomaht
コティナボ　Kotinabo
コノ・ブンバ　Kono Bumba
コン・ティクシ・ヴィラコチャ　Con Tiqui Viracocha
コントロン　Kontron
サジャ・サンゲ　Saja-Sange
サニン　Sanin
サマエル　Samael
シダ・マツンダ　Shida Matunda
シチ　Sichi
ジナセーナ　Jinasena
シパプ　Shipap
ジャヒー（女悪魔）　Johi
ジャンガ　Jangga

ジャンガウル　Djanggawul
ジャンニ・ガダバ　Janni Gadaba
シュウ　Shu
ジョウォック　Jwok
じょか　女媧　Nuwa
シライ　Silai
新疆　Xinjiang
人祖　renzu
スクラ・コヤ　Sukra Koya
スジャマジェンジャ　Sujamajenja
スラウェシ　Sulawesi
ゼウス　Zeus
世界両親　world parents
セカラ・カ＝アムジャ　Sekala Ka-amja
セクメ　Sekume
セム　Shem
ソコ　Soko
ソナール　Sonar
ゾンガ　Zonga
タアロア　Ta'aroa
ダイイル　Daiiru
大地の創造主　Earthmaker
ダカパジ　Dakapaji
ダク　Dak
ダグバトシ　Dagbatshi
タネ　Tane
ダノ　Dano
タフィアル　Tafiar
タルムード　Talmud
タワ　Tawa
タンガロア　Tangaloa
タンガロワ・ワアイ　Tangalova'a-va'ai
タンボヒリク　Tambohilik
チェインジング・ウーマン（変わる女）
Changing Woman
地母　Earth Mother
チハンヤ　Chihanya
チャガ族　Chagga
チャコ族　Chaco
チャディ 札笛　Ca Ti
チャマール　Chamar
チュングム＝エルム　Chingumu-Erum
ツェツェ・ブンバ　Tsetse Bumba
ティイ　Ti'i
帝嚳（ていこく）　Di Ku
デウカリオン　Deucalion
デウル　Deur
デーヴィー　Devi
テフヌト　Tefnut
テペウ　Tepeu
ト・カビナ　To-Kabina
ト・カルヴヴ　To-Karvuvu
ドゥイマ　Duima
ドゥイマ　Doondari
トゥグライ　Tuglay
トゥグリボン　Tuglibon
トウモロコシの母　Corn-mother
トゥリ　Tuli
トク・ピシン　Tok Pisin
トグジ　Togji
トグレ　Togle
トーテム　totem
ドド　dodo
トメナ　Tomena
トリックスター　trickster
ドワーフ　dwarf
トワダコン　Towadakon
ナガイッチョ　Nagaitcho
娜笛（ナディ）　Na Ti
ナピオア　Napioa
ナンドスル・ダノ　Nandsur Dano
ニオベ　Niobe
ニャカイ　Nyakay
ニャカング　Nyikang

ニャムジンダ　Nyamuzinda
ニャンコポン　Nyangkupong
ニュアニュイ・ブンバ　Nyanyi Bumba
ニュアマニュニ　Nyuamanyuni
ニュアムジンダ　Nyamuzinda
ニンマー　Ninmah
ヌース　nous
ヌン　Nun
ネサル　Nesaru
ネシャマー　neshamah
ネフェシュ　nefesh
ノア　grandfather Spirit
ノンモ　Nommo
ハイエルマ　Haierma
バコタール　Bakotahl
バタラ・グル　Batara Guru
バティ　Bati
パパ　Papa
パパン　Papan
ハム　Ham
バルダングル　Baldangaru
パルメニデス　Parmenides
ハワイキ　Hawaiki
パン・ニンサン　Phan-Ningsang
パンカ　Panka
パンカ　Panka
盤古　Pan Ku
バンディクート　bandicoot
ピグミー　Pygmee
ヒナ　Hina
ヒネ・アフ・オネ　Hine-ahu-one
ヒネ・トゥ・ア・マウンガ　Hine-tu-a-maunga
ヒネグバ　Hinegba
百家姓　Baijiaxing
ピュラ　Pyrrha
ビルジラロイジュ　Bildjuwuraroiju
ピルバラ　Pilbara
ファム　Fam
ブーリ　Bure
フォグ　Fuog
フォコク　Fokok
ブガ　Buga
プスルリ　Pusuruli
ブディ・ブンバ　Budi Bumba
ブラ・ピンヌ　Bura Pinnu
ブライ　Bulayi
プラジャーパティ　Prajapati
ブラフマー　Brahma
ブラフミン　Brahmin
古き者　Old-One
プルシャ　Prusha
プロメテウス　Prometheus
ブンバ　Bumba
ヘイムダル　Heimdall
ペドング・ナネ　Peddong-Nane
ペラスゴス　Pelasgus
ポポル・ヴフ　Popol Vuh
ポマイ　Pomai
ボル　Bor
ポロジャ　Poroja
ポロジン　Porojin
ポングマ　Phongma
ポンゴ・ブンバ　Pongo Bumba
マ・オバッシ　Ma Obassi
マウ　Maw
マヴツィニム　Mavutsinim
マシュヤーナグ　Mashyane
マシュヤグ　Mashya
マティレテ　Matirete
マトゥム・マッダ　Mathum-Matta
マナボゾ　Manabozho
マニコンゴ　Manicongo
マハーバーラタ　Mahabharata

マハープラーナ　Mahapurana
マハプルブ　Mahapurub
マフ　Mahu
マミ　Mami
マヨンベ　Mayombe
マルドゥク　Marduk
マルンガ　Malunga
マンスカナル　Manskanar
ミドラーシュ　midrash
ミラライジュ　Miralaidj
ミルオトゥオ　Miluotuo
ムイニニ　Muinini
ムヴィディ・ムクル　Mvidi Mukulu
ムウィナムブズィ　Mwinambuzhi
ムケト　Muketo
ムシェマ　Mushema
ムシカヴァンフ　Musikavanhu
ムティマ　mutima
ムトゥンビ　Mtumbi
ムブソー　Mbusoo
ムプング　Mpungu
ムプング・トゥレンド　Mpungu Tulendo
ムボコム　Mbokomu
ムボゼ　M'Boze
ムボングウェ　Mbongwe
ムムハンゴ　Mumuhango
ムルング　Mulungu
ムロンガ　Mulonga
ムワブンヨコ　Mwabunyoko
ムワリ　Mwari
ムワンブ　Mwambu
メベレ　Mebere
ヤフェト　Japhet
ユミル　Ymir
ヨ・ブンバ　Yo Bumba
ヨセフ　Joseph
ラー　Ra
ライアンキンチャ　raiankintja
ランガー　rangga
ランガホレ　Rangahhore
ランギ　Rangi
ランジュヒア・ソアラ　Lanjhia Soara
リグ　Rig
リグ・ヴェーダ　Rigveda
リリス　Lilith
ルーアフ　ruach
ルミア　Rumia
ルワ　Ruwa
レザ　Leza
レザ　Lesa
レラ・マネリンジャ　rella manerinja
蓮台　Flowery Dais
老子　Lao Tzu
ロノ　Lono
ワインナンビ・ラピッズ　Wainambi Rapids
ワナディ　Wanadi
ンガイ　Ngai
ンガインマラ　ngainmara
ンガンマルウィ　Nganmaruwi
ングルウィ　Nguluwi
ングルウェ　Nguluwe
ンザメ　Nzame
ンザンビ　Nzambi
ンシシム　nsissim
ンゾンド　Nzondo
ンタ・オバッシ　Nta Obassi